AGILIDADE EMOCIONAL

Susan David, Ph.D.

AGILIDADE EMOCIONAL

Abra sua Mente, Aceite as Mudanças e Prospere no Trabalho e na Vida

Tradução
Claudia Gerpe Duarte
Eduardo Gerpe Duarte

Editora Cultrix
SÃO PAULO

Título do original: *Emotional Agility*.
Copyright © 2016 Susan David.
Publicado mediante acordo com Avery, um selo da Penguin Publications Group, uma divisão da Penguin Random House, LLC.
Copyright da edição brasileira © 2018 Editora Pensamento-Cultrix Ltda.
1ª edição 2018.
12ª reimpressão 2024.
Todos os direitos reservados. Nenhuma parte desta obra pode ser reproduzida ou usada de qualquer forma ou por qualquer meio, eletrônico ou mecânico, inclusive fotocópias, gravações ou sistema de armazenamento em banco de dados, sem permissão por escrito, exceto nos casos de trechos curtos citados em resenhas críticas ou artigos de revistas.
A Editora Cultrix não se responsabiliza por eventuais mudanças ocorridas nos endereços convencionais ou eletrônicos citados neste livro.

Editor: Adilson Silva Ramachandra
Editora de texto: Denise de Carvalho Rocha
Gerente editorial: Roseli de S. Ferraz
Preparação de originais: Danilo Di Giorgi
Produção editorial: Indiara Faria Kayo
Editoração eletrônica: Mauricio Pareja da Silva
Revisão: Luciana Soares da Silva

Dados Internacionais de Catalogação na Publicação (CIP)
(Câmara Brasileira do Livro, SP, Brasil)

David, Susan
   Agilidade emocional : abra sua mente, aceite as mudanças e prospere no trabalho e na vida / Susan David ; tradução Claudia Gerpe Duarte, Eduardo Gerpe Duarte. — São Paulo : Cultrix, 2018.

   Título original: Emotional Agility.
   ISBN 978-85-316-1450-7
   1. Autoajuda (Psicologia) 2. Desenvolvimento pessoal 3. Resiliência (Psicologia) 4. Personalidade — Aspectos psicológicos I. Título.

18-13392   CDD-155.24

Índices para catálogo sistemático:
   1. Resiliência : Psicologia positiva 155.24

Direitos de tradução para o Brasil adquiridos com exclusividade pela EDITORA PENSAMENTO-CULTRIX LTDA., que se reserva a propriedade literária desta tradução.
Rua Dr. Mário Vicente, 368 — 04270-000 — São Paulo, SP
Fone: (11) 2066-9000
http://www.editoracultrix.com.br
E-mail: atendimento@editoracultrix.com.br
Foi feito o depósito legal.

Para Anthony, o amor da minha vida,
e aos meus queridos Noah e Sophie,
que sabem como dançar todos os dias.

▶ SUMÁRIO

1. DA RIGIDEZ À AGILIDADE 11
2. ENREDADO 27
3. TENTANDO DESENREDAR 53
4. OLHAR DE FRENTE 75
5. AFASTE-SE 101
6. SEJA COERENTE COM SEUS MOTIVOS 125
7. SIGA EM FRENTE: O PRINCÍPIO DOS MINÚSCULOS AJUSTES 149
8. SIGA EM FRENTE: O PRINCÍPIO DA GANGORRA 179
9. A AGILIDADE EMOCIONAL NO TRABALHO 207
10. CRIANDO FILHOS EMOCIONALMENTE ÁGEIS 235
11. CONCLUSÃO: TORNE-SE REAL 259

Agradecimentos 263
Notas 269

AGILIDADE EMOCIONAL

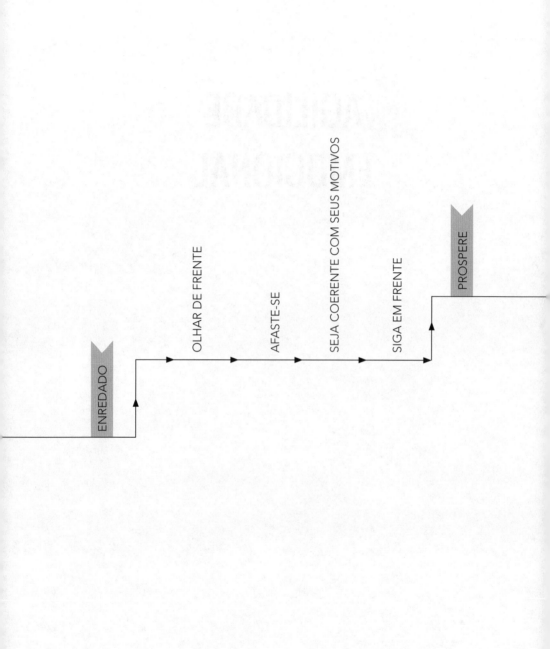

▶ **CAPÍTULO 1**

DA RIGIDEZ À AGILIDADE

Anos atrás, na época de *Downton Abbey*, um conceituado capitão achava-se na ponte de comando de um navio de guerra britânico, assistindo ao pôr do sol no mar. Reza a história que o capitão estava prestes a descer para jantar quando um vigia de repente anunciou: "Uma luz, senhor. A três quilômetros, exatamente à nossa frente".

"Ela está parada ou se movendo?" perguntou.

"Parada, capitão."

"Então envie uma mensagem para aquele navio", ordenou rispidamente o capitão. "Diga a ele o seguinte: 'Vocês estão em rota de colisão. Alterem seu curso em 20 graus'."

A resposta, vinda da origem da luz, chegou momentos depois: "É aconselhável que *vocês* alterem *seu* curso em 20 graus".

O capitão sentiu-se insultado. Não apenas sua autoridade estava sendo desafiada, mas isso estava acontecendo diante de um marinheiro subalterno!

"Envie outra mensagem", rosnou o capitão. "'Somos o HMS *Defiant*, um navio de guerra de 35 mil toneladas da classe encouraçado. Mude seu curso em 20 graus'."

"Magnífico, senhor", foi a resposta. "Sou o marinheiro de segunda classe O'Reilly. Mude *seu* curso imediatamente."

Enfurecido e com o rosto vermelho, o capitão gritou: "Somos a nau capitânia do Almirante Sir William Atkinson-Willes! MUDE SEU CURSO EM 20 GRAUS!".

Fez-se um momento de silêncio antes que o marinheiro O'Reilly retrucasse: "Somos um farol, senhor".

Enquanto navegamos pela vida, nós, humanos, temos poucas maneiras de saber que rumo tomar ou o que vem pela frente. Não temos faróis que nos mantenham afastados de relacionamentos problemáticos. Não temos vigias na proa ou radares na torre atentos a possíveis ameaças submersas que podem afundar nossos planos de carreira. Em vez disso, temos nossas emoções — sensações como medo, ansiedade, alegria e euforia —, um sistema neuroquímico que evoluiu para nos ajudar a navegar pelas complexas correntes da vida.

As emoções, da raiva descontrolada ao amor inocente, são as reações físicas imediatas do corpo a sinais importantes do mundo exterior. Quando nossos sentidos captam informações — sinais de perigo, indícios de algum interesse amoroso, pistas que indicam que estamos sendo aceitos ou excluídos pelos nossos colegas — nós nos ajustamos fisicamente a essas mensagens. Nosso coração bate mais rápido ou mais devagar, nossos músculos se contraem ou relaxam, nosso foco mental intercepta a ameaça ou se tranquiliza no calor da companhia de alguém em quem confiamos.

Essas reações físicas "incorporadas" mantêm nosso estado interior e nosso comportamento exterior em harmonia com a situação em que nos encontramos e podem nos ajudar não apenas a sobreviver, como também a florescer. Assim como o farol do marinheiro O'Reilly, nosso sistema de orientação natural, que se desenvolveu ao longo de milhões de anos por meio do processo de tentativa e erro, é muito mais útil quando não tentamos lutar contra ele.

Mas nem sempre é fácil fazer isso, porque nossas emoções nem sempre são confiáveis. Em algumas situações, elas nos ajudam a penetrar por entre a dissimulação e o fingimento, funcionando como uma espécie de radar interno para nos fornecer uma interpretação mais precisa e perspicaz do que está de fato acontecendo em uma determinada situação. Quem já não teve uma intuição que diz "esse cara está mentindo" ou "alguma coisa está incomodando minha amiga, embora ela esteja dizendo que está bem"?

No entanto, em outras situações, as emoções desencavam questões antigas, confundindo nossa percepção do que está acontecendo naquele momento com experiências dolorosas do passado. Essas poderosas sensações podem assumir completamente o controle, toldando o nosso julgamento e conduzindo-nos diretamente para as pedras. Nesses casos, você pode perder a cabeça e, digamos, jogar uma bebida no rosto da pessoa que está mentindo.

É claro que a maioria dos adultos raramente cede o controle às suas emoções com atitudes inapropriadas em público que levam anos para ser reparadas. O mais provável é que você passe uma rasteira em si mesmo de uma maneira menos teatral e mais traiçoeira. Muitas pessoas operam grande parte do tempo no piloto automático emocional, reagindo a situações sem estarem realmente conscientes ou mesmo com vontade de fato. Outras estão tão intensamente conscientes que gastam muita energia tentando conter ou reprimir suas emoções, tratando-as, na melhor das hipóteses, como crianças indisciplinadas e, na pior das hipóteses, como ameaças ao seu próprio bem-estar. Já outras sentem que suas emoções as estão impedindo de alcançar o tipo de vida que desejam, especialmente quando estão em questão os sentimentos que consideramos problemáticos, como raiva, vergonha e ansiedade. Com o tempo, nossas reações aos sinais do mundo real podem se tornar cada vez mais fracas e artificiais, tirando-nos do rumo, em vez de proteger nossos interesses.

Sou psicóloga e *coach* executiva e estudo há mais de duas décadas as emoções e como interagimos com elas. Quando pergunto a alguns dos meus clientes há quanto tempo eles vêm tentando entrar em contato, lidar com ou corrigir suas emoções particularmente desafiantes ou com as situações que dão origem a elas, eles com frequência respondem há cinco, dez ou até mesmo vinte anos. Às vezes, a resposta é: "Desde a infância".

Para o que a pergunta óbvia é a seguinte: "Então, você diria que o que está fazendo está funcionando?".

Minha meta com este livro é ajudá-lo a se tornar mais consciente das suas emoções, a aprender a aceitá-las e a fazer as pazes com elas e então prosperar, aumentando a sua agilidade emocional. As ferramentas e técnicas que reuni não farão de você uma pessoa perfeita que nunca diz a coisa errada ou que nunca fica devastada por sentimentos de vergonha, culpa, raiva, ansiedade ou insegurança. O esforço para ser perfeito — ou ser sempre perfeitamente feliz — apenas o preparará para a frustração e o fracasso. Em vez disso, espero ajudá-lo a aceitar até mesmo suas emoções mais difíceis, aumentar a sua capacidade de desfrutar os seus relacionamentos, alcançar as suas metas e viver da forma mais plena possível.

Essa é, no entanto, apenas a parte "emocional" da agilidade emocional. A parte da "agilidade" também lida com os seus processos de pensamento e comportamento — os hábitos mentais e corporais que também podem impedi-lo de prosperar, especialmente quando, assim como o capitão do navio de guerra *Defiant*, você reage da mesma velha maneira obstinada diante de situações novas ou diferentes.

As reações rígidas podem ser provenientes da velha história autodestrutiva que você contou para si mesmo um milhão de vezes: "Sou realmente *um perdedor*", "sempre digo a coisa errada" ou "eu sempre cedo quando chega a hora de lutar pelo que *eu* mereço". A rigidez pode ter sua origem no hábito absolutamente normal de pegar atalhos mentais e aceitar suposições e regras práticas que podem ter sido úteis um dia — na infância, em um primeiro casamento, em um momento anterior da sua carreira —, mas que não são úteis agora: "Não é possível confiar nas pessoas". "Vou me magoar."

Um número cada vez maior de pesquisas tem mostrado que a rigidez emocional — ficarmos presos a pensamentos, sentimentos e comportamentos que não são úteis para nós — está associada a uma gama de males psicológicos, entre eles a depressão e a ansiedade. Entretanto, a agilidade emocional — ser flexível com seus pensamentos e sentimentos para reagir da melhor maneira possível às situações do dia a dia — é a chave para o bem-estar e o sucesso.

E, no entanto, a agilidade emocional não diz respeito a controlar seus pensamentos ou obrigar-se a pensar de uma maneira mais positiva. Porque as pesquisas também mostram que tentar fazer com que as pessoas mudem seus pensamentos de negativos ("vou arruinar esta apresentação") para positivos ("você vai ver — vou simplesmente arrasar") geralmente não funciona, podendo na verdade ser até mesmo contraproducente.

A agilidade emocional tem a ver com relaxar, se acalmar e viver com mais propósito. Tem a ver com escolher como você vai responder ao seu sistema de alarme emocional. Ela corrobora a abordagem descrita por Viktor Frankl, o psiquiatra que sobreviveu a um campo de extermínio nazista e mais tarde escreveu *Man's Search for Meaning* [Um Sentido para a Vida], um livro sobre como levar uma vida mais significativa, uma vida na qual nosso potencial humano possa ser realizado: "Existe um espaço entre o estímulo e a resposta", escreveu ele. "Nesse espaço reside nosso poder de escolher nossa resposta. Na nossa resposta residem nosso crescimento e nossa liberdade".

Ao tornar acessível esse espaço entre como você se sente e o que você faz a respeito desses sentimentos, a agilidade emocional tem demonstrado ser útil para pessoas com uma série de problemas: autoimagem negativa, aflição, dor, ansiedade, depressão, procrastinação, transições difíceis etc. Mas a agilidade emocional não é benéfica apenas para as pessoas que estão enfrentando dificuldades pessoais. Ela também recorre a diversas disciplinas da psicologia que investigam as características das pessoas prósperas e bem-sucedidas, entre elas aquelas como Frankl, que sobreviveu a uma grande provação e depois realizou coisas notáveis.

As pessoas emocionalmente ágeis são dinâmicas. Demonstram flexibilidade ao lidar com o nosso mundo complexo e em constante mudança. Elas são capazes de tolerar níveis elevados de estresse e suportar reveses, permanecendo ao mesmo tempo envolvidas, abertas e receptivas. Elas compreendem que a vida nem sempre é fácil, mas continuam a agir de acordo com os valores que mais prezam e a perseguir seus grandes objetivos, aqueles de longo prazo. Elas continuam a sentir raiva, tristeza e tudo mais — quem não sente? —, mas enfrentam esses sentimentos com curiosidade, autocompaixão e aceitação. E, em vez de permitir que esses sentimentos as prejudiquem, as pessoas emocionalmente ágeis voltam-se de forma eficaz — com todas suas imperfeições — para suas ambições mais grandiosas.

Meu interesse pela agilidade emocional e esse tipo de resiliência começou na época do *apartheid* na África do Sul, onde fui criada. Quando eu era criança, durante esse período violento da segregação forçada, a maioria das sul-africanas tinham mais chances de ser estupradas do que de aprender a ler. As forças do governo tiravam pessoas das suas casas e as torturavam; a polícia atirava em cidadãos que estavam simplesmente caminhando para a igreja. As crianças negras e brancas eram mantidas separadas em todas as esferas da sociedade — escolas, restaurantes, banheiros, cinemas. E, embora eu seja branca, não tendo portanto sofrido das maneiras profundamente pessoais que as sul-africanas negras sofriam, minhas amigas e eu não estávamos imunes à violência social que nos cercava. Uma amiga minha foi vítima de um estupro coletivo. Meu tio foi assassinado. Como consequência, fiquei profundamente interessada, em uma tenra idade, em compreender como as pessoas lidam (ou deixam de lidar) com o caos e a crueldade ao redor delas.

Depois, quando eu tinha 16 anos, meu pai, que tinha então apenas 42 anos, foi diagnosticado com câncer terminal e me disse que tinha poucos meses de vida. A experiência foi traumática e me deixou isolada. Eu não tinha muitos adultos em quem pudesse confiar e nenhuma das minhas colegas havia passado por algo semelhante.

Felizmente, eu tinha uma professora de inglês muito dedicada que incentivava seus alunos a escreverem diários. Podíamos escrever a respeito de qualquer coisa que desejássemos, mas precisávamos entregar-lhe os diários todas as tardes para que ela pudesse responder. Em algum momento, comecei a escrever a respeito da doença do meu pai e, posteriormente, sobre a morte dele. Minha professora escreveu sinceras reflexões sobre minhas anotações e me fez perguntas sobre como eu estava me sentindo. Escrever no diário tornou-se um importante ponto de apoio para mim, e logo reconheci que a atividade estava me ajudando a descrever, processar e encontrar significado para as minhas experiências. Não diminuiu meu sofrimento, mas possibilitou que eu atravessasse o trauma. Também me mostrou o poder de enfrentar as emoções difíceis, em vez de tentar evitá-las, e colocou-me na trajetória profissional que sigo desde então.

Felizmente, o *apartheid* é coisa do passado na África do Sul e, embora a vida moderna dificilmente esteja livre de pesar e horror, a maior parte daqueles que estão lendo este livro vive sem a ameaça de violência e opressão institucionalizadas. No entanto, mesmo aqui na relativa paz e prosperidade dos Estados Unidos, onde resido há mais de uma década, muitas pessoas ainda têm dificuldade para lidar com os problemas e viver uma vida de qualidade. Praticamente todos que conheço estão extremamente estressados e sobrecarregados com as demandas da carreira, da família, da saúde, das finanças e de uma enorme quantidade de outras pressões pessoais ligadas a grandes questões sociais, como a economia instável, a rápida mudança cultural e uma interminável ofensiva de tecnologias disruptivas que nos perturbam a cada passo que damos.

Nesse ínterim, executar múltiplas tarefas ao mesmo tempo — o motivo que encontramos para o fato de estarmos sobrecarregados e oprimidos — não nos traz nenhum alívio. Um estudo recente descobriu que o efeito da execução de múltiplas tarefas sobre o desempenho das pessoas é na realidade comparável a dirigir embriagado. Outros estudos mostram que o estresse comum do dia a dia (como a marmita que precisa ser preparada de última hora, a bateria do celular que acaba exatamente quando você precisa participar de uma teleconferência decisiva, o trem que está sempre atrasado, a pilha de contas que se acumulam) chega a envelhecer prematuramente as células cerebrais em até uma década.

Meus clientes sempre me dizem que as demandas da vida moderna fazem com que eles se sintam imprensados, capturados e se debatendo como peixes no anzol. Eles querem fazer algo maior com suas vidas, como explorar o mundo, casar-se, terminar um projeto, ter sucesso no trabalho, abrir um negócio, ter mais saúde e desenvolver relacionamentos sólidos com os filhos e outros membros da família. No entanto, suas rotinas diárias não os aproximam da realização desses desejos (estão na verdade em total desarmonia com eles). Mesmo quando se esforçam para encontrar e abraçar o que é certo para si mesmos, ficam aprisionados não apenas por suas realidades práticas, mas também por seus pensamentos e comportamentos autodestrutivos. Além disso, meus clientes que são pais estão sempre preocupados com os efeitos desse estresse e a forma como isso sobrecarrega seus filhos. Se já houve alguma vez uma época para nos tornarmos emocionalmente mais ágeis, essa época é agora. Quando o chão está constantemente se movendo sob nossos pés, precisamos ser ágeis para evitar o fracasso completo.

RÍGIDO OU ÁGIL?

Quando eu tinha 5 anos, decidi fugir de casa. Fiquei aborrecida com meus pais por alguma razão — não consigo me lembrar o que era — e me lembro de ter pensado que fugir era a única coisa sensata a se fazer. Arrumei cuidadosamente uma pequena bolsa, peguei um pote de manteiga de amendoim e um pouco de pão na despensa, vesti meu adorado tamanco de joaninha e parti em busca da liberdade.

Morávamos perto de uma via movimentada em Joanesburgo, e meus pais sempre haviam martelado na minha cabeça que eu nunca, em nenhuma circunstância, deveria atravessar a rua sozinha. Quando me aproximei da esquina, compreendi que não seria possível prosseguir em direção ao grande mundo lá fora. Atravessar a rua era uma proibição absoluta, inquestionável. Assim sendo, eu fiz o que qualquer criança obediente de 5 anos que estivesse fugindo de casa faria: andei em volta do quarteirão. Muitas e muitas vezes. Quando finalmente voltei para casa depois da minha dramática fuga, eu tinha ficado dando voltas no mesmo quarteirão durante horas, passando repetidamente na frente do portão da minha casa.

Todos fazemos isso de uma forma ou de outra. Andamos (ou corremos) repetidamente em volta dos quarteirões das nossas vidas, obedecendo a regras que são escritas, implícitas ou simplesmente imaginárias, presos ao costume de ser e fazer coisas que não nos são úteis. Digo com frequência que agimos como brinquedos de corda, indo repetidamente de encontro às mesmas paredes sem perceber que pode haver uma porta aberta bem à nossa esquerda ou à nossa direita.

Mesmo quando reconhecemos que estamos presos e que precisamos de ajuda, as pessoas a quem recorremos — familiares, amigos, chefes atenciosos, terapeutas — nem sempre nos são de grande auxílio. Eles têm os seus próprios problemas, limitações e preocupações.

Nesse meio-tempo, nossa cultura consumista vende a ideia de que podemos controlar e corrigir quase todas as coisas que nos incomodam e que devemos jogar fora ou substituir aquelas que não podemos controlar: infeliz em um relacionamento? Procure outro. Não é produtivo o bastante? Há um aplicativo para isso. Quando não gostamos do que está acontecendo no nosso mundo interior, aplicamos o mesmo raciocínio. Saímos para fazer compras, trocamos de terapeuta ou decidimos corrigir nossa própria infelicidade ou insatisfação simplesmente "pensando de uma maneira positiva".

Lamentavelmente, nada disso funciona muito bem. Tentar corrigir pensamentos e sentimentos incômodos nos torna improdutivamente obcecados por eles. Tentar sufocá-los pode provocar um leque de danos que vão da atividade improdutiva a uma série de dependências supostamente reconfortantes. E tentar transformá-los de negativos em positivos é uma maneira quase infalível de nos sentirmos pior.

Muitas pessoas recorrem a livros ou cursos de autoajuda para lidar com suas emoções, mas muitos desses programas interpretam a autoajuda de um modo completamente errado. Aqueles que apregoam o pensamento positivo estão particularmente incorretos. Tentar impor pensamentos felizes é muito difícil — ou até mesmo impossível — porque poucas pessoas conseguem simplesmente desligar os pensamentos negativos e substituí-los por outros mais agradáveis. Além disso, esse conselho deixa de levar em consideração uma verdade fundamental: suas supostas emoções negativas estão frequentemente trabalhando a seu favor.

Na realidade, a negatividade é normal. Esse é um fato fundamental. Somos programados para nos sentirmos negativos de vez em quando. Isso é simplesmente parte da condição humana. O excesso de ênfase na necessidade de positividade é apenas uma outra maneira de a nossa cultura medicar de modo figurativo e em excesso as flutuações normais das nossas emoções, assim como a sociedade com frequência literalmente medica em excesso crianças turbulentas e mulheres com variações de humor.

Ao longo dos últimos vinte anos em que dei consultas, pratiquei o *coaching* e fiz pesquisas, testei e refinei os princípios da agilidade emocional para ajudar muitos clientes a alcançar objetivos importantes em suas vidas. Entre esses clientes estão mães sentindo-se encurraladas, lutando para manter as coisas estáveis enquanto tentam conciliar a família e o trabalho; embaixadores das Nações Unidas que batalham para levar a imunização para crianças em países hostis; líderes de complexas corporações multinacionais; e pessoas que simplesmente sentem que a vida tem mais a oferecer.

Há relativamente pouco tempo publiquei algumas das constatações desse trabalho em um artigo que foi publicado na revista *Harvard Business Review*. Descrevi nele como quase todos os meus clientes — além de mim mesma — tendem a ficar presos a rígidos padrões negativos. Tracei então um modelo para desenvolver uma maior agilidade emocional destinada a nos libertar desses padrões e realizar mudanças bem-sucedidas e duradouras. O artigo permaneceu na lista dos mais populares da revista durante meses e, em um breve espaço de tempo, quase 250 mil pessoas fizeram o *download* dele — o mesmo número da circulação total da revista *Harvard Business Review* impressa. O artigo foi anunciado pela publicação como a "Ideia de Gestão do Ano" e aproveitado por diversas publicações, entre elas *Wall Street Journal*, *Forbes* e *Fast Company*. Os editores descreveram a agilidade emocional como a "próxima inteligência emocional", uma grande ideia que muda a maneira como a sociedade pensa a respeito das emoções. Não estou trazendo isso à baila para me autopromover, e sim porque a reação ao artigo fez com que eu compreendesse que a ideia tinha atingido um ponto sensível. Ao que tudo indica, milhões de pessoas estão buscando um caminho melhor.

Este livro contém uma versão consideravelmente expandida e ampliada da pesquisa e dos conselhos que ofereci no artigo da *Harvard Business Review*. Mas antes que entremos nos fundamentos, vou apresentar uma síntese do quadro global para que você possa visualizar para onde estamos indo.

A agilidade emocional é um processo que permite que você permaneça no momento, mudando ou mantendo o seu comportamento de modo a viver de maneiras que se harmonizem com suas intenções e seus valores. O processo não envolve desconsiderar as emoções e os pensamentos incômodos, e sim encará-los de uma maneira relaxada, enfrentá-los com coragem e compaixão, e depois deixá-los para trás para fazer com que coisas importantes aconteçam na sua vida.

O processo de adquirir agilidade emocional se desdobra em quatro movimentos essenciais:

OLHAR DE FRENTE

Woody Allen declarou certa vez que 80% do sucesso envolve simplesmente dar as caras. No contexto deste livro, "dar as caras" ou "olhar de frente" significa enfrentar voluntariamente seus pensamentos, emoções e comportamentos, com boa vontade, curiosidade e gentileza.

Alguns desses pensamentos e emoções são válidos e apropriados ao momento que você está vivendo. Outros são velhos fragmentos imobilizados na sua psique, como aquela música da Beyoncé que você vem tentando tirar da cabeça há várias semanas.

Em ambos os casos, quer sejam reflexos precisos da realidade ou distorções prejudiciais, esses pensamentos e emoções são uma parte daquilo que somos, e podemos aprender a trabalhar com eles e seguir em frente.

AFASTAR-SE

O próximo elemento, depois de enfrentar seus pensamentos e emoções, é dissociar-se deles e observá-los para enxergá-los pelo que são — apenas pensamentos, apenas emoções. Ao fazer isso, criamos aquele espaço citado por Frankl, aberto e imparcial, entre nossos sentimentos e a maneira como reagimos a eles. Também podemos identificar os sentimentos incômodos enquanto os vivenciamos e descobrir maneiras mais apropriadas de reagir a eles. A observação imparcial evita que nossas experiências mentais transitórias nos controlem.

A visão mais ampla que obtemos quando nos afastamos é o aprendizado de vermos a nós mesmos como um tabuleiro de xadrez, repleto de possibilidades, em vez de apenas uma das peças nesse tabuleiro, limitada a determinados movimentos predefinidos.

SER COERENTE COM SEUS MOTIVOS

Depois de ter organizado e acalmado nossos processos mentais e em seguida criado o espaço necessário entre os pensamentos e o pensador, podemos começar a nos concentrar mais naquilo que realmente nos interessa: nossos valores essenciais, nossas metas mais importantes. Reconhecer, aceitar e depois distanciar-nos das coisas assustadoras, dolorosas ou perturbadoras nos confere a capacidade de mobilizar mais a nossa parte que "enxerga mais longe", que integra os pensamentos e os sentimentos a valores e aspirações de longo prazo, e pode nos ajudar a descobrir maneiras novas e melhores para chegar lá.

Você toma milhares de decisões todos os dias. Você deve ir à academia depois do trabalho ou deixar isso para lá e ir para um *happy hour*? Você deve atender o telefonema daquele amigo que te magoou ou deixar a ligação cair na caixa postal? Chamo esses pequenos momentos de decisão de *pontos de escolha*. Seus valores essenciais oferecem a bússola que faz com que você continue a avançar na direção certa.

SEGUIR EM FRENTE

O PRINCÍPIO DOS PEQUENOS AJUSTES

A autoajuda tradicional tende a encarar a mudança do ponto de vista de metas elevadas e de uma total transformação, mas as pesquisas na verdade apontam para o oposto dessa ideia: que pequenos ajustes deliberadamente impregnados em seus valores podem fazer uma enorme diferença na sua vida. Isso é especialmente verdade quando ajustamos as partes rotineiras e habituais da vida, as quais, por meio da repetição diária, passam a proporcionar um tremendo poder para a mudança.

O PRINCÍPIO DA GANGORRA

Uma ginasta de nível internacional faz com que movimentos difíceis pareçam fáceis por causa da sua agilidade e dos músculos bem-desenvolvidos do seu tronco — seu centro. Quando alguma coisa a desequilibra, seu centro a ajuda a corrigir-se. No entanto, para competir no nível mais elevado, ela precisa continuar a se forçar para ir além da sua zona de conforto e fazer movimentos cada vez mais difíceis. Nós também precisamos encontrar o equilíbrio perfeito entre o desafio e a competência de maneira a não ficar nem complacentes nem aturdidos, e sim estimulados, entusiasmados e revigorados pelos desafios.

A executiva Sarah Blakely, fundadora da marca de *lingeries* modeladoras Spanx e que já ostentou o título de mais jovem bilionária do mundo a vencer pelo próprio esforço, descreve como todas as noites, na mesa do jantar, seu pai perguntava: "Então, me diga como você fracassou hoje". A pergunta não tinha a intenção de desmoralizá-la. Ao contrário, seu pai pretendia incentivar os filhos a forçar os limites; era aceitável — até mesmo admirável — falhar ao tentar alguma coisa nova e difícil.

A meta suprema da agilidade emocional é manter ao longo da sua vida um sentimento de desafio e de crescimento vivo e saudável.

Espero que este livro funcione como um roteiro para uma verdadeira mudança de comportamento — uma nova maneira de agir que o ajudará a viver a vida que você deseja e a reintegrar seus sentimentos mais problemáticos como fontes de energia, criatividade e discernimento.

Vamos começar.

TAGARELA INTERIOR + FUSÃO DE PENSAMENTOS EM TECNICOLOR + CLIMA EMOCIONAL = ENREDADO

▶ **CAPÍTULO 2**

ENREDADO

Um roteiro de Hollywood sobrevive ou morre em função do seu "gancho", o argumento simples que capta o interesse do público, põe a história em movimento e leva a ação adiante. Um gancho envolve necessariamente um conflito, e saber como o conflito será resolvido é o motivo pelo qual, uma vez enredados por um filme, permanecemos envolvidos e continuamos a assisti-lo.

Na condição de psicóloga, constatei que os livros e filmes que mais me envolvem são aqueles nos quais o conflito — ou pelo menos grande parte dele — existe dentro da própria natureza do herói. Um ator batalhador não entende as mulheres até que, desesperado por um emprego, finge ser uma mulher na vida real (*Tootsie*). Uma jovem ingênua tem medo do compromisso (*Noiva em Fuga*). Ou, em um dos ganchos realmente mais notáveis de todos os tempos, um assassino habilidoso é atingido na cabeça, acorda no meio de uma ardente intriga e não tem a menor ideia de quem ele é ou o que deseja (*A Identidade Bourne*).

Podemos não passear em carros conversíveis pelas famosas avenidas de Los Angeles ladeadas por palmeiras nem fazer reuniões com astros e estrelas do cinema, mas cada um de nós, do nosso próprio jeito, é um roteirista de Hollywood. Digo isso porque em cada minuto de cada dia estamos redigindo os roteiros que são exibidos na sala de cinema que fica dentro da nossa cabeça. A diferença é que, na história da nossa vida, ficar enredado não indica a emoção de estar em suspense sentado no cinema, e sim ser capturado por uma emoção, um pensamento ou comportamento autodestrutivo.

A mente humana é uma máquina de fabricar significados, e uma grande parte de ser humano envolve o esforço para encontrar coerência nos bilhões de *bits* de informações sensoriais que nos bombardeiam a cada dia. Nossa estratégia para encontrar essa coerência é organizar tudo o que vemos e ouvimos, bem como as experiências e os relacionamentos que rodopiam à nossa volta em uma narrativa coesa: *esta sou eu, Susan, acordando. Estou em uma cama. O pequeno mamífero que está pulando sobre mim é meu filho, Noah. Eu morava em Joanesburgo, mas agora eu moro em Massachusetts. Preciso me levantar hoje e me preparar para uma reunião. É isso que eu faço. Sou psicóloga e me reúno com pessoas para tentar ajudá-las.*

As narrativas atendem a um propósito: contamos para nós mesmos essas histórias para organizar nossas experiências e permanecermos lúcidos.

O problema é que todos nós entendemos errado as coisas. As pessoas sem uma história realisticamente coerente, ou que têm uma história completamente desligada da realidade, podem ser rotuladas de "psicóticas". Mas, embora a maior parte de nós talvez nunca escute vozes ou tenha ilusões de grandeza, ao redigir o roteiro da nossa história somos todos flexíveis com a verdade. Às vezes nem mesmo nos damos conta de que estamos fazendo isso.

Nós então aceitamos esses autorrelatos sem questioná-los, como se fossem a verdade, toda a verdade e nada além da verdade. Essas são histórias que, independentemente da sua veracidade, podem ter sido rabiscadas no nosso quadro-negro mental na escola primária ou até mesmo antes de aprendermos a andar ou falar. Engatinhamos nessas fábulas e deixamos que uma frase ou um parágrafo, que pode ter surgido há trinta ou quarenta anos e nunca ter sido objetivamente testado e verificado, represente a totalidade da nossa vida. Existem tantos desses cenários confusos quanto existem pessoas:

"Meus pais se divorciaram logo depois que eu nasci, e por isso sou responsável pelo fato de minha mãe ser alcoólatra."

"Eu era o introvertido em uma família onde todos eram extrovertidos, e é por isso que ninguém me ama."

Ad infinitum.

Também criamos diariamente essas histórias em uma escala menor. Eu sei que já fiz isso. Eis um exemplo: há alguns anos, um colega me informou casualmente em um recado na minha caixa postal que ia pegar emprestado — outra palavra seria "roubar" — um conceito meu para usar como o título do seu livro que em breve seria publicado. Ele esperava que eu "não me importasse", disse ele, sem pedir permissão e sim, calmamente, declarando o fato.

É claro que eu me importava! Ele estava usando *meu* conceito, conceito que eu mesma planejava usar. Amaldiçoei o dia em que irrefletidamente mencionei a ideia para ele em uma conferência. Mas o que eu poderia fazer? Profissionais não podem sair por aí gritando uns com os outros.

Enterrei minha raiva e fiz o que praticamente qualquer pessoa faria: telefonei para o meu marido para desabafar. Mas meu marido, Anthony, é médico e, ao atender o telefone, disse o seguinte: "Suzy, não posso conversar. Estou com um paciente na sala de cirurgia esperando por uma intervenção de emergência". Então lá estava eu, "injustiçada" pela segunda vez, e nesse caso pelo meu próprio marido!

A lógica da situação — de que salvar a vida do paciente era na verdade mais importante do que falar comigo naquele momento — não ajudou em nada para acalmar minha raiva crescente. Como podia meu marido me tratar daquela maneira — no momento em que eu realmente precisava dele? Esse pensamento logo se transformou em "ele nunca está realmente ao meu lado quando eu preciso". Minha raiva cresceu, assim como meu plano de não atender quando ele me ligasse de volta. Eu estava enredada.

Exatamente. Em vez de ter uma conversa com meu colega na qual eu expressasse calmamente, mas de uma maneira segura, que não aprovava a atitude dele e tentasse chegar a uma solução satisfatória para o problema, passei dois dias irritada, sem falar com meu marido que não tinha nenhuma responsabilidade sobre o ocorrido, porque ele "nunca estava do meu lado quando eu precisava"!

Brilhante, não é mesmo?

O problema não é apenas que essas histórias questionáveis, nem sempre precisas, que contamos a nós mesmos nos deixem confusos, desperdicem nosso tempo ou resultem em alguns dias de frieza em casa. O problema maior é o conflito entre o mundo que essas histórias descrevem e o mundo em que vivemos, que é o mundo no qual poderíamos de fato prosperar.

Em um dia típico, a maior parte de nós fala cerca de 16 mil palavras. Mas os nossos pensamentos — nossas vozes interiores — produzem outras milhares. Essa voz da consciência é uma tagarela silenciosa mas incansável, nos bombardeando secretamente e sem parar com observações, comentários e análises. Além disso, essa voz incessante é o que os professores de literatura chamam de *narrador não confiável* — pense em Humbert Humbert em *Lolita*, ou Amy Dunne em *Garota Exemplar*. Como no caso desses dois personagens, cujos relatos não são inteiramente confiáveis, o nosso narrador interior pode ser tendencioso, estar confuso ou até mesmo envolvido em uma deliberada autojustificativa ou em um engodo. O que é ainda pior: ele *não cala a boca*. Você talvez seja capaz de evitar compartilhar cada pensamento que surge na sua cabeça, mas impedir que esses pensamentos surjam? Boa sorte para você.

Embora aceitemos com frequência as declarações que sobem à tona vindas do fundo desse rio de incessante tagarelice como fatos, a maior parte delas é na verdade uma complexa mistura de avaliações e julgamentos reforçados por nossas emoções. Alguns desses pensamentos são positivos e proveitosos; outros são negativos e inúteis. Em ambos os casos, nossa voz interior raramente é neutra ou imparcial.

Agora, por exemplo, estou sentada na minha mesa, escrevendo este livro e progredindo um tanto devagar. "Estou sentada na minha mesa." Este é um pensamento simples baseado em um fato. "Estou escrevendo um livro" também é. E "escrevo devagar" também.

Certo. Até agora, tudo bem. Mas, a partir daqui, é muito fácil que minhas observações factuais deslizem para a esfera da opinião. A história que conto para mim mesma poderia facilmente desenvolver um gancho, deixando-me pendurada em uma ideia duvidosa, não examinada, debatendo-me como um peixe prestes a se tornar o jantar de um pescador.

"Escrevo devagar *demais*" é a avaliação autocrítica que pode rapidamente acompanhar "sou uma escritora lenta". Outra, "sou mais lenta do que a maioria dos outros escritores", transforma em uma comparação o pensamento baseado em um fato. "Estou ficando atrasada" adiciona um elemento de ansiedade. E então vem o julgamento condenatório para resumir tudo isso: "Venho enganando a mim mesma a respeito do quanto sou capaz de escrever antes do prazo final. Por que não consigo ser sincera comigo mesma? Estou acabada". O que está muito distante do meu ponto de partida, que estava baseado em fatos: estou sentada na minha mesa escrevendo lentamente um livro.

Para observar na prática como as pessoas facilmente escorregam do fato para a opinião e depois para o julgamento e então para a ansiedade, experimente fazer este exercício de energização do cérebro. Pense a respeito de cada uma das seguintes ideias, uma de cada vez:

Seu celular
Sua casa
Seu emprego
Seus sogros
Sua cintura

Quando você faz uma livre-associação, alguns dos seus pensamentos podem ser factuais. "Jantei com meus sogros na semana passada" ou "tenho que entregar um projeto na segunda-feira". Mas observe agora a rapidez com que as seguintes opiniões, avaliações, comparações e preocupações irritantes se insinuam:

Meu celular... está desatualizado. Preciso comprar outro com urgência.
Minha casa... está sempre uma bagunça.
Meu emprego... me deixa completamente estressado.
Meus sogros... mimam demais as crianças.
Minha cintura... realmente preciso voltar a fazer aquela dieta.

Nos seminários, às vezes peço às pessoas que relacionem anonimamente algumas situações difíceis aos pensamentos e emoções que as acompanham. Eis algumas "auto-histórias" completamente inúteis que os membros de um grupo de ambiciosos executivos criaram e as situações que as inspiraram:

Outra pessoa teve sucesso: "Não sou bom o bastante. Por que não fui eu?".
Trabalhando em tempo integral: "Minha vida é um fracasso. Tudo à minha volta é uma bagunça, e minha família fica magoada comigo por eu estar deixando de aproveitar toda a alegria que poderíamos compartilhar".
Realizando uma tarefa difícil: "Por que estou levando tanto tempo para fazer isto? Se eu tivesse algum talento conseguiria terminar mais rápido".
Uma promoção perdida: "Sou um idiota e um fracote. Deixo que me passem a perna".
Alguém pediu que algo novo seja feito: "Estou apavorado. Isto nunca vai dar certo".
Um compromisso social: "Meu nervosismo vai me deixar paralisado e todo mundo vai pensar que fui criado em uma caverna".
Recebendo um *feedback* negativo: "Vou ser demitido".

Encontrando-se com velhos amigos: "Sou um perdedor. Eles todos têm uma vida muito mais interessante do que a minha. E ganham mais dinheiro!".

Tentando perder peso: "Sou repulsivo. Eu deveria simplesmente desistir. Todos na sala têm uma aparência melhor do que a minha".

E eis uma dica de por que essa progressão de um pensamento do tipo neutro para um do tipo peixe no anzol é tão fácil:

Vamos passear no bosque enquanto* _____.

"o seu lobo não vem", certo? Não é muito difícil. As palavras surgiram automaticamente na sua cabeça.

O que faz com que seja quase inevitável que fiquemos enredados é que muitas das nossas respostas são tão automáticas quanto a do exemplo acima.

O gancho é geralmente uma situação que você encontra no seu dia a dia. Pode ser uma conversa difícil com seu chefe, uma situação com um parente que está deixando você apreensivo, uma apresentação próxima, uma discussão com sua cara-metade a respeito de dinheiro, o boletim insatisfatório de um filho ou talvez apenas o trânsito habitual na hora do *rush*.

Você tem então sua reação no piloto automático para a situação. Você pode fazer um comentário sarcástico, fechar-se em si mesmo para evitar olhar para seus sentimentos, procrastinar, desistir para não ter de enfrentar a situação, ficar remoendo seus pensamentos a respeito do assunto ou ter um "chilique" e começar a gritar.

Quando você reage automaticamente de uma maneira inútil, independentemente de qual tenha sido a reação, você está enredado. O resultado é tão previsível quanto as palavras "o seu lobo não vem" que surgiram na sua cabeça depois de ler "vamos passear no bosque enquanto...". O anzol com a isca está oscilando bem na sua frente, e você o abocanha sem pensar duas vezes.

---

* O exemplo do original foi alterado pela tradutora. No original, em vez de "Vamos passear no bosque enquanto o seu lobo não vem, está escrito "Mary had a little lamb". (N. dos T.)

O enredamento começa quando você aceita os pensamentos como fatos.

Não sou bom nisto. Eu sempre estrago tudo.

É comum então que você comece a evitar as situações que despertam esses pensamentos.

Não vou nem mesmo tentar.

Ou então você pode ficar remoendo indefinidamente o pensamento.

A última vez que eu tentei foi muito humilhante.

Às vezes, talvez seguindo o conselho bem-intencionado de um amigo ou membro da família, você se esforça para afastar esses pensamentos.

Eu não deveria ter pensamentos desse tipo. Isso é contraproducente.

Ou então, seguindo adiante apesar de tudo, você se obriga a fazer o que o apavora, mesmo que aquilo que esteja impulsionando sua ação seja o gancho, e não algo que você genuinamente valoriza.

Preciso tentar. Tenho que aprender a gostar disto, mesmo que eu morra.

Toda essa tagarelice interior não é apenas enganadora; ela é exaustiva. Ela está sugando importantes recursos mentais que você poderia aproveitar de uma maneira muito melhor.

Aliado ao poder "enredador" dos nossos pensamentos está o fato de que muitos dos nossos hábitos mentais estão na verdade gravados em nós para se combinar com as nossas emoções e produzir uma resposta dinâmica.

Suponha, por um momento, que você esteja fazendo um curso para aprender uma nova linguagem intergaláctica. Nessa linguagem, uma das figuras acima se chama "bouba" e a outra "kiki". Em um teste surpresa, o professor pergunta qual é qual. É bem provável que você escolhesse a forma da esquerda como "kiki" e a da direita como "bouba".

Os criadores desse experimento, V. S. Ramachandran e Edward Hubbard, descobriram que 98% das pessoas responderam desse modo. Até mesmo crianças de 2 anos que ainda não tinham aprendido padrões de linguagem e não falavam inglês fizeram a mesma escolha. Do *campus* de Ramachandran na Universidade da Califórnia, em San Diego, aos muros de pedra em Jerusalém e às margens isoladas do Lago Tanganica, na África central, onde os habitantes falam suaíli, esta é uma preferência universal tecida no cérebro: independentemente da linguagem, da cultura ou do alfabeto, segundos depois de ver os símbolos sem sentido, os centros de audição humanos identificam a palavra "kiki" como aquela com curvas afiadas e a palavra "bouba" como sendo a forma mais suave e arredondada.

Imagina-se que essa associação de uma determinada forma com um determinado som aconteça em parte porque o giro angular, a região do cérebro na qual essa avaliação ocorre, fica no local onde ocorre o cruzamento dos nossos centros do tato, da audição e da visão. Ele se envolve na fusão sensorial, integrando sons, sentimentos, imagens, símbolos e gestos, e talvez seja até mesmo responsável por nossa capacidade de pensar metaforicamente. Dizemos "esta camisa é de um vermelho gritante" ou "este queijo tem um sabor cortante", embora a camisa espalhafatosa não grite e não haja a menor possibilidade de que o pedaço de queijo que você está comendo vá cortá-lo (pacientes com lesões no giro angular podem ser capazes de falar perfeitamente seu idioma natal mas não conseguem entender metáforas. Essa análise também se aplica aos primatas inferiores, que têm um giro angular com cerca de um oitavo do tamanho do nosso).

Nossa capacidade de fusão sensorial não apenas ajuda poetas e escritores a criar maneiras interessantes de dizer as coisas. Lamentavelmente, ela também prepara todos nós para ficarmos e permanecermos enredados. Isso acontece porque não vivenciamos nossos pensamentos com uma neutralidade monótona como aquela do Sr. Spock, de *Jornada nas Estrelas*: "Acaba de me ocorrer que estou sendo sabotado por um rival. Que interessante".

Em vez disso, os pensamentos vêm acompanhados de acessórios completos, com imagens visuais, símbolos, interpretações idiossincráticas, julgamentos, inferências, abstrações e ações. Isso confere à nossa vida mental uma intensidade vibrante, mas também pode levar embora nossa objetividade e nos deixar à mercê de ideias invasivas, sejam elas verdadeiras ou não, sejam elas proveitosas ou não.

No tribunal, juízes costumam permitir que os membros do júri vejam fotos de autópsias, porém raramente autorizam que eles vejam fotos das cenas dos crimes. Isso se deve ao fato de que as imagens caóticas, violentas e sangrentas causam uma forte impressão emocional que os juízes com frequência receiam que possa sobrepujar as deliberações lógicas e neutras que são esperadas dos membros do júri. As fotos da autópsia são tiradas com uma luz clara, em uma mesa de aço — tudo muito impessoal. Mas as fotos da cena do crime podem conter pequenos detalhes que humanizam a vítima — a foto do filho dela na penteadeira salpicada de sangue, o cordão desamarrado do tênis muito gasto pelo uso — ou que dramatizam o sofrimento da vítima. Essas imagens emocionalmente evocativas poderiam "comover" os jurados e impeli-los a uma atitude mental retaliatória: "A vítima era uma pessoa como eu. O réu tem um álibi muito bom, mas alguém tem que pagar por essa afronta!".

A natureza vívida e projetada em tecnicolor do nosso processamento cognitivo, mesclada com a emoção e reforçada por ela, é uma adaptação evolucionária que nos foi muito útil quando precisávamos nos defender de cobras, leões e tribos vizinhas hostis. Quando sob ameaça de um inimigo ou predador, o seu caçador-coletor típico não podia se dar ao luxo de perder tempo com abstrações ao estilo do Sr. Spock: "Estou sob ameaça. Como devo avaliar minhas opções?".

O tipo de reação que nossos antigos ancestrais precisavam para permanecerem vivos exigia que eles sentissem visceralmente o perigo, compreendendo seu significado de uma forma que conduzisse automaticamente a uma reação previsível fornecida pelo processo de injeção de combustível do sistema endócrino: a reação de lutar ou fugir.

Quando eu tinha vinte e poucos anos, morei com minha mãe durante um ano. Nessa época, uma amiga e seu namorado foram estuprados e espancados na casa onde moravam por uma gangue de criminosos. Os bandidos invadiram a casa quando eles saíram para jantar e lá ficaram até que eles voltassem. Como eu já havia mencionado, crimes horríveis como este eram extremamente comuns em Joanesburgo. Depois que isso aconteceu, fiquei mais tensa do que nunca.

Certa noite, eu me perdi voltando para casa de carro por um caminho que não conhecia muito bem e acabei indo parar em um bairro muito perigoso. Quando me localizei e achei o caminho correto, comecei a achar que estava sendo seguida. Quando cheguei em casa, não consegui ver ninguém. Entrei e fechei a porta, planejando voltar mais tarde para o carro para pegar minha bagagem. Cerca de meia hora depois, quando saí de casa e caminhei em direção ao carro, tudo parecia bem. Ouvi então um som gutural e levantei os olhos. Vi dois homens avançando na minha direção com armas em punho. Minhas emoções, que estavam à flor da pele por causa do medo que eu experienciara nas horas anteriores, aliadas à lembrança do ataque sofrido por meus amigos, fizeram com que eu começasse imediatamente a gritar. Blasfêmias estridentes, exuberantes e agressivas escaparam da minha boca (não sou puritana, mas acredite que elas eram baixas demais para serem repetidas aqui). Os homens, pegos desprevenidos, olharam para mim também apavorados (posso apenas imaginar o que estava passando pela cabeça deles, vendo aquela mulher louca gritando barbaridades!). Eles então correram para os arbustos de onde tinham vindo e desapareceram. Até hoje sou grata à fusão sensorial do meu cérebro: ver, recordar, sentir, ouvir e reagir — tudo ao mesmo tempo.

Essa incrível facilidade para fundir sensações, contudo, também nos predispõe a ficar enredados. No mundo de hoje, felizmente, quase todos os nossos problemas, até mesmo a maior parte das coisas que nos ameaçam, são vagos e de longo prazo: não se trata de *"aaaah! Uma cobra!"* e sim de "será que estou segura no meu emprego?" ou "será que vou conseguir me aposentar com um rendimento suficiente?" ou "será que as notas da minha filha na escola estão começando a cair porque ela está obcecada pelo Petersen, aquele garoto desprezível?". Mas, por causa das emoções associadas, nossos pensamentos, até mesmo os cenários mais tranquilos do dia a dia projetados na nossa cabeça — um casal que está envelhecendo, uma menina do ensino médio apaixonada —, tornam-se gatilhos que podem desencadear reações no piloto automático de grande ansiedade, apreensão e o sentimento de uma ameaça imediata.

Eis como um pensamento aleatório pode se transformar em um gancho persistente:

Tagarela Interior + Fusão de Pensamentos em Tecnicolor + Clima Emocional = Enredado

1. Tudo começa quando prestamos atenção ao nosso *Tagarela Interior*...
    Há vários dias não dedico um tempo à minha filha Jane. Não fico perto dela o bastante. Preciso estar com ela com mais frequência. Mas como vou arrumar tempo para isso se há tanto o que fazer no trabalho? Simplesmente não posso continuar assim. Michelle Smith parece ter tempo para viver momentos especiais com a filha *dela*. Ela é tão boa mãe. Ela realmente sabe definir suas prioridades. O que há de errado comigo? Eu faço tudo errado.

2. Graças à *Fusão de Pensamentos em Tecnicolor*, a tagarelice se mistura com lembranças, imagens e símbolos...
    Olhe só para minha filhinha. Ela está crescendo tão rápido. Eu quase consigo sentir o cheiro do lanche que minha mãe preparava para mim quando eu voltava da escola. Eu deveria cozinhar comidinhas gostosas para Jane. Já posso vê-la formada no ensino médio e saindo de casa — com aquele desprezível Ricky Petersen! — e me odiando. Por que este cliente está me enviando um e-mail de trabalho no sábado? Vou repreendê-lo seriamente para que ele veja o que é bom. E NÃO, JANE. NÃO POSSO SAIR COM VOCÊ PARA FAZER COMPRAS. QUE PARTE DE "TENHO QUE TRABALHAR" VOCÊ NÃO ENTENDE?

3. Adicione o *Clima Emocional*...
    Não posso acreditar que acabo de ser ríspida assim com minha filha adorada. Estou me sentindo tão culpada. Vou morrer sozinha porque minha filha me odeia. Eu gostava do meu emprego, mas agora o detesto; ele está me afastando da minha família. Sou um terrível e desprezível fracasso. Minha vida é um desperdício.

O clima emocional é apenas um dos muitos "efeitos especiais" que conferem um poder tão enorme aos roteiros que escrevemos para dar significado e coerência às nossas vidas, mesmo quando a trama é pura ficção. O poeta John Milton resumiu isso no século XVII: "A mente é seu próprio lugar e, por si mesma, pode tornar o inferno um céu e o céu um inferno". E, no entanto, no mundo dos aforismos vigorosos, há também "se desejos fossem asas, os porcos voariam". Isso quer dizer que, sim, de fato, a mente cria seu próprio universo, mas também que não, não podemos resolver nossos problemas apenas por meio de afirmações e pensamentos positivos. E o fato é que as soluções típicas da Nova Era que colocam adesivos com faces sorridentes em cima dos nossos problemas podem na verdade agravá-los. Então, a pergunta para avançarmos é a seguinte: quem está no controle, o pensador ou o pensamento?

Por outro lado, parte do nosso problema pode ser simplesmente a maneira como nossos pensamentos são processados.

PENSANDO RÁPIDO E DEVAGAR

Em 1929, o pintor belga René Magritte causou sensação no mundo da arte com uma tela chamada *La Trahison des Images* [A Traição das Imagens]. Você provavelmente já a viu: Um cachimbo flutua acima da legenda *Ceci n'est pas une pipe*. Tradução: "Isto não é um cachimbo".

A princípio você pode achar que o artista estava simplesmente sendo, digamos, um surrealista, provocando o público com o absurdo. Mas a avaliação dele é na verdade uma narrativa de alerta a respeito de como processamos as informações e de como a maneira pela qual nossa mente avança, acelerada e usando atalhos, pode, às vezes, fazer com que tiremos falsas conclusões de forma precipitada ou que fiquemos presos a padrões de comportamento cognitivos nocivos.

Quando observamos *A Traição das Imagens*, estamos olhando para tinta a óleo passada na tela com pincel de uma maneira que nos faz pensar em um cachimbo. Mas Margritte está absolutamente certo: *não* é um cachimbo. É uma representação bidimensional da ideia que fazemos de um cachimbo. E a única maneira pela qual você poderia fumá-lo seria rasgando a tela e formando um cachimbo de verdade com os pedaços. Do seu próprio jeito, Magritte estava dizendo que a imagem não é a coisa, ou, como declarou o filósofo Alfred Korzybski, "o mapa não é o território".

Os humanos adoram criar categorias mentais e depois encaixar nelas objetos, experiências e até mesmo pessoas. Se algo não se encaixa em uma categoria, vai para a categoria de "coisas que não se encaixam". As categorias podem ser úteis, como quando você classifica ações da bolsa de valores como sendo de alto risco ou de baixo risco, o que torna mais fácil escolher investimentos que podem adequar-se aos seus objetivos financeiros.

Mas quando ficamos excessivamente à vontade e habituados a rígidas categorias pré-existentes, estamos usando o que os psicólogos chamam de *compromisso cognitivo prematuro*, que é uma reação habitual e inflexível a ideias, coisas e pessoas — e até mesmo a nós mesmos. Essas categorias rápidas e fáceis, bem como os julgamentos precipitados a que elas conduzem, são com frequência chamados de *heurística*, mas o termo "regras práticas" funciona igualmente bem. A heurística varia de proibições razoáveis — "Evito as entradas turcas típicas nos cafés de Istambul ao ar livre em agosto" — a antolhos perniciosos, como o preconceito racial ou de classe, e a atitudes autolimitantes que roubam a nossa diversão, como o "não sei dançar".

Assim como a tendência dos nossos pensamentos de mesclarem-se com as nossas emoções, a tendência de encaixar em compartimentos as coisas que vemos para poder classificá-las com facilidade — e depois tomar decisões instintivas a respeito delas — evoluiu por uma razão. A vida é incrivelmente mais fácil quando você não precisa analisar *todas* as escolhas (como naqueles restaurantes elegantes nos quais o garçom não para de fazer perguntas cada vez mais primorosamente detalhadas a respeito das suas preferências até que você tem vontade de gritar: "Apenas me traga a droga da salada! Despeje maionese nela! Eu não me importo!"). Todos ficaríamos paralisados na análise se não contássemos com nossas regras práticas pessoais, que possibilitam que atravessemos os processos rotineiros sem desperdiçar muita energia mental.

A heurística entra em ação no momento em que conhecemos uma pessoa e começamos imediatamente a determinar se queremos conhecê-la melhor ou evitá-la. E, ao que tudo indica, somos muito competentes na avaliação instintiva das pessoas. Os julgamentos que fazemos nesses escassos segundos, baseados em pouquíssimas evidências, são geralmente bastante precisos. Além disso, como pesquisas têm demonstrado, as primeiras impressões de um participante a respeito de um desconhecido com frequência se revelam compatíveis com avaliações de personalidade feitas por amigos e familiares daquela pessoa.

Milênios atrás, ser capaz de avaliar prontamente desconhecidos ajudou os humanos a formarem vínculos de confiança para além de seus parentes consanguíneos. Isso, por sua vez, conduziu ao desenvolvimento de aldeias, cidades e sociedades (ou seja, da civilização).

Se os seres humanos carecessem da capacidade preditiva da heurística ("tem um aperto de mão forte, um sorriso agradável — parece um cara legal") e precisassem processar conscientemente, todas as vezes, cada expressão facial, conversa e informação, não teríamos tempo para realmente viver a vida.

No entanto, lamentavelmente, nossas impressões precipitadas podem estar erradas. Elas podem estar baseadas em estereótipos injustos e inexatos ou podem ter sido manipuladas por impostores. E uma vez consolidadas, pode ser difícil reconsiderá-las e modificá-las. Quando fazemos julgamentos rápidos, frequentemente superestimamos as informações que estão prontamente disponíveis e subestimamos sutilezas que poderiam levar tempo para ser desenterradas.

No livro *Thinking Fast and Slow* [Rápido e Devagar], o psicólogo *Daniel Kahneman* descreveu a mente humana operando em dois modos básicos de pensamento. Os pensamentos do *Sistema 1* são geralmente rápidos, automáticos, naturais, associativos e implícitos, o que significa que não estão disponíveis para introspecção imediata. Eles frequentemente carregam muito peso emocional e são regidos pelo hábito e por isso são excelentes para nos deixar enredados.

Os pensamentos do *Sistema 2* são mais lentos e deliberativos. Requerem muito mais esforço e um nível mais profundo de atenção. São também mais flexíveis e receptivos a regras que estabelecemos conscientemente. São essas operações do Sistema 2 que nos permitem criar o espaço entre o estímulo e a resposta mencionado por Victor Frankl, o espaço que torna possível a expressão plena da nossa condição humana e possibilita que prosperemos.

Lembro-me de ter assistido certa vez a Bill O'Reilly conversando com David Letterman. O erudito conservador fez uma pergunta e depois começou a atazanar o comediante, dizendo: "É uma pergunta fácil!".

Letterman respondeu: "Não é fácil para mim, porque sou ponderado".

David recebeu uma salva de palmas.

Como já mencionei, o raciocínio intuitivo do Sistema 1 pode às vezes ser poderoso e preciso. Dr. Gerd Gigerenzer, diretor do Instituto Max Planck para o Desenvolvimento Humano, de Berlim, e um dos cientistas cujo trabalho foi abordado no *best-seller Blink*, de Malcolm Gladwell, é um psicólogo social conhecido por seu trabalho com o conceito de pensamento intuitivo. Ele descreve essas reações instintivas como algo misterioso, até mesmo para quem as têm. Tudo o que sabemos é que elas se baseiam em indícios presentes no ambiente, ao mesmo tempo em que descartam outras informações que o nosso condicionamento ou nossa experiência de vida (ou a desatenção, ou o hábito) nos dizem serem desnecessárias.

Algumas reações intuitivas têm origem na prática e na habilidade. Temos o mestre de xadrez que consegue determinar as doze jogadas seguintes ao observar o jogo de outra pessoa em andamento, a enfermeira de uma UTI coronariana que é capaz de detectar um ataque do coração a um quilômetro de distância ou o bombeiro que sabe quando está na hora de evacuar o local — agora!

Mas as reações do Sistema 1 têm um lado sombrio. Quando a heurística começa a dominar a maneira como processamos as informações e nos comportamos, acabamos aplicando nossas regras práticas de uma maneira inapropriada, o que nos torna menos capazes de detectar características distintivas pouco comuns ou novas oportunidades. Ficamos então carentes de agilidade.

O frequentador de salas de cinema típico, quando profundamente envolvido com o filme, pode deixar escapar detalhes e erros na história ou na continuidade da cena, como quando um ator está segurando uma xícara de café em um *close-up*, mas não em um plano geral de câmera dois segundos depois. Em um laboratório, pesquisadores exibiram para participantes breves vídeos contendo erros de continuidade deliberados. Durante a cena de uma conversa na qual a câmera focaliza duas pessoas alternadamente, por exemplo, a roupa de um dos personagens muda o tempo todo. Ou um dos personagens se levanta para atender o telefone, o ângulo da câmera muda e na cena seguinte o personagem está sendo interpretado por um ator totalmente diferente. Em média, dois terços dos participantes que estão assistindo aos vídeos não notam esses erros, mesmo quando é o personagem principal que está sendo substituído.

Os mesmos acadêmicos responsáveis por esses experimentos realizaram outro estudo no qual um pesquisador parava alunos em um *campus* para pedir informações. Enquanto o aluno e o pesquisador conversavam, dois outros membros da equipe de pesquisa passavam por entre os dois carregando uma porta de madeira. Em um truque de ilusionismo digno da dupla Penn e Teller, os membros da equipe aproveitavam a oportunidade para fazer uma troca, de modo que, quando a barreira visual (a porta) era removida, a pessoa que estava originalmente pedindo informações tinha sido substituída por outra. Surpreendentemente, metade dos alunos no experimento deixaram de notar a troca e continuaram a conversa como se nada tivesse acontecido.

Um exemplo trágico e real desse fenômeno aconteceu em Boston, nas horas que antecederam o amanhecer de um dia de janeiro de 1995, quando um policial chamado Kenny Conley estava perseguindo um suspeito de tiroteio que havia saltado uma cerca de arame. O policial Conley estava tão concentrado em pegar o homem que deixou de notar outra coisa que estava acontecendo no local: outros policiais estavam espancando cruelmente um homem que eles achavam que era um suspeito — mas que era, na verdade, um policial disfarçado. Mais tarde, no tribunal, Conley declarou que passou correndo pelo lugar onde o ataque brutal ao seu colega estava acontecendo mas que, com sua visão voltada apenas para a sua própria tarefa, não percebeu nada.

A lição: é preciso muita flexibilidade para neutralizar o estado de nossa mente quando ela entra no modo de funcionamento predeterminado. É por isso que os especialistas são com frequência os últimos a perceber as soluções mais sensatas para problemas simples, uma limitação que o economista Thorstein Veblen chamava de "incapacidade treinada" dos especialistas. A confiança inflada leva os veteranos a desconsiderar informações contextuais e, quanto mais familiarizado um especialista está com um tipo de problema particular, maior a probabilidade de que ele retire uma solução pré-fabricada do seu banco de memória em vez de responder ao caso específico que tem diante de si.

Em outro estudo, foi solicitado a profissionais de psicologia que assistissem a uma entrevista realizada com uma pessoa. Alguns participantes foram informados de que o entrevistado era um candidato a um emprego e outros receberam a informação de que era um paciente psiquiátrico. Os clínicos foram instruídos a aplicar o seu *know-how* para avaliar o entrevistado. Quando acreditavam que este último estava se candidatando a um emprego, os profissionais o caracterizavam como normal e relativamente bem-ajustado; no entanto, quando eram informados de que ele era um paciente, descreviam essa mesma pessoa como angustiada e defeituosa. Em vez de prestar atenção à pessoa que efetivamente estava diante deles, os clínicos valeram-se de indícios superficiais que, por meio de uma longa experiência, lhes permitia fazer diagnósticos "enquanto dormiam". Verdade seja dita, seria preferível que eles estivessem dormindo.

Em geral, os especialistas — ou as pessoas que são altamente conceituadas em qualquer área — ficam frequentemente enredados na sua própria presunção. No entanto, às vezes, o *status* ou a realização em uma esfera não tem nenhuma relevância em outra. Os membros de um grupo de corretores da bolsa de valores que conheci em uma conferência concordavam com a ideia de que os cirurgiões eram notoriamente maus investidores porque só ouviam conselhos sobre investimentos de outros cirurgiões (a ironia é que os corretores, no seu consenso a respeito da pouca habilidade para investimento dos cirurgiões, também estavam usando uma regra prática muito obtusa). E os CEOs, nos retiros corporativos de desenvolvimento do espírito de equipe realizados em locais selvagens longe dos centros urbanos, com frequência partem do princípio de que devem estar no comando, deixando de levar em consideração que o jovem que acaba de dar baixa no exército e que trabalha como *office boy* talvez esteja mais bem equipado para conduzir um exercício que envolve escalar rochedos e pendurar-se em cordas.

As pessoas enredadas em um modo específico de pensar ou de se comportar não estão realmente prestando atenção ao mundo como ele é. Elas são insensíveis ao contexto, seja ele qual for. Mais exatamente, elas estão vendo o mundo como elas mesmo o organizaram, em categorias que podem ou não ter alguma coisa a ver com a situação em questão.

É comum que pessoas morram em incêndios ou aterrissagens forçadas porque tentam escapar pela mesma porta que usaram para entrar. No momento de pânico, elas recorrem a um padrão estabelecido em vez de pensar em outra saída. Da mesma maneira, o nosso sofrimento, a nossa desmotivação, os nossos desafios nos relacionamentos e as outras dificuldades que temos na vida quase nunca são solucionados se pensarmos do mesmo jeito antigo e automático. Ser emocionalmente ágil envolve ser sensível ao contexto e reagir ao mundo como ele se apresenta neste momento.

Não queremos certamente pôr um fim aos nossos pensamentos e emoções, porque isso representaria o *nosso* fim. Porém, uma vez mais, a pergunta é a seguinte: "Quem está no controle — o pensador ou o pensamento?". Estamos administrando nossa vida de acordo com nossos valores e de acordo com o que é importante para nós, ou estamos sendo simplesmente carregados pela maré?

Quando não estamos no controle da nossa vida, quando não estamos agindo de acordo com a nossa escolha ponderada nem a partir do leque completo de opções que uma inteligência perceptiva consegue evocar, é exatamente aí que ficamos enredados.

OS QUATRO GANCHOS MAIS COMUNS
GANCHO Nº 1: CULPAR OS PENSAMENTOS

"Achei que eu me envergonharia, de modo que não me socializei na festa."

"Achei que ela não tinha interesse, de modo que parei de compartilhar informações sobre o projeto."

"Achei que ele ia começar a falar sobre as nossas finanças, de modo que saí da sala."

"Achei que eu ia parecer tolo, de modo que não disse nada."

"Achei que ela deveria dar o primeiro passo, de modo que não telefonei."

Em cada um desses exemplos, quem está falando culpa seus pensamentos por suas ações — ou pela inércia. Quando começamos a culpar os pensamentos, não há espaço suficiente entre o estímulo e a resposta, usando termos de Frankl, para que exerçamos uma verdadeira escolha. Os pensamentos isolados não causam o comportamento.

Velhas histórias não causam o comportamento. Nós causamos nosso comportamento.

GANCHO Nº 2: MENTALIDADE DE MACACO

"Mente de macaco" é um termo da meditação usado para descrever esse incessante tagarela interior que pode saltar de um tema para outro como um macaco que salta de galho em galho. Talvez você tenha uma briga com o seu parceiro (embora possa ser também com seu pai, sua mãe, um filho, amigo ou colega de trabalho), e ele saia de casa furioso. Enquanto você está no trem indo para o escritório, a sua mente está sussurrando: "Hoje à noite vou dizer a ele exatamente quanto me sinto mal quando ele critica meus pais". Esse pensamento no qual você prevê o que vai acontecer se transforma em uma conversa simulada na sua cabeça enquanto você planeja a interação. Ele poderá dizer outra coisa desagradável a respeito dos seus pais e você vai responder com algum comentário sobre o irmão malsucedido dele. Você prevê o que acha que ele poderá dizer e planeja suas respostas. Quando você chega ao trabalho, você está completamente desgastada com a intensa discussão que você teve — dentro da sua cabeça.

Quando estamos no "modo da mente de macaco", é fácil começar a imaginar o pior — supor os piores cenários possíveis ou exagerar um problema de menor importância. Isso consome enormemente nossa energia e é um completo desperdício de tempo. Mais do que isso, enquanto está tecendo esses dramas imaginários na sua cabeça você não está vivendo no momento. Você não está notando as flores no parque ou os rostos interessantes no trem. E não está fornecendo ao seu cérebro o espaço neutro de que ele precisa para as soluções criativas — talvez até mesmo para a solução do que quer que tenha gerado a discussão antes de você sair para o trabalho.

A mente de macaco é obcecada pela pressão do passado ("simplesmente não consigo perdoar o que ele fez") e pela atração do futuro ("mal posso esperar para pedir demissão e dizer tudo o que eu penso para o meu chefe"). Ela também está frequentemente repleta de uma linguagem interior autoritária e crítica, de palavras como "preciso", "não posso" e "eu deveria" ("preciso perder peso", "não posso falhar", "eu não deveria me sentir desta maneira"). A mente de macaco leva você para longe do momento presente e do que é melhor para a sua vida.

GANCHO Nº 3: IDEIAS VELHAS E ULTRAPASSADAS

Kevin desejava desesperadamente ter um relacionamento sério. Superficialmente, ele era divertido e frívolo, mas bem no fundo era fechado e desconfiado, e mantinha as mulheres a distância. Como era previsível, todos os seus relacionamentos fracassavam. Kevin me disse que seu pai fora um alcoólatra agressivo que zombava dele e o espancava por causa das suas deficiências, às vezes na frente dos seus amigos. Quando criança, Kevin aprendeu a não demonstrar tristeza ou falar sobre vulnerabilidades porque seu pai as usaria contra ele. A lição era a seguinte: se mesmo as pessoas mais próximas se voltam contra você, é melhor permanecer desligado dos seus sentimentos e de todos à sua volta. O comportamento de Kevin era completamente útil quando ele era criança; isso o protegia emocionalmente e o mantinha seguro fisicamente. Mas isso era naquela época.

Vinte anos depois, a desconfiança de Kevin havia lhe deixando comprimido como um par de sapatos pequenos demais. Ele se comportava como se ainda estivesse vivendo diariamente seu trauma da infância. O que ele precisava era da agilidade emocional para se adaptar às circunstâncias bem diferentes e muito mais positivas da sua vida adulta. Seu velho e desconfortável processo de pensamento simplesmente não lhe servia mais.

Uma das minhas clientes de *coaching*, Tina, havia sido recentemente preterida em uma promoção para CEO de uma grande empresa de serviços financeiros. Ela havia trabalhado no início de sua carreira como *trader* em Nova York, num ambiente duro e dominado por homens. No pregão da bolsa, ela aprendeu que falar a respeito da sua vida pessoal era tabu e que precisava mostrar que era tão forte quanto os homens durões à sua volta. Isso funcionou para ela no pregão da bolsa, ela adorava seu emprego. Mas, quando ela foi trabalhar em uma nova empresa, compreendeu que as pessoas não queriam seguir um robô. Ela precisava demonstrar alguma emoção e autenticidade, mas tinha dificuldade em se permitir chegar perto de qualquer pessoa. Assim como Kevin, ela estava vivendo uma história que já tinha expirado. O que a trouxera até aquele ponto não iria levá-la além. Ela precisava da agilidade de se adaptar às circunstâncias variáveis.

GANCHO N° 4: RETIDÃO EQUIVOCADA

Dizem que nunca obtemos justiça num tribunal; com sorte, obtemos apenas o melhor acordo possível. Em muitas outras áreas da vida, nós nos agarramos por tempo demais à ideia de justiça, de justificação ou de provar sem sombra de dúvidas que estamos *certos*. Qualquer pessoa que tenha vivido um relacionamento amoroso por mais de alguns meses conhece o momento em uma discussão, especialmente com uma pessoa que você ama, em que você se dá conta... *ahh*... a situação ficou mais calma, vocês chegaram a uma espécie de entendimento, uma trégua talvez tenha sido alcançada, e que a melhor coisa que você poderia fazer naquele momento seria calar a boca, parar de pensar no assunto, apagar a luz e ir dormir. Mas então algo faz você dizer mais uma coisinha para mostrar que você estava de fato certo e seu cônjuge estava errado — e a situação pega fogo novamente.

Essa mesma necessidade de ter a correção da sua causa ou o tratamento injusto confirmados pode roubar anos da sua vida quando você deixa que ela persista. Em muitas famílias, e em muitas partes do mundo, inimizades já duram tanto tempo que ninguém consegue efetivamente se lembrar de qual foi a razão do mal-entendido original. Ironicamente, isso meramente prolonga a injustiça, porque você está se privando de outras coisas que você valoriza, como a ligação afetuosa da família ou de amigos. Adoro a frase que usamos da África do Sul para descrever esse tipo de fenômeno autodestrutivo: "cortar seu próprio nariz para agredir seu rosto".

O antigo mestre grego do paradoxo, Heráclito, disse que nunca podemos entrar duas vezes no mesmo rio, querendo dizer que o mundo está em constante transformação e, portanto, sempre nos apresentando novas oportunidades e situações. Para aproveitar isso ao máximo, precisamos continuamente destruir antigas categorias e formular novas. As soluções mais estimulantes e interessantes não raro ocorrem quando abraçamos "a mente do iniciante", encarando experiências desconhecidas com um novo olhar. Esta é uma referência da agilidade emocional.

Há uma ou duas gerações, a sociedade estava bastante estabelecida com relação ao que eram as "atividades masculinas" e as "atividades femininas". Hoje, você poderia levar um soco no nariz se aceitasse uma distinção tão rígida. Da mesma forma, algumas pessoas tendem a classificar a si mesmas de forma rígida, deixando de reconhecer seu valor como indivíduo, considerando-se exclusivamente uma pessoa rica, uma pessoa gorda, um *nerd* ou um atleta universitário. Aprendemos há muito tempo que a autocategorização de "esposa do Sr. Johnson" era uma afirmação limitante e derrotista. Mas podemos dizer o mesmo de "CEO", "homem excepcional", "melhor aluno da turma" ou até mesmo "zagueiro do melhor time de futebol". As coisas mudam. Precisamos de flexibilidade para garantir que nós também podemos mudar.

Ter agilidade emocional significa estar consciente de todas as suas emoções e aceitá-las, até mesmo aprendendo com as mais difíceis. Significa também ir além das reações cognitivas e emocionais condicionadas ou pré-programadas (seus ganchos) para viver no momento, com uma interpretação clara das circunstâncias vividas naquela situação, reagir de modo apropriado e depois agir em harmonia com seus valores mais profundos.

Nos próximos capítulos vou lhe mostrar como se tornar uma pessoa emocionalmente ágil que aproveita a vida ao máximo.

 VOCÊ ESTÁ SE REPRIMINDO?

 VOCÊ ESTÁ RUMINANDO?

▶ **CAPÍTULO 3**

TENTANDO DESENREDAR

O número varia dependendo do especialista a quem você fizer a pergunta, mas vamos considerar para o nosso propósito que existem sete emoções básicas: alegria, raiva, tristeza, medo, surpresa, desprezo e aversão. Como já vimos, todas essas emoções ainda estão conosco porque nos ajudaram a sobreviver ao longo de milhões de anos de evolução. No entanto, cinco delas — a raiva, a tristeza, o medo, o desprezo e a aversão — estão claramente na extremidade não tão confortável do espectro afetivo (a "surpresa" pode estar em qualquer um dos dois lados).

Qual o significado do fato de a maior parte das nossas emoções refletirem o lado sombrio da experiência humana? O fato de tantas emoções serem perturbadoras e, no entanto, suficientemente úteis para nos ajudar a sobreviver à seleção natural não significaria que até mesmo os sentimentos sombrios e penosos têm um propósito? Não seria então esse o motivo pelo qual não deveríamos tentar evitá-los e sim aceitá-los como uma parte útil — embora às vezes desconfortável — da nossa vida?

Sim.

Exatamente.

Mas aprender a aceitar e conviver com *todas* as nossas emoções não é, de jeito nenhum, o que a maior parte de nós faz. Quase todos adotamos comportamentos padronizados que esperamos que possam rechaçar ou disfarçar nossos sentimentos negativos para que não tenhamos de enfrentá-los. Outros acomodam-se profundamente a esses sentimentos e enfrentam grandes dificuldades para vencê-los. Ou então tentamos lidar com as fases e emoções difíceis por meio do cinismo, da ironia ou do humor negro, recusando-nos a admitir que valha a pena levar alguma coisa a sério (mas, como dizia Nietzsche, em uma tradução livre: "Uma piada é um epitáfio para uma emoção"). Outros ainda tentam não dar atenção aos seus sentimentos e, nas palavras de um filósofo mais contemporâneo, Taylor Swift, "desvencilhar-se deles". Quando tentamos "nos desenredar" simplesmente aniquilando nossos sentimentos, a verdadeira vítima é o nosso próprio bem-estar.

Para verificar onde suas reações se encaixam no espectro dessas soluções não muito eficazes, veja como você se posiciona nos seguintes cenários:

1. Seu chefe faz uma mudança que o contraria. Sua reação mais provável é...

    A. Não dar atenção à raiva e à frustração. Isso vai passar com o tempo, e você tem outras coisas com que lidar.
    B. Pensar muito a respeito do que gostaria de dizer para seu chefe, ensaiando repetidamente na sua cabeça as frases "vou dizer..." e "ele vai dizer...".
    C. Passar algum tempo pensando em por que a mudança o contraria, fazer planos para discutir o assunto com seu chefe e depois voltar a trabalhar.

2. Seu filho de 3 anos deixa os brinquedos espalhados pelo chão. Você chega em casa depois de um duro dia de trabalho, tropeça neles e grita com o menino. Depois, a sua reação mais provável é...

    A. Afastar a frustração, dizendo a si mesmo: "Está tudo bem — tive apenas um dia difícil".

B. Criticar a si mesmo a noite inteira por ter gritado com seu filho, perguntando a si mesmo por que você sempre reage dessa maneira, e chegar à conclusão de que é o pior pai ou a pior mãe do mundo.

C. Sentar-se com seu parceiro para falar sobre o seu dia, compreendendo que a reação que você teve com seu filho foi causada pela sua frustração com o seu chefe. Dar um abraço no seu filho, pedir desculpas e colocá-lo na cama.

3. Você está passando por um doloroso fim de relacionamento. Você...

A. Sai para beber com amigos para se distrair. Você pode até mesmo conhecer novas pessoas. Isso ajudará a atenuar a dor.

B. Fica sentado em casa imaginando o que poderia ter feito de um jeito diferente. Por que seus relacionamentos nunca dão certo?

C. Sente-se contrariado durante algum tempo. Escreve a respeito da experiência ou conversa com seus amigos e aprende com ela.

Se você respondeu A para a maioria dessas questões, você é reprimido. As pessoas reprimidas tentam se desenredar pondo as emoções de lado e prosseguindo com a vida. Elas tendem a empurrar para longe sentimentos indesejados, porque esses sentimentos são desconfortáveis ou perturbadores, ou ainda porque acham que não serem sempre brilhantes e animadas é um sinal de fraqueza ou uma maneira infalível de afastar as pessoas.

Se você é uma pessoa reprimida que detesta o trabalho, pode tentar afastar seus sentimentos negativos racionalizando e dizendo para si mesmo: "Pelo menos tenho um emprego". Se você for infeliz no seu relacionamento, pode mergulhar em um projeto que simplesmente *precisa* ser concluído. Se você está se perdendo na azáfama de cuidar dos outros, você pode pôr de lado a tristeza ou o estresse lembrando a si mesmo que seu "dia chegará". Se você está liderando uma equipe cujos membros estão muito ansiosos a respeito de cortes no orçamento e de uma proposta de reestruturação, você talvez pise em ovos ao redor dessas pessoas por ter medo de abrir um balaio de gatos emocional.

Com a ressalva da importante advertência de que as pessoas nem sempre se comportam de acordo com as normas de gênero encontradas nos resultados das pesquisas, geralmente não é nenhuma surpresa para os meus clientes quando lhes digo que os homens tendem a se reprimir mais do que as mulheres.

Quando comecei a estudar psicologia, na década de 1990, parecia haver uma indústria artesanal produzindo livros que exploravam as diferenças de gênero no que se refere ao estilo emocional. *Men Are from Mars, Women Are from Venus* [Homens São de Marte, Mulheres São de Vênus], escrito pelo orientador de relacionamentos John Gray, vendeu 10 milhões de exemplares. Outro livro daquela época que fez um tremendo sucesso, *You Just Don't Understand* [Você Simplesmente Não me Entende], de autoria da linguista Deborah Tannen, investiga as diferentes maneiras pelas quais os homens e as mulheres usam a linguagem para se comunicar ou, mais precisamente, para *não* se comunicar.

Hoje, podemos ver uma paródia desses estilos estereotipados de comunicação no *clip* cômico *on-line* "It's Not About the Nail" [Não se Trata do Prego]. Nesse vídeo, uma jovem está lamentando-se para o namorado sobre suas frustrações. "Há uma pressão enorme, entende?", diz ela. "Consigo senti-la na minha cabeça. E é contínua. E parece que nunca vai parar."

A câmera gira para a esquerda, e vemos um prego projetando-se para fora da testa da jovem.

O namorado diz a ela com muita naturalidade: "Você tem um prego na sua testa".

"Não se trata do prego!", ela grita. "Pare de tentar consertar as coisas. Você sempre faz isso. Você sempre tenta consertar as coisas quando tudo o que eu preciso é que você me ouça."

Ele suspira e tenta novamente: "Isso parece realmente difícil. Sinto muito". "E é. Obrigada", diz ela. Ela então se inclina para beijá-lo e o prego penetra ainda mais na sua testa.

"Ai!"

O vídeo é engraçado porque encerra uma verdade cultural: os homens são geralmente vistos como reparadores concentrados nas tarefas e as mulheres como seres mais emocionais. E o namorado louro no vídeo exibe o clássico comportamento da pessoa reprimida — amarrar, empurrar para a frente e prosseguir. Ação, ação, ação! Sua namorada, afinal de contas, tem um prego na testa, e cabe a ele enfatizar isso e encontrar uma solução.

O problema com a repressão é que desconsiderar emoções perturbadoras não permite chegar à raiz do que quer que as esteja causando (o prego é de fato o responsável pela dor, mas como foi que ele entrou na testa da jovem?). As questões mais profundas permanecem.

Conheci muitas pessoas reprimidas que, anos mais tarde, viram-se envolvidas no mesmo emprego, relacionamento ou na mesma circunstância infeliz. Elas estiveram sempre tão concentradas em seguir adiante e serem pessoas legais e certinhas que ficaram durante anos sem contato com uma emoção verdadeira, o que impossibilita qualquer tipo de mudança ou crescimento real.

Outro aspecto do comportamento reprimido é tentar pensar de uma maneira positiva, empurrar os pensamentos negativos para fora da cabeça. Lamentavelmente, tentar *não* fazer alguma coisa ocupa uma quantidade surpreendente de largura de banda. E as pesquisas mostram que tentar minimizar ou desconsiderar pensamentos e emoções serve apenas para ampliá-los.

Em um estudo ridiculamente simples, porém muito famoso, conduzido pelo falecido psicólogo social Daniel Wegner, os participantes foram informados de que deveriam evitar pensar em ursos brancos. Eles fracassaram terrivelmente. Na verdade, até mesmo depois, quando a proibição foi revogada, eles pensaram muito *mais* em ursos brancos do que os membros de um grupo de controle que não tinham começado o estudo com a ordem "não pensem em ursos brancos". Qualquer pessoa que esteja fazendo uma dieta e que tenha sonhado com bolo de chocolate e batata frita entende a natureza contraproducente da frase "simplesmente não pense nessas coisas" e outras estratégias para evitar esses pensamentos.

Essa é a ironia da repressão. Ela dá a impressão de nos oferecer o controle, quando na verdade ela nos nega o controle. Em primeiro lugar, são suas emoções que estão dando as ordens. Segundo, as emoções reprimidas inevitavelmente vêm à tona de uma maneira involuntária, um processo que os psicólogos chamam de *vazamento emocional*. Talvez você esteja zangado com seu irmão e tente reprimir a raiva. Mais tarde, depois de uma taça de vinho no jantar de Ação de Graças, um comentário ferino escapa da sua boca. Agora você tem um grande drama familiar nas mãos. Ou então você deixa de lidar com sua decepção por não ter recebido uma promoção no trabalho e depois, alguns dias mais tarde, dá consigo chorando como um bebê enquanto assiste a *Armageddon* pela décima vez. Esse é o negócio arriscado da repressão.

A repressão é geralmente conduzida com a melhor das intenções, e ela parece ser produtiva pela ótica de uma pessoa prática. "Pense de uma maneira positiva", "siga em frente" e "mãos à obra" é o que dizemos para nós mesmos. E pronto, sem mais nem menos, as emoções indesejadas parecem desaparecer. No entanto, elas na verdade apenas submergiram — prontas para ressurgir a qualquer momento, geralmente com uma intensidade surpreendente e inadequada, estimulada pela pressão do refreamento a que estavam submetidas.

Também não é nenhuma surpresa que a repressão possa ter um efeito negativo nos relacionamentos. "Acabamos de ter uma briga horrível e ele sai para trabalhar como se nada tivesse acontecido", declara, irritada, a esposa do reprimido. "Ele simplesmente não se importa!"

Em um estudo, os pesquisadores descobriram que a repressão aumenta a pressão sanguínea da *outra* pessoa, mesmo que ela não saiba que o reprimido está se reprimindo. Espere só até os advogados especializados em divórcio terem acesso a essa pesquisa! "Meritíssimo, o marido da minha cliente vai fazer com que ela tenha um ataque do coração porque se recusa a expressar seus sentimentos."

ANGÚSTIA CRESCENTE

Se sua escolha foi B na maioria dos três cenários apresentados algumas páginas atrás, você é um ruminador. E assim como é mais provável que os reprimidos sejam homens, os ruminadores têm maior probabilidade de ser mulheres.

Quando capturados por sentimentos desconfortáveis, os ruminadores esquentam a cabeça com a sua própria aflição, jogando incessantemente lenha na fogueira. Os ruminadores não conseguem superar e lutam para compartimentalizar enquanto ficam obcecados por uma dor, um fracasso percebido, uma deficiência ou uma ansiedade.

A ruminação é prima da preocupação. Ambas são muito focadas em si próprias e envolvem tentar viver em outro momento que não o agora. Mas enquanto a preocupação olha para a frente, a ruminação olha para trás, um exercício ainda mais inútil. Os ruminadores perdem a perspectiva quando montículos se tornam montanhas e ofensas se transformam em crimes capitais.

Mas os ruminadores estão na frente dos reprimidos em um aspecto: na tentativa de resolver seus problemas, os ruminadores estão ao menos "sentindo seus sentimentos", o que quer dizer que eles estão conscientes das suas emoções. Embora os ruminadores possam não correr o risco do vazamento emocional, eles podem submergir em uma inundação. Quando ruminamos, nossas emoções não ganham a mesma força daquelas pressurizadas em uma garrafa, mas mesmo assim ganham força. No caso dos ruminadores, as emoções tornam-se mais poderosas da mesma maneira que um furacão, girando ininterruptamente e captando mais energia cada vez que passa.

O psicólogo Brad Bushman realizou um estudo no qual pedia a alunos que se dedicassem de corpo e alma a uma redação. Depois, ele levava "outro aluno" a fazer uma crítica contundente. Na verdade, o outro aluno era Bushman, e a crítica era a mesma para todos: "Esta foi uma das piores redações que eu já li".

O *feedback* obteve o efeito desejado: deixou os participantes realmente zangados. Em seguida, Bushman pediu a eles que passassem algum tempo dando socos em um saco de pancadas. Ele pediu aos membros de um grupo que pensassem na sua raiva (isto é, que ruminassem) enquanto socavam o saco. Ele até mesmo lhes mostrou uma foto do "aluno crítico" para dar um pouco mais de "combustível" aos seus diretos e cruzados. Ele incentivou um segundo grupo a se distrair (ou seja, a se reprimir) pensando sobre a melhora na sua forma física enquanto socavam. E pediu aos membros de um terceiro grupo, o grupo de controle, que ficassem sentados quietos durante alguns minutos enquanto fingia consertar seu computador.

Depois da sessão de socos, cada participante recebeu uma corneta de ar comprimido e foi convidado a tocá-la perto das pessoas à sua volta — uma forma de medir o comportamento agressivo. Os três grupos continuaram zangados, mas o grupo de controle foi o que exibiu o menor nível de agressão (e que tocou a corneta com menos frequência). Os reprimidos exibiram mais agressão (e tocaram mais a corneta) do que o grupo de controle. Mas os membros do grupo de ruminadores foram os mais zangados, além de extremamente agressivos, tocando a corneta perto das pessoas e fazendo um barulho horrendo e ensurdecedor.

Assim como os reprimidos, os ruminadores geralmente agem com a melhor das intenções. Ruminar sentimentos preocupantes oferece a ilusão reconfortante do esforço consciencioso. Nós *queremos* lidar com a nossa infelicidade ou aprender a enfrentar uma situação difícil, de modo que refletimos sobre ela — e depois refletimos mais, e mais e mais ainda. No final, não estamos nem um pouco mais perto de resolver a questão que está no âmago da nossa angústia.

A ruminação também nos torna mais propensos a censurar-nos com perguntas do tipo "por que eu sempre reajo desta maneira?" e "por que não consigo lidar melhor com isto?". Assim como a repressão, absorve gigantescas quantidades de energia intelectual. Ela é exaustiva e improdutiva.

A ruminação nem sempre é uma atividade individual. Quando você sai com um amigo e se lamenta a noite inteira sobre como seu pai viúvo está administrando mal as finanças dele, você está fazendo o que chamamos de ruminação conjunta. Quando você se queixa pela enésima vez para um colega do escritório a respeito do tom do seu chefe, você está fazendo a mesma coisa. Podemos achar que essas sessões de desabafo nos fazem sentir melhor, mas, tendo em vista que não ocorre nenhum avanço ou nenhuma resolução, o resultado final é que ficamos propensos a ficar ainda mais aborrecidos com nosso pai ou tão furiosos com o chefe que não conseguimos nem mesmo nos concentrar.

Você se lembra de como falamos a respeito do efeito dos reprimidos sobre as pessoas que os amam? É igualmente difícil lidar com os ruminadores, porque estes tendem a despejar sobre os outros suas emoções reais e pesadas. Eles querem desabafar tudo que estão sentindo com as pessoas próximas, mas chega um momento em que até mesmo os mais queridos e próximos se cansam de ser empáticos e da constante necessidade do ruminador de falar sobre seus receios, preocupações e dificuldades. Além disso, o foco do ruminador em si mesmo não deixa nenhum espaço para as necessidades de mais ninguém, de modo que aqueles que os escutam com frequência acabam se afastando, deixando o ruminador sentindo-se ao mesmo tempo frustrado e sozinho.

Além disso, é claro, os ruminadores podem cair na armadilha da angústia a respeito da angústia, na qual se preocupam a respeito de toda sua preocupação.

Em psicologia, assim como temos os pensamentos do Sistema 1 e do Sistema 2, também existem pensamentos do *Tipo 1* e do *Tipo 2*. Os pensamentos do Tipo 1 são as ansiedades humanas normais que surgem quando lidamos com os obstáculos do dia a dia da vida: o importante projeto no trabalho, a escala de trabalho insana, a briga da véspera, preocupações com os filhos. Os pensamentos do Tipo 1 são objetivos: "Estou preocupado com relação a X" ou "estou triste a respeito de Y".

Os pensamentos do Tipo 2 acontecem quando entramos na nossa casa de espelhos mental e começamos a introduzir e acumular pensamentos inúteis *a respeito* dos pensamentos. "Estou preocupado porque me preocupo tanto" ou "estou estressado por estar estressado". Adicionamos culpa às emoções preocupantes por que as alimentamos. "Não apenas estou preocupado com relação a X ou triste a respeito de Y, como também não tenho o direito de me sentir assim." Ficamos zangados com a nossa raiva, preocupados com a nossa preocupação, infelizes a respeito da nossa infelicidade.

É como areia movediça. Quanto mais você luta com suas emoções, mais você afunda.

Independentemente do que possamos achar que estamos alcançando com a repressão ou a ruminação, nenhuma das duas estratégias favorece a nossa saúde ou a nossa felicidade. É mais ou menos como tomar uma aspirina para dor de cabeça: o remédio alivia a dor durante algumas horas, mas se a causa da dor de cabeça for falta de sono, um nódulo no pescoço ou um terrível resfriado, a dor de cabeça voltará com força total assim que o efeito do analgésico passar.

A repressão e a ruminação são aspirinas emocionais de curto prazo a que recorremos com a melhor das intenções mas, quando não vamos diretamente à fonte, deixamos escapar a capacidade de realmente lidar de uma vez por todas com o que está causando a nossa aflição.

Se eu segurasse uma pilha de livros longe do meu corpo, com os braços estendidos à minha frente, eu ficaria bem por alguns minutos. No entanto, depois de dois minutos... três minutos... dez minutos, meus braços começariam a tremer. É isso que acontece quando nos reprimimos. Tentar manter as coisas rigidamente a distância pode ser exaustivo. Na verdade é tão exaustivo que com frequência deixamos cair o fardo.

Mas se eu segurar os livros bem perto do meu corpo, apertando-os como se fosse esmagá-los, os músculos do meu braço também começarão a tremer. Nessa posição, meus braços e mãos estão crispados — fechados e incapazes de fazer qualquer outra coisa. É isso que nos acontece quando ficamos ruminando.

Em ambos os casos, perdemos a capacidade de estar plenamente envolvidos com o mundo à nossa volta: abraçar nossos filhos, estar presentes com um colega, criar algo novo ou simplesmente desfrutar o cheiro da grama recém-cortada. A abertura e o entusiasmo são substituídos por regras, histórias que nos aprisionam ao passado e opiniões odiosas, e a nossa capacidade de resolver problemas e tomar decisões efetivamente cai. Essas atitudes rígidas nos impedem de sermos ágeis quando precisamos lidar com os estressores da vida.

A ruminação ou a repressão ocasional, ou até mesmo alternar entre as duas atitudes de vez em quando, nada disso irá matá-lo (afinal de contas, este é um livro sobre agilidade). Na verdade, essas estratégias podem às vezes ser a melhor linha de ação para lidar com problemas. Por exemplo, se a pessoa que você ama rompe com você, sem cerimônia, na véspera do seu exame para a ordem dos advogados, convém a você colocar de lado seu sofrimento para poder se concentrar na tarefa imediata (por sinal, se isso efetivamente aconteceu a você, você tem minha sincera solidariedade).

É quando essas estratégias são usadas como o método-padrão para lidar com problemas, como frequentemente acontece, que elas se tornam contraproducentes e na verdade enterram os ganchos cada vez mais fundo.

Aprendemos a ruminar ou reprimir-nos desde cedo na vida e, se você tiver filhos, vale a pena fazer uma pausa para pensar a respeito do conteúdo de suas conversas com eles.

O livro das regras tácitas a respeito das emoções (e de como os homens e as mulheres devem reagir a elas) contém o que os psicólogos chamam de *regras de exibição*. "Homens não choram" e "aqui não é o lugar de demonstrar que você está com raiva. Vá para o seu quarto e volte quando tiver um sorriso no rosto" são exemplos da imposição das regras de exibição. Nunca me esquecerei do dia do enterro do meu pai. Parentes e amigos bem-intencionados disseram ao meu irmão de 12 anos que ele não deveria chorar porque precisava se concentrar em cuidar da nossa mãe, da minha irmã e de mim.

Aprendemos essas regras com as pessoas que cuidam de nós e, depois, com frequência involuntariamente, nós as passamos adiante para os nossos filhos. Por exemplo, tendemos muito mais a fazer perguntas aos meninos a respeito de tarefas ("o que você fez hoje na escola?", "como foi o jogo?", "você ganhou?"), ao passo que nos mostramos mais propensos a fazer perguntas às meninas sobre emoções ("como você se sentiu?", "você se divertiu?"). As crianças rapidamente interiorizam essas regras, as quais, como veremos no Capítulo 10, nem sempre são proveitosas para elas.

ENREDADOS NA FELICIDADE

A ruminação e a repressão não são as únicas maneiras improdutivas com as quais as pessoas lidam com os estresses da vida. Outra estratégia comum é a crença de que, de uma forma ou de outra, tudo ficará bem se pudermos simplesmente "continuar a sorrir".

Apesar do que consta no roteiro de Hollywood, não foi Forrest Gump quem inventou a "carinha sorridente" (Smiley). Mas cinquenta anos depois e centenas de milhões de *buttons,* camisetas e canecas com os dizeres: "Tenha um bom dia" mais tarde, o brilhante círculo amarelo com o sorriso esquemático e os dois pontos pretos à guisa de olhos é tão icônico quanto o vermelho, branco e azul da bandeira americana (e por que não? Afinal de contas, a "busca da felicidade" está em primeiro plano na Declaração da Independência dos Estados Unidos).

Na era digital, o Smiley se transformou nos *emoticons* e *emojis* que pipocam em toda parte (aparte: acabo de descobrir que se eu tento seguir a velha escola e digitar dois pontos seguidos de um sinal de fechar parênteses, meu computador muda isso para um ☺ quer eu queira, quer não). E com cada avanço — ou, como diriam algumas pessoas, regressão — na nossa cultura de consumo, na qual os profissionais de *marketing* se apressam em satisfazer desejos que nem mesmo sabíamos que tínhamos, o estado extático do Sr. Smiley torna-se cada vez mais o Santo Graal, o princípio organizador da nossa existência.

Mas espere. A felicidade não é o motivo pelo qual estamos aqui? A felicidade não é uma coisa boa para nós?

Bem, isso depende.

Algum tempo atrás, dois pesquisadores da Universidade da Califórnia, Berkeley, LeeAnne Harker e Dacher Keltner, pesquisaram os arquivos de uma escola feminina próxima e examinaram as fotos dos arquivos de 1958 e 1960. Como quase todos os pesquisadores da felicidade nos dirão, os sorrisos genuínos e os falsos ativam grupos musculares diferentes, de modo que os dois cientistas examinaram a aparência do rosto de cada aluna para verificar qual o músculo que estava ativo: o zigomático maior ou o músculo orbicular do olho. Quando mostramos os dentes em um sorriso radiante e autêntico que produz pés de galinha, os dois músculos estão em funcionamento. Mas o músculo orbicular do olho não pode ser contraído voluntariamente, de modo que, se simularmos um rosto feliz, esse minúsculo músculo, localizado perto dos olhos, permanecerá imóvel. Isso deu a Harker e Keltner uma ideia bastante satisfatória do quanto cada aluna estava se sentindo de fato positiva na ocasião em que sua fotografia foi tirada.

Trinta anos depois, as alunas que tinham exibido os sorrisos mais radiantes e genuínos no anuário, na fração de segundo do clique do obturador, estavam se saindo muito melhor do que aquelas cujo sorriso fora menos autêntico. As sorridentes genuínas tinham casamentos mais satisfatórios, um sentimento maior de bem-estar e estavam mais contentes. *Clique*.

Se pudéssemos escolher, provavelmente preferiríamos estar despreocupadamente felizes o tempo todo e, de fato, esse estado prazeroso encerra várias vantagens. A emoção mais "positiva" está associada a um menor risco de várias doenças psicológicas, entre elas a depressão, a ansiedade e o transtorno de personalidade borderline (às vezes chamado de transtorno de personalidade limítrofe).

As emoções positivas também nos impelem para o sucesso, nos ajudam a tomar melhores decisões, reduzem o risco de ficarmos doentes e possibilitam que vivamos mais tempo. Em alguns casos, ajudam até mesmo a expandir a maneira como pensamos, dirigindo nossa atenção para novas informações e oportunidades. Elas ajudam a criar recursos sociais, físicos e cognitivos vitais que conduzem a resultados e relações positivas.

Com tudo isso, você poderia presumir que a felicidade está classificada lá no alto, com a comida e a luz do sol no que se refere à contribuição para o bem-estar humano. Mas como a nossa sociedade cada vez mais obesa e afetada pelo melanoma veio a compreender, é possível haver excesso de uma coisa boa. E as pesquisas demonstram ser possível não apenas ser feliz demais como também vivenciar os tipos errados de felicidade, além de andar por aí tentando encontrar a felicidade na hora errada e da maneira errada.

Não estou dizendo que é melhor ficar deprimido e nervoso o tempo todo. Mas espero levá-lo a manter a busca pela felicidade em perspectiva e enxergar suas emoções "negativas" em uma nova luz, mais tolerante. Na realidade, sugiro com todo vigor que as descrever como "negativas" apenas perpetua o mito de que esses sentimentos úteis — embora às vezes desafiantes — sejam, como se diz, negativos. Se eu conseguir persuadi-lo, ficarei feliz (mas não feliz demais).

Quando estamos excessivamente alegres, tendemos a desprezar importantes perigos e ameaças. Não é um exagero tão grande afirmar que ficar excessivamente feliz poderia matá-lo. Você poderia assumir comportamentos mais arriscados como beber em excesso ("a quinta rodada é por minha conta!"), comer demais ("este bolo está uma delícia! Vou comer mais um pedaço!"), fazer sexo sem proteção ("vai dar tudo certo!") e usar drogas ("é hoje que vou me divertir a valer!"). Um excesso de leviandade desregrada e uma ausência relativa de emoções mais equilibradas pode até mesmo indicar a mania, um perigoso sintoma de uma doença psicológica.

Pessoas com níveis elevados de felicidade às vezes exibem um comportamento que é na verdade mais inflexível. Isso acontece porque o humor afeta a maneira como nosso cérebro processa as informações. Quando a vida é boa e nos sentimos extraordinariamente bem, e quando o ambiente é seguro e familiar, temos a tendência de não pensar atentamente a respeito de nada que seja por demais desafiante — o que ajuda a explicar por que as pessoas altamente positivas podem ser menos criativas do que aquelas com um nível mais moderado de emoções positivas.

Sem querer estereotipar as pessoas felizes entre nós, quando estamos em uma disposição de ânimo do tipo "tudo é maravilhoso!", ficamos muito mais propensos a tirar conclusões precipitadas e recorrer a estereótipos. As pessoas felizes enfatizam desproporcionalmente, com mais frequência, as primeiras informações e desconsideram ou minimizam os detalhes posteriores. Isso assume tipicamente a forma do efeito auréola, no qual, por exemplo, partimos automaticamente do princípio de que o rapaz atraente que acabamos de conhecer na festa é bonzinho apenas porque ele veste roupas "descoladas" e conta piadas engraçadas. Ou então decidimos que o homem de óculos de meia idade que carrega uma pasta é mais inteligente ou confiável do que, digamos, a loura de 22 anos que está usando um *short* rosa-shocking da Juicy Couture.

Nossas supostas emoções negativas incentivam um processamento cognitivo mais lento e sistemático. Nós nos apoiamos menos em conclusões rápidas e prestamos mais atenção a detalhes sutis que são importantes (tudo bem, o rapaz é um gato e parece interessado em você, mas por que ele está escondendo a mão esquerda, que pode ter uma aliança no dedo?). Não é interessante que a maioria dos detetives das histórias de ficção sejam particularmente rabugentos? E que o garoto mais alegre e despreocupado da escola de ensino médio raramente seja o orador da turma na festa de formatura?

As disposições de ânimo "negativas" evocam um estilo de pensamento mais atento e flexível que nos leva a realmente examinar os fatos de uma maneira nova e criativa. É quando estamos um pouco deprimidos que nos concentramos e investigamos as coisas. As pessoas que estão com uma disposição de ânimo negativa tendem a ser menos crédulas e mais céticas, enquanto as felizes podem aceitar respostas fáceis e confiar em sorrisos falsos (aquela exibição de dentes brancos perolados debaixo do bigode fino é resultado apenas do zigomático maior ou os músculos orbiculares dos olhos também estão envolvidos?). Quem vai querer questionar a verdade superficial quando tudo está correndo tão bem? Assim sendo, a pessoa feliz vai em frente e assina na linha pontilhada.

O paradoxo da felicidade é que o esforço deliberado para alcançá-la é fundamentalmente incompatível com a natureza da própria felicidade. A verdadeira felicidade ocorre por meio de atividades com as quais você se envolve porque gosta delas e não por alguma razão extrínseca, mesmo quando essa razão é algo aparentemente benévolo, como o desejo de ser feliz.

O esforço para alcançar a felicidade estabelece uma expectativa, que confirma o ditado de que as expectativas são ressentimentos esperando para acontecer. É por isso que os feriados e os eventos em família são com frequência decepcionantes ou até mesmo pura e simplesmente deprimentes. Nossas expectativas são tão elevadas que é quase inevitável desapontar-se.

Em um estudo, os participantes receberam um falso artigo de jornal que exaltava as vantagens da felicidade, enquanto um grupo de controle leu um outro artigo que não fazia nenhuma menção à felicidade. Ambos os grupos então assistiram aleatoriamente a trechos de filmes que eram ou alegres ou tristes. Os participantes que tinham sido induzidos a valorizar a felicidade por meio da leitura do artigo saíram do "filme alegre" se sentindo menos felizes do que os do grupo de controle que tinham assistido ao mesmo filme. Atribuir um valor alto demais à felicidade havia aumentado suas expectativas com relação a como as coisas "deveriam ser", preparando-os, portanto, para o desapontamento.

Em outro estudo, foi solicitado aos participantes que ouvissem *Sagração da Primavera* (também chamada de *Rito da Primavera*), de Stravinsky, uma composição musical tão discordante e dissonante que causou um tumulto na sua primeira apresentação, em 1913. Foi dito a alguns participantes que "tentassem sentir-se o mais feliz possível" enquanto ouvissem a música. Depois, eles se avaliaram como sendo menos felizes quando comparados com os membros de um grupo de controle que não tinha feito essa tentativa.

A busca agressiva pela felicidade também isola as pessoas. Em outro estudo, quanto mais alto os participantes classificavam a felicidade na sua lista de objetivos ou metas, mais eles se descreviam como solitários nas autoavaliações diárias.

A felicidade também se manifesta em uma diversidade de variações culturais que tornam disponível a possibilidade de ser feliz da maneira errada. Na América do Norte, a felicidade tende a ser definida em função da realização pessoal (inclusive do prazer), ao passo que no Leste Asiático a felicidade está associada à harmonia social. Os americanos de ascendência chinesa preferem a satisfação, enquanto os americanos com ascendentes europeus preferem a agitação. A cultura japonesa é construída em torno da lealdade, com sua conexão com a culpa, ao passo que a cultura americana personifica emoções menos ligadas ao aspecto social como o orgulho ou a raiva. Ser feliz dentro de uma determinada cultura depende bastante de quanto seus sentimentos estão em harmonia com a definição de felicidade dessa cultura.

Em resumo, correr atrás da felicidade pode ser tão autodestrutivo quanto a repressão e a ruminação que discutimos anteriormente. Todos esses mecanismos que criamos para lidar com as situações surgem do mal-estar que sentimos com as emoções "negativas" e da nossa má vontade para suportar qualquer coisa que esteja até mesmo remotamente associada ao lado sombrio.

BOAS NOTÍCIAS A RESPEITO DAS MÁS DISPOSIÇÕES DE ÂNIMO

Embora raramente seja divertido estar de mau humor e certamente não seja saudável martirizar-nos com emoções negativas, eis o que as experiências de tristeza, raiva ou medo podem fazer:

Ajudar-nos a formar argumentos. Ficamos mais propensos a usar informações concretas e tangíveis, a ficar mais sintonizados com a situação em que nos encontramos e a ficar menos sujeitos a cometer distorções e erros de avaliação, o que nos confere uma aura de competência e autoridade que pode nos tornar mais persuasivos como escritores e oradores.

Melhorar a memória. Um estudo constatou que os consumidores se lembravam de uma quantidade significativamente maior de informações a respeito do interior de uma loja nos dias frios e nublados, nos quais não estavam se sentindo muito exuberantes, do que nos dias quentes e ensolarados, em que a vida estava maravilhosa. As pesquisas também demonstram que, quando não estamos de muito bom humor, ficamos menos propensos a deturpar nossas memórias ao incorporar a elas informações enganosas posteriores.

Encorajar a perseverança. Afinal de contas, por que você deveria forçar-se a fazer qualquer coisa quando já está se sentindo maravilhosamente bem? Nos testes acadêmicos, quando uma pessoa está com uma disposição de ânimo mais sombria, ela tentará responder a um número maior de questões — e acertará uma quantidade maior delas — do que quando está se sentindo animada. Por conseguinte, se seu filho estiver estudando para entrar na faculdade, pode ser na verdade uma boa ideia que ele fique levemente deprimido na hora de fazer o vestibular (e, considerando o estado típico da maioria dos jovens de 17 anos, você provavelmente já está em boa forma nesse aspecto da preparação para as provas).

Tornar-nos mais educados e atenciosos. As pessoas nos momentos menos exuberantes são mais cautelosas e ponderadas e mostram-se mais propensas a se envolverem no mimetismo social inconsciente (quando imitamos os gestos e a fala de outra pessoa sem ter consciência disso), um comportamento que aumenta o vínculo social. Quando estamos nos sentindo maravilhosamente bem, somos muito assertivos, o que significa com frequência que estamos muito mais concentrados em nós mesmos e podemos não fazer caso do que os outros têm a oferecer ou do que estão passando.

Encorajar a generosidade. As pessoas que se encontram em uma disposição de ânimo negativa prestam mais atenção à justiça e são mais propensas a rejeitar propostas injustas.

Tornar-nos menos sujeitos ao viés da confirmação. Em um estudo de pessoas com fortes opiniões políticas, aqueles que estavam zangados optaram por ler mais artigos que divergiam da sua posição em vez de praticar o viés da

> confirmação, a tendência comum de buscar informações que respaldem o que já acreditamos ser verdade. Depois de examinar esses pontos de vista contrários, eles se mostraram mais dispostos a mudar de ideia. Parece que a raiva produz uma mentalidade de "atacar a oposição" que nos incentiva a investigar o que o outro tem a dizer a fim de destruí-lo, ironicamente deixando a porta aberta para sermos persuadidos.

O LADO POSITIVO DA RAIVA (E DE OUTRAS EMOÇÕES DESAFIANTES)

Fingir que estamos mais felizes do que estamos de fato é uma proposição perdedora, e forçar-nos a ser "genuinamente" mais felizes é decididamente autodestrutivo. Isso acontece em parte porque gera expectativas inatingíveis e em parte porque nossos falsos sorrisos e a ânsia de agarrar todo o entusiasmo nos privam dos benefícios das emoções "negativas".

Geralmente é quando ficamos um pouco abatidos que uma parte maior dos detalhes sutis da vida, às vezes dolorosos mas potencialmente importantes, se torna visível. Não é de causar surpresa que os grandes escritores das tragédias gregas, os poetas românticos e os autores dos enormes romances russos do século XIX tenham encontrado muitas coisas instrutivas e valiosas no lado obscuro da escala emocional humana. Foi nosso velho amigo John Milton que, em "Il Penseroso", exclamou: "Salve divina Melancolia".

Nossos sentimentos primitivos podem ser os mensageiros que precisamos para nos ensinar coisas a respeito de nós mesmos e podem encorajar lampejos de importantes orientações na vida. Pude constatar isso quando um cliente me procurou com um "problema de raiva". Trabalhamos juntos para examinar os sentimentos dele e destrinçá-los. Ele compreendeu que não tinha um problema de raiva e sim uma esposa que estava fazendo exigências impossíveis a ele. Ao aceitar e entender suas intrincadas emoções, em vez de tentar reprimi-las ou corrigi-las, ele começou a melhorar seu casamento, não se transformando em um homem excessivamente tímido, mas sim aprendendo a definir melhores limites com relação ao que seria um comportamento aceitável.

Além da raiva (também conhecida como ira), a inveja é um dos outros "sete pecados capitais". Na verdade, a inveja pode ser um forte motivador — mais forte até mesmo do que a admiração — para nos conduzir ao autoaperfeiçoamento. Certo estudo mostrou que estudantes que expressavam uma inveja saudável por um aluno mais bem-sucedido exibiam uma motivação maior do que aqueles que expressavam admiração. Os participantes invejosos se saíram melhor nos trabalhos escolares e tiveram um melhor desempenho em várias tarefas verbais.

Outras "más" emoções são úteis por diferentes razões. O constrangimento e a culpa podem atender a importantes funções sociais ao promover a conciliação e fomentar a cooperação. A tristeza é um sinal para nós mesmos de que alguma coisa está errada — que estamos procurando com frequência por uma maneira melhor de estar presentes e participar. E expressões externas de tristeza sinalizam para os outros que precisamos de alguma ajuda. Se você reprimir a tristeza debaixo de um véu de falsa alegria estará negando a si mesmo alguma orientação direcional, e talvez também a mão amiga.

Como você talvez se lembre, quando percorremos a lista de cenários comuns do dia a dia em que podemos ficar "enredados", havia sempre uma opção C. Essa abordagem não envolve nem a repressão nem a ruminação, e sim estar presente e ter o coração aberto para todas as suas emoções de uma maneira que encerra curiosidade e aceitação.

É para isso que vamos nos voltar a seguir, para lhe mostrar os métodos que efetivamente funcionam para "desenredá-lo" e conduzi-lo a um modo de vida mais saudável e, sim, mais feliz.

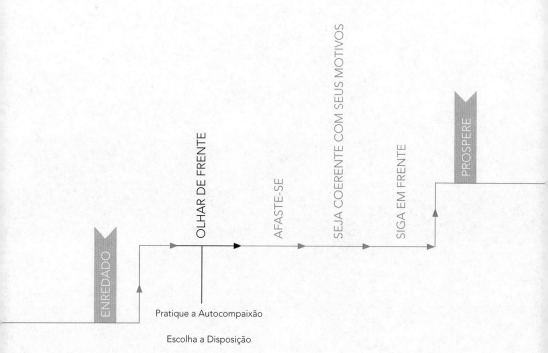

▶ **Capítulo 4**

OLHAR DE FRENTE

Em 1975, um jovem cineasta estava enfrentando dificuldades para escrever um roteiro para uma grande aventura espacial e não conseguia fazer a história decolar. Foi quando redescobriu um livro que lera na faculdade: *O Herói de Mil Faces*, de Joseph Campbell. Nesse clássico de 1949, Campbell explorou a ideia, originalmente desenvolvida pelo psicólogo Carl Jung, de que todos os seres humanos compartilham certos modelos mentais para seus relacionamentos e para as importantes experiências da vida. E de que esses modelos são não apenas universais, mas também inconscientes. Desde o nascimento da civilização, de acordo com Campbell e Jung, os humanos incorporaram esses modelos a mitos. Essas antigas histórias tratam de temas imemoriais, como a família, o medo, o sucesso e o fracasso, e compartilham certos elementos, denominados *arquétipos*, cujos fundamentos incluem o herói, o mentor e a jornada. Os arquétipos também incluem recursos narrativos mais específicos, como a espada mágica e o lago que esconde um segredo sob a superfície. Esses arquétipos aparecem em toda parte, das lendas do Rei Artur a Harry Potter, e também nos jogos *on-line* de interpretação de papéis (também conhecidos como RPG). A existência dos arquétipos universais talvez explique por que as pessoas no mundo inteiro se apaixonam pelos mesmos tipos de histórias e por que encontramos mitos semelhantes em culturas tão diferentes.

O cineasta com dificuldades usou os arquétipos e reescreveu seu roteiro de maneira que ficasse mais parecido com uma jornada mítica de um herói. Esse cineasta era George Lucas, e o filme, *Guerra nas Estrelas*, veio a ser um dos longas-metragens já produzidos de maior sucesso.

Mas os mitos oferecem muito mais do que grandes sucessos de bilheteria. Muito antes de existirem livros ou filmes — ou filósofos, professores de literatura ou psicólogos — era por meio dessas histórias universais que as pessoas passavam adiante lições fundamentais da vida. E uma das lições sempre transmitidas nos mitos é que tentar esquivar-nos das coisas que mais tememos é uma ideia muito ruim. Nos mitos, o herói com frequência não tem escolha a não ser entrar em um lugar escuro e assustador — um pântano, uma caverna, a Estrela da Morte — e enfrentar de frente o que quer que esteja à espreita por lá.

Na vida moderna, frequentemente nos encontramos na borda dos nossos próprios lugares escuros — que são ainda mais aterrorizantes por estarem dentro de nós. Às vezes, esses lugares estão repletos de demônios; às vezes há apenas pequenos duendes escondidos nos cantos. No entanto, quer as criaturas representem traumas importantes ou apenas constrangimentos secundários, coisas aterrorizantes ou bobagens, elas podem nos manter enredados.

A maior parte das nossas histórias pessoais não é nada épica. Poucos de nós teríamos muito a oferecer a Hollywood, nem mesmo algo que servisse para um grosseiro filme de terror de segunda categoria. Por sorte, a maior parte das pessoas não alimenta memórias reprimidas de, digamos, a vovó cortando o vovô em pedaços e servindo-os com torradas. Os nossos demônios ocultos são simplesmente o resíduo da insegurança, da falta de confiança e do medo do fracasso perfeitamente comuns e quase universais. Talvez você ainda se ressinta da sua irmã por ela ter flertado com seus namorados no ensino médio. Talvez você ache que seu novo chefe não lhe dá o devido valor. Isso não é um material adequado nem mesmo para um bom episódio sentimental de *Oprah*. Mas pode ser suficiente para enredá-lo e levá-lo a se comportar de maneiras que não são proveitosas para você.

Então, não podemos simplesmente enviar alguém com um sabre de luz para exterminar os caras maus e explodir a Estrela da Morte?

Não. Não é assim que as coisas funcionam nesta galáxia.

Por estranho que pareça, um exemplo do que funciona, pelo menos metaforicamente, é proveniente de um genuíno filme de terror chamado *O Babadook*. Nele, uma mãe que cria o filho sozinha é atormentada por um monstro das sombras que surge de um dos livros de histórias do seu filho. Com o tempo, fica claro que o monstro representa seus sentimentos a respeito da maternidade e o ressentimento que ela sente pelo filho desde que seu marido, o pai do menino, morreu quando a levava de carro para o hospital para dar à luz. Desse modo, o monstro também representa seu pesar. No final (alerta de *spoiler*!), ela enfraquece esse conjunto assustador de emoções indesejáveis não apenas confrontando-as, mas também deixando o Babadook morar no porão, onde ela o alimenta e cuida dele. Em outras palavras, ela aprende a amansá-lo e acolhê-lo sem deixar que ele controle sua vida. Parece um fim bizarro para um filme — o protagonista não deveria vencer o monstro? — mas, se você entende de emoções, esse fim faz um belo e perfeito sentido.

Assim como em toda jornada de um herói, nosso movimento em direção a uma vida melhor começa com *olhar de frente*. Mas isso não significa que temos que atacar ou matar todos os demônios, *Babadooks* ou até mesmo os duendes que nos perturbam. Significa que temos que enfrentá-los corajosamente, fazer as pazes com eles e descobrir uma maneira sincera e aberta de conviver com eles. Quando olhamos de frente, com consciência e aceitação, geralmente até mesmo os piores demônios recuam. Ao simplesmente enfrentar as coisas assustadoras e dar um nome a elas, frequentemente as despojamos de todo o seu poder. Acabamos com o cabo de guerra largando a corda.

Décadas de pesquisas psicológicas mostram que nossa satisfação na vida diante de preocupações, arrependimentos e experiências tristes inevitáveis dependem muito mais da maneira como lidamos com esses desafios do que da quantidade de vezes que os experimentamos ou até mesmo da sua intensidade. Nós reprimimos ou ruminamos essas questões, deixando que elas governem nosso comportamento, ou "olhamos de frente" para elas com compaixão, curiosidade e aceitação — sem rejeitar os fracassos, arrependimentos ou penteados feios?

Olhar de frente não é um exercício heroico da vontade, mas é simplesmente olhar nos olhos dos nossos atormentadores e dizer: "Muito bem. Você está aqui e eu estou aqui. Vamos conversar. Como sou grande o bastante para conter todos os meus sentimentos e experiências passadas, sou capaz de aceitar todas essas facetas da minha existência sem ficar arrasado ou aterrorizado".

O escritor judeu italiano Primo Levi, que foi, assim como Frankl, um sobrevivente dos campos de extermínio nazistas, falou sobre a inesperada angústia que viveu quando voltou para a Itália no final da Segunda Guerra Mundial. As pessoas se aproximavam dele e dos seus esquálidos companheiros sobreviventes e perguntavam: "O que aconteceu com vocês?". Quando eles tentavam encontrar palavras para transmitir sua experiência, as pessoas lentamente se afastavam, incapazes ou sem disposição para escutar e aceitar aquilo que estavam ouvindo.

Formado em química, Levi aceitou um emprego como trabalhador comum em uma fábrica de tintas, mas encontrou uma maneira de lidar com a situação anotando fragmentos das experiências de que se lembrava em bilhetes de trem e pedaços de papel velho. À noite, no dormitório da fábrica, ele os datilografava. Com o tempo, surgiu um original que se tornou seu primeiro livro, *É Isto um Homem?*. Levi havia descoberto a importância vital de que nossos sentimentos sejam reconhecidos, não apenas pelas outras pessoas mas também por nós mesmos.

Aprender a enxergar e aceitar integralmente o nosso eu, com todas as suas imperfeições, ajuda a lembrar de algo que todos os nossos heróis e heroínas favoritos têm em comum: eles estão longe de ser perfeitos. A perfeição é unidimensional, irrealista e enfadonha. É por isso que a maioria dos protagonistas envolventes tem defeitos ou um lado sombrio, e é por isso que os vilões verdadeiramente interessantes são humanos o bastante para que nos identifiquemos com eles, pelo menos parcialmente.

Um filme satisfatório é aquele no qual os aspectos positivos e negativos complexos do herói e do vilão são resolvidos. Na vida real, nossos sucessos se originam de quanto somos capazes de conviver e aprender com os nossos defeitos ou com nosso lado obscuro. E o caminho em direção a essa resolução, e a esse aprendizado, começa com o olhar de frente.

Em um levantamento realizado com milhares de entrevistados, pesquisadores na Inglaterra descobriram que, entre todos os "hábitos felizes" que a ciência identificou como fundamentais para uma vida mais gratificante, a autoaceitação era o que estava mais fortemente associado à sensação de satisfação generalizada. O mesmo estudo revelou, contudo, que esse hábito particular também era aquele que as pessoas menos praticavam! Os entrevistados informaram que eram adequados em ajudar e doar para os outros, mas, quando a pergunta era sobre a frequência com que eram amáveis consigo mesmos, quase 50% deles deram a si uma nota cinco, ou menor do que cinco, em uma classificação de zero a dez. Apenas poucos entre os entrevistados — 5% — atribuíram a si mesmos uma nota dez em autoaceitação.

AUTOCOMPAIXÃO

De acordo com o folclore — em uma história que ouvi de muitas fontes na minha infância na África do Sul, mas cuja veracidade nunca fui capaz de confirmar —, quando um membro de uma certa tribo tem um comportamento inadequado ou faz alguma coisa errada, ele precisa ficar sozinho no centro da aldeia. Todos os membros da tribo reúnem-se em volta dele. Depois, cada pessoa, uma de cada vez — homem, mulher e criança —, dá uma bronca nele. Mas elas não dizem o quão imbecil ele é. Em vez disso, os aldeões cuidadosamente relacionam suas *boas* qualidades. Quer isso seja verdade quer não, a lenda exemplifica o poder de uma palavra amável (ou duas, ou duas mil). É uma versão tribal daquela cena do filme *A Felicidade Não se Compra*, na qual todos os cidadãos de Bedford Falls lembram a George Bailey o enorme impacto de sua simples existência como banqueiro de uma pequena cidade nos seus amigos e vizinhos.

Imagine se cada um de nós tratasse a si mesmo com essa mesma compaixão e apoio, em vez da autorrecriminação com a qual muitas vezes nos envolvemos? Isso não significa atenuar os aspectos negativos, nos enredarmos em nós ao tentar contorná-los ou negar que eles existem. Significa na verdade perdoar a nós mesmos por nossos erros ou nossas imperfeições para que possamos avançar em direção a coisas melhores e mais produtivas.

Olhar de frente requer coragem. É assustador avaliar o que poderemos aprender a respeito de nós mesmos quando olhamos para dentro de nós. E se liberarmos alguma verdade que possa desestabilizar um relacionamento? Ou pôr em dúvida um modo de vida que, embora esteja longe de ser perfeito, pelo menos é familiar?

Mas olhar de frente não significa manejar uma bola de demolição. Significa trazer história e contexto para a equação de forma a descobrir o significado completo do que está presente numa determinada situação e depois usar esse entendimento para tornar as coisas melhores.

Olhar de frente envolve admitir nossos pensamentos sem jamais ter que acreditar que eles são literalmente verdadeiros (os ruminadores, em particular, devem ter isso em mente, porque quanto maior a frequência com que ouvimos alguma declaração dúbia repetida, mesmo que apenas dentro da nossa cabeça, mais provável é que a aceitemos como verdade). Olhar de frente inicia o processo de nos desenredarmos daquele gancho.

A segregação racial da minha terra natal finalmente acabou em 1994, com a eleição de Nelson Mandela, o primeiro presidente negro do país. Parte da genialidade de Mandela foi o fato de que, enquanto ele trabalhava para desfazer o dano causado pelo ódio institucionalizado, ele conduziu o país para além da sede de sangue e do acerto de contas que têm mantido a hostilidade viva durante séculos em outras partes do mundo. Quando chegou o momento de enfrentar o passado profundamente doloroso da África do Sul, o governo de Mandela criou uma Comissão da Verdade e da Reconciliação, pela qual as pessoas olhavam de frente, admitiam francamente o que tinham feito ou o que havia sido feito a elas e depois seguiam em frente. Não se tratava de olho por olho, punição ou recriminação, mas sim de curar e seguir adiante na construção de uma nova sociedade justa e democrática.

No entanto, mesmo com verdade e reconciliação, não podemos controlar o mundo, o que significa que ele nunca será um lugar perfeito. A única maneira de chegar a qualquer lugar é por meio da prática da aceitação.

Na realidade, um dos grandes paradoxos da experiência humana é que não poderemos mudar a nós mesmos ou as nossas circunstâncias enquanto não aceitarmos aquilo que existe neste exato momento. A aceitação é um pré-requisito para a mudança. Isso significa dar permissão ao mundo para ser como ele é, porque só fazemos as pazes com o universo quando paramos de tentar controlá-lo. Continuamos a não gostar das coisas de que não gostamos; apenas deixamos de estar em guerra com elas. E, uma vez que a guerra termine, a mudança pode começar.

Continuando com a analogia da batalha, não podemos reconstruir uma cidade enquanto ela ainda está sendo bombardeada; só podemos fazer isso quando os ataques cessam e a paz prevalece. O mesmo vale para nosso mundo interior. Quando paramos de lutar contra o que *é*, podemos seguir adiante para atividades que serão mais construtivas e gratificantes.

Digo sempre aos meus clientes que uma boa maneira de nos tornarmos mais tolerantes e compassivos para com nós mesmos é olhar para a criança que fomos um dia. Afinal de contas, você não escolheu seus pais, suas circunstâncias econômicas, sua personalidade ou seu tipo físico. Reconhecer que você tinha que jogar com as cartas que havia recebido é muitas vezes o primeiro passo em direção a mostrar a si mesmo mais ternura, gentileza e perdão. Você fez o melhor que pôde nas circunstâncias disponíveis. E sobreviveu.

O próximo passo é pensar em si mesmo como a criança magoada que um dia você foi, correndo na sua direção, para o adulto que você é agora. Você iria zombar imediatamente da criança, exigir uma explicação, dizer que foi tudo culpa dela e falar: "Bem que eu te disse"? É pouco provável. Você primeiro pegaria essa criança transtornada nos braços e a confortaria.

Por que você trataria o seu eu adulto com menos compaixão? Ser gentil consigo mesmo torna-se ainda mais importante nas fases difíceis da vida. As pessoas que estão passando por um rompimento amoroso, foram demitidas ou foram preteridas em uma promoção frequentemente são rápidas em repreender, condenar e punir a si mesmas. O tagarela interior começa com os "deveria e poderia" e os "simplesmente não sou bom o bastante". Sem brincadeira, isso pode soar como um *troll*, um daqueles participantes inadequados e irritantes de grupos na internet, não é mesmo?

Em um estudo com pessoas que estavam passando por um divórcio, os pesquisadores descobriram que aqueles que expressaram compaixão por si mesmos no início dessa dolorosa experiência estavam se saindo melhor nove meses depois do que aqueles que tinham se recriminado por "defeitos" como não ser atraente o bastante.

Quando se trata de confrontar todas as nossas emoções nos momentos difíceis, também é importante recordar a distinção entre culpa e vergonha. A culpa é o sentimento de opressão e arrependimento proveniente de saber que falhamos ou cometemos uma injustiça. Ela não é divertida, mas, como todas as nossas emoções, ela tem o seu propósito. Na realidade, a sociedade depende dos sentimentos de culpa para evitar que repitamos nossos erros e transgressões. Na verdade, a ausência de culpa é uma das características que definem um sociopata.

Enquanto a culpa se concentra em uma transgressão específica, a vergonha é muito diferente. Associada ao sentimento de repulsa, a vergonha focaliza o caráter de uma pessoa. A vergonha não configura a pessoa como um ser humano que fez uma coisa errada, mas sim como um ser humano que é mau. É por isso que pessoas desprezíveis frequentemente sentem-se diminuídas e indignas. É por isso também que a vergonha raramente nos leva a tomar a iniciativa de reparar nossos erros. Na realidade, estudos mostram que as pessoas que sentem vergonha têm mais probabilidade de reagir defensivamente, talvez tentando escapar das censuras, negar a responsabilidade ou até mesmo colocar a culpa nos outros. Nos estudos, presidiários que demonstraram vergonha quando foram presos acabaram reincidindo com mais frequência do que aqueles que demonstraram culpa.

Qual é a principal diferença entre as duas emoções? Autocompaixão. Sim, você fez uma coisa errada. Sim, você se sente mal a respeito disso, porque é como deveria se sentir. Talvez você tenha até mesmo feito uma coisa realmente errada. Mesmo assim, essa transgressão não o torna um ser humano irredimivelmente horrível. Você pode fazer uma reparação, pedir desculpas e tomar uma atitude pagando sua dívida para com a sociedade, quer isso signifique enviar flores ou passar algum tempo na cadeia. Você pode se esforçar para aprender com seus erros e se sair melhor no futuro. A autocompaixão é o antídoto para a vergonha.

Se você desconfia que ter compaixão por si próprio é apenas uma desculpa para ser bonzinho consigo mesmo, eis algumas coisas que você deve ter em mente:

A AUTOCOMPAIXÃO NÃO É MENTIR PARA SI MESMO

Na verdade, ela é o oposto disso. A autocompaixão é olhar para si mesmo a partir de uma perspectiva externa: uma visão ampla e inclusiva que não nega a realidade, mas que reconhece, em vez disso, seus desafios e fracassos como parte da sua humanidade. Em um estudo, algumas pessoas participaram de entrevistas de emprego simuladas nas quais os pesquisadores pediram a elas que descrevessem sua maior fraqueza. As pessoas que sentiam mais compaixão por si mesmas, assim como as outras, não minimizaram suas fraquezas, mas mostraram-se muito menos ansiosas e ameaçadas pela experiência como um todo.

Tratar a si mesmo com compaixão na verdade é incompatível com a ideia de enganar a si mesmo. Você não pode sentir uma autocompaixão verdadeira sem antes enfrentar a verdade a respeito de quem você é e do que você sente. É quando carecemos de compaixão que ficamos mais propensos a desenvolver uma falsa fanfarronice e um excesso de confiança arrogante no esforço de negar a possibilidade do fracasso. Quando carecemos de compaixão, enxergamos o mundo como sendo tão rancoroso quanto nós, de modo que a própria ideia do fracasso torna-se paralisante.

Imagine uma aluna excepcionalmente inteligente e esforçada que se forma em primeiro lugar na sua turma do ensino médio e vai para uma daquelas faculdades de qualidade excepcional nas quais todos querem ingressar. Ela chega à faculdade e descobre que todos à sua volta são tão inteligentes e dedicados quanto ela. Na realidade, alguns dos seus novos colegas são ainda mais talentosos do que ela, vêm de famílias sofisticadas e frequentaram escolas de ensino médio mais conceituadas. Se a nossa aluna se identificar muito estreitamente com a ideia de que é um "crânio" ou "a garota mais inteligente da turma", como sempre fez, o que acontecerá com seu senso do eu? Enquanto ela se empenha em acompanhar todos os alunos de alto nível que a cercam, ela vai precisar de uma dose saudável de agilidade emocional para definir-se de uma nova maneira, mais ampla e flexível. Para fazer isso, ela vai precisar ter compaixão por seus esforços, como um pequeno peixe que se vê, de repente, em um lago maior e mais competitivo.

A compaixão nos concede a liberdade para nos redefinirmos, e também a importantíssima liberdade para fracassarmos, que encerra a liberdade para assumirmos os riscos que nos permitem sermos verdadeiramente criativos.

A AUTOCOMPAIXÃO NÃO O TORNA FRACO OU PREGUIÇOSO

A sociedade industrial, especialmente agora que está vitalizada por tanta tecnologia, nos encoraja a tentar atingir nossos limites. Certas profissões — direito, medicina, atividades ligadas a bancos de investimentos, negócios, tecnologia — incluem essa intensidade na própria descrição dos cargos. Mas até mesmo pessoas que atuam em carreiras menos competitivas sentem a pressão. Todos hoje corremos mais rápido, trabalhamos mais, ficamos acordados até mais tarde e realizamos várias tarefas ao mesmo tempo apenas para não ficar para trás. Nesse ambiente, no qual se espera que encaremos a vida como uma incessante competição do tipo *Ironman*, mostrar compaixão para consigo mesmo pode ser visto como um sinal de que você carece de ambição ou não se importa tanto com o sucesso quanto as outras pessoas.

Existe o conceito errado segundo o qual precisamos ser duros com nós mesmos para manter nossa vantagem. No entanto, as pessoas que são mais tolerantes com os seus próprios fracassos podem, na verdade, ser *mais* motivadas a melhorar. As pessoas com autocompaixão miram tão alto quanto aquelas com autocrítica. A diferença é que as pessoas com autocompaixão não se desestruturam quando, como às vezes acontece, não atingem suas metas.

Talvez a autocompaixão na verdade *aumente* sua vantagem. Afinal de contas, ela está associada a comportamentos saudáveis como comer adequadamente, fazer exercícios, dormir bem e administrar o estresse nos momentos difíceis, que é quando você mais precisa cuidar de si mesmo. Ela até mesmo fortalece seu sistema imunológico, ajudando a repelir as doenças ao mesmo tempo que encoraja a conexão social e as emoções positivas. Tudo isso o ajuda a seguir em frente e expressar o que há de melhor em você.

Infelizmente, o ambiente pós-moderno voltado para o consumo no qual vivemos está muito mais interessado em nos vender *smartphones* e garrafas de refrigerantes tamanho família do que em promover nossa saúde física ou emocional. Uma das funções básicas da propaganda é nos fazer sentir insatisfeitos para que ansiemos por comprar coisas, quer precisemos delas ou não e quer sejam elas boas ou não para nós. A autoaceitação e a autocompaixão não movimentam o mercado. Desse modo, em vez disso, somos confrontados com contínuos convites para nos compararmos com os outros — e, inevitavelmente, sentirmos que estamos em desvantagem.

Sociedades mais antigas ofereciam o incentivo e o apoio da família estendida e a estrutura social estável dos pequenos vilarejos. Nós, cidadãos do mundo industrializado, contudo, não raro vivemos a centenas ou milhares de quilômetros do nosso parente mais próximo, em cidades anônimas que nos isolam, onde somos bombardeados por imagens não apenas das engenhocas descoladas e de outros objetos reluzentes que não possuímos, mas também de homens e mulheres que definem um padrão de perfeição editado pelo Photoshop e impossível de ser alcançado. Nesse meio-tempo, todos estão postando fotos *on-line* dos seus jantares sofisticados e *selfies* fabulosas de si mesmos durante as férias, de modo que cada um de nós está constantemente se comparando não apenas com os ricos, deslumbrantes e cujas imagens são fabricadas pelos *softwares* que editam fotos, mas também com todas as pessoas que conhecemos, inclusive o garoto que você achava que era um idiota no nono ano do ensino fundamental mas que agora dirige um Lamborghini.

Não será surpresa para ninguém saber que, de acordo com as pesquisas, sermos confrontados com pessoas que são mais incríveis, mais ricas ou mais poderosas do que nós pode acabar com a nossa autoimagem. Isso se chama *efeito contraste* e significa que, embora você possa se sentir perfeitamente à vontade tomando banho de sol com a parte de baixo do biquíni e uma camiseta sem manga de uma loja popular na casa da sua família em uma cidadezinha do interior, um passeio com essa roupa entre as modelos que usam fio dental nas praias do Rio de Janeiro ou na passarela de Venice Beach, em Los Angeles, poderá ser duro para o ego. Ainda mais insidioso, os homens avaliam a si mesmos como estando menos apaixonados pela esposa ou parceira depois de olhar para as páginas centrais das revistas que exibem corpos femininos nus. Você pode estar satisfeita por morar na sua casa num condomínio popular e orgulhosa do seu marido que é professor de crianças com necessidades especiais, mas pode não se sentir da mesma maneira depois de topar com seu antigo namorado que é hoje cirurgião torácico, voluntário do Médicos sem Fronteiras e que acaba de publicar seu primeiro romance.

A autoaceitação geralmente recebe um forte golpe todas as vezes que começamos a fazer comparações. Em um estudo, os homens e as mulheres jovens que tinham passado menos tempo se comparando com outros do ponto de vista da aparência, da inteligência ou do dinheiro também relataram a menor quantidade de autocensura, culpa e arrependimento.

E a comparação social não nos põe para baixo apenas quando saímos perdendo. Em uma continuação do estudo que acabo de mencionar, os pesquisadores pediram a policiais para que se comparassem com seguranças. Aqueles que endossavam sinceramente a ideia de que verdadeiros policiais eram superiores obtiveram a menor pontuação nas avaliações de saúde mental, como o senso do eu e a satisfação com a vida. Parece que quando você começa a se comparar com os outros, mesmo que você acredite que é o vencedor, você se enreda na demonstração de superioridade e na confirmação externa para sustentar o seu senso de valor. É um jogo perdido. Sempre haverá alguém com um carro mais rápido, um abdômen mais enxuto ou uma casa maior do que a sua. Em um mundo com Tom Brady, Jennifer Lawrence, cientistas ganhadores do Prêmio Nobel, romancistas autores de *best-sellers* e bilionários de 25 anos de idade, enxergar o seu valor do ponto de vista das "características do produto" como forma de comparação é uma maneira infalível de se sentir infeliz.

Desse modo, em nome da sua agilidade emocional, eis o meu conselho: concentre-se no seu próprio trabalho. Você se lembra dessa frase dos seus dias de escola? Os professores a usavam como advertência para que os alunos não colassem durante as provas. Mas ela também tinha uma segunda intenção: evitar que você julgasse a si mesmo.

Teletransporte-se de volta para o ensino médio por um momento. Lá está você, fazendo uma prova, com dois lápis número 2 apontados e a cabeça cheia de informações. Você está respondendo às perguntas, totalmente confiante porque estudou a semana inteira. Mas então você, inadvertidamente, olha para o lado e nota que o garoto superinteligente à sua esquerda, aquele que sempre levanta a mão nas aulas, tem uma resposta completamente diferente da sua para uma das perguntas. Isso deixa você preocupado: será que ele está certo? Estou errado? Eu tinha certeza de que a resposta era "Magna Carta", mas esse garoto sabe tudo. Talvez a resposta realmente *seja* "Bhagavad Gita". E então, adivinhe o que acontece? Você muda sua resposta e erra. Pelo que se viu depois, o garoto não era mais inteligente e nem estava mais bem-informado do que você.

Concentrar-se no seu próprio trabalho é ainda mais importante quando você se vê tentado a se comparar com uma pessoa com um nível completamente diferente do seu. Levantar os olhos para alguém cujas realizações estejam apenas um ou dois níveis acima do seu pode ser inspirador, mas se comparar com uma verdadeira celebridade ou um gênio excepcional pode ser desolador. Isso acontece, em parte, porque temos a tendência de focalizar no resultado final em vez de olhar para o que é preciso para chegar lá.

Digamos que você toque violino em um grupo de câmara, apenas para se distrair. Se você pensar a respeito do processo, o fato de que o violinista principal é um pouco melhor do que você lhe oferece um referencial para melhorar. Se você trabalhar mais arduamente talvez consiga chegar ao nível dele. No entanto, se comparar com um virtuose como Joshua Bell simplesmente o deixará maluco. Você precisa se lembrar de que, além de ser incrivelmente talentoso, Bell começou a ter aulas aos 4 anos de idade, quando a mãe dele o encontrou usando elásticos esticados nos puxadores das gavetas da sua cômoda para arrancar deles a música que ele a ouvira tocar no piano. Depois que ele começou a ter aulas, quantas horas durante os vinte anos seguintes você imagina que ele tenha passado em um quarto, sozinho, praticando violino? Você teria disposição para tanta disciplina e dedicação? Pense em todas as coisas que ele deixou de fazer por causa de todo o tempo que passou tocando escalas. E mesmo que você ache que teria disposição para praticar tão arduamente, você não teve a oportunidade. Então para que se torturar? Comparar-se com os Joshuas Bells, Marks Zuckerbergs, Michaels Jordans ou Meryls Streeps deste mundo é como aprender a nadar e se comparar com um golfinho. Qual o sentido disso? Você tem que ser você, como você é, em vez de uma versão inferior e desesperadamente ansiosa de outra pessoa.

SEU CRÍTICO INTERIOR

Todos já ouvimos falar do "crítico interior", mas alguns de nós temos um promotor público interior, ou talvez um juiz interior cujas sentenças são sempre extremamente severas. Quando a perspectiva compassiva poderia ser olhar para nós mesmos como um trabalho em andamento — "tudo bem, não me qualifiquei, mas estou chegando lá" — nós nos flagelamos atribuindo a nós mesmos rótulos autodepreciativos como "farsante", "impostor" ou "perdedor".

Como você reagiria se seu filho estivesse ficando para trás na turma da escola ou comendo biscoitos demais? A maioria de nós tentaria encontrar um professor particular, parar de comprar biscoitos e substituí-los por maçã desidratada em fatias ou sugerir que a família inteira passasse a fazer caminhadas. Mas quando nós, adultos, estamos em uma fase ruim no trabalho ou engordamos alguns quilos, a primeira coisa que fazemos é nos criticar vigorosamente, o que não é uma boa maneira de encontrar motivação para mudar.

Quando estamos ansiosos, telefonamos para alguém de quem gostamos. Por quê? Porque o calor humano e a gentileza nos fazem sentir seguros, valorizados e achar que somos capazes de lidar com a situação. Então por que não podemos ser esse tipo de amigo carinhoso para nós mesmos, voltando esse tipo de compaixão para dentro?

E por que levamos a crítica desagradável ocasional que um conhecido faz do nosso comportamento mais a sério do que os elogios muito mais frequentes dos nossos amigos? As pessoas podem ser duras, tendenciosas, indelicadas, narcisistas, egoístas e apenas simplesmente más, motivo pelo qual é de fundamental importância se lembrar de que a avaliação negativa que elas fazem de você raramente é objetiva e que não há absolutamente nenhuma razão para interpretar essa crítica ruim como sendo a verdade. E muito menos incorporá-la à sua própria autoavaliação.

As histórias que encerram de fato algum elemento verdadeiro podem, na realidade, ser as mais problemáticas, porque atribuímos uma grande importância à "verdade", por mais seletiva e parcial que ela possa ser. Talvez, como seus colegas de turma nunca deixaram de enfatizar, anos atrás, durante o jogo de queimada, você fosse ruim nos esportes. Tudo bem, talvez você não fosse bom nos esportes porque preferia pintar, ler ou escrever em código em vez de arremessar uma bola nas outras crianças. Ou talvez você achasse que deixar de jogar para fazer companhia ao seu amigo com asma era mais importante do que ser o campeão de educação física do quinto ano. A que verdade você se pega? Sua história é sua história. Você precisa ser dono dela, em vez de ela possuir você, e respeitá-la com compaixão.

Sua sogra pode chamá-lo de impulsivo, mas talvez você seja apenas espontâneo. Seu marido pode dizer que você tem mania de controle, mas você tem a escolha de aceitar esse termo ou ver a si mesma como organizada. Sua esposa pode estar aborrecendo-o por causa do pneu na sua cintura, mas vamos lá — você tem 50 anos! Um pouco de gordura na barriga é normal. A questão é quanto a avaliação é útil para você em cada caso? Se seu colesterol é alto e você não consegue mais subir escadas sem ficar sem fôlego, talvez você deva começar a frequentar a academia. Se você tem dores de cabeça por causa do estresse e fica regularmente acordada até a meia-noite dobrando a roupa lavada, talvez você pudesse ser um pouco menos "organizada". A questão é a seguinte: a pessoa que deve ter a opinião final a respeito do que tem valor na sua vida deve ser você.

Desenvolver uma compaixão expressiva por si mesmo não significa se iludir. Você precisa estar profundamente consciente de quem você é, para o bem ou para o mal, e totalmente sintonizado com o mundo à sua volta. Mesmo quando está lidando com o mundo real como ele realmente é, você tem uma enorme liberdade de ação na maneira como reage a ele.

ESCOLHENDO A DISPOSIÇÃO

Queremos que a vida seja o mais deslumbrante e indolor possível. A vida, por outro lado, tem um jeito de humilhar-nos, e a dor está incorporada ao acordo dela com o mundo. Somos jovens até deixar de sê-lo. Somos saudáveis até deixar de sê-lo. Estamos com aqueles que amamos até deixarmos de estar. A beleza da vida é inseparável da sua fragilidade.

Um dos maiores triunfos humanos é escolher abrir espaço no nosso coração tanto para a alegria quanto para a dor e nos sentirmos à vontade com a ideia de não nos sentirmos à vontade. Isso significa encarar os sentimentos não como sendo "bons" ou "maus", mas apenas como "existindo". De fato, a nossa cultura encerra essa inexorável suposição de que precisamos *fazer* alguma coisa quando estamos interiormente confusos. Precisamos lutar contra esse sentimento, corrigi-lo, controlá-lo, exercer uma brutal força de vontade sobre ele, permanecer positivos. O que *realmente* precisamos fazer no entanto é algo extremamente simples e óbvio: nada. Em outras palavras, apenas acolher favoravelmente essas experiências interiores, respirar nelas e tomar conhecimento dos seus contornos sem correr em disparada para as saídas.

Se você estivesse tentando desesperadamente largar o vício de fumar, você certamente esperaria ansiar por cigarros durante algum tempo. Esse anseio seria normal e teria uma base psicológica — por que então você seria crítico com relação a isso? Na realidade, o que pode transformar o anseio em uma compulsão irresistível é sentir necessidade de controlar esse anseio. É por isso que uma aceitação livre — acabar com o cabo de guerra largando a corda — é o que deve ser feito.

Você não pode escolher ou controlar seus desejos. O que você *pode* é escolher se vai acender aquele cigarro, repetir a sobremesa ou ir para casa com alguém que você acabou de conhecer em um bar. Quando você é emocionalmente ágil, você não desperdiça energia pelejando contra seus impulsos. Você simplesmente faz escolhas que estão ligadas ao que você valoriza.

Em um estudo, os pesquisadores pediram a participantes que estavam tentando parar de fumar que deixassem ir e vir os intensos anseios físicos, pensamentos e emoções a respeito do fumo sem tentar controlá-los. O programa se baseava na metáfora de uma viagem de carro com o participante como o motorista, dirigindo-se para um destino de particular importância — a saber, parar de fumar. No assento de trás estavam todos os pensamentos e emoções do motorista, comportando-se como seus amigos do ensino médio que exercem má influência sobre ele, gritando: "Vamos lá! Vá em frente — só uma baforada!" e "você nunca vai conseguir, seu frouxo sem força de vontade!". Os participantes do programa abriam espaço para esses "passageiros" turbulentos enquanto continuavam a dirigir em direção ao seu destino, com os olhos voltados para o prêmio.

Os participantes aleatoriamente designados para esse grupo da "disposição" — aqueles que aprenderam a abrir o coração e aceitar de bom grado e permitir a presença dos anseios sem ter que ceder a eles — foram comparados com os de outro grupo no programa de cessação do hábito de fumar padrão ouro recomendado pelo Instituto Nacional do Câncer dos Estados Unidos. Como era de se esperar, o grupo dos "motoristas" dispostos alcançou uma taxa de cessação do hábito equivalente a mais do que o dobro da registrada no outro grupo.

Às vezes, na nossa luta contra as circunstâncias difíceis, tornamos as coisas muito piores para nós mesmos. Pegamos uma simples dor e a convertemos em um verdadeiro sofrimento. Depois que Theresa sofreu um aborto espontâneo quando estava em meados da casa dos 40 anos, os médicos lhe disseram que ela não seria capaz de conceber naturalmente nem por meio da fertilização *in vitro*, o que significava que essa gravidez tinha sido sua última chance. Isso, por si só, já era suficientemente perturbador. Mas então, esfregando sal nas suas feridas, Theresa disse aos seus botões que deveria superar o que havia acontecido, que mulheres sofriam abortos espontâneos o tempo todo e que seus problemas eram culpa dela por tentar engravidar tão tarde. Ela se criticou por não se concentrar nas inúmeras outras bênçãos que conferiam significado à sua vida. Não é de causar surpresa que nada disso tenha feito algum bem a ela.

O que Theresa precisava fazer era olhar de frente: olhar de frente sua tristeza e seu desapontamento e estar plenamente presente com eles. Isso significava reconhecer a verdadeira extensão do seu pesar, dizer adeus à criança que ela havia perdido, respeitar a memória daquela vida que nunca viria a existir e depois se permitir vivenciar plenamente o que quer que estivesse sentindo. Isso não significava necessariamente que ela superaria a sua perda ou ficaria feliz a respeito do fato de que nunca daria à luz uma criança. No entanto, ao confrontar sua dor e reconhecê-la, e depois ao abraçar cada estágio da sua mágoa, ela seria capaz de passar pela experiência, aprender com ela e sair do outro lado, em vez de ficar imobilizada, paralisada pela tristeza.

Mas, para manter esse tipo de serenidade, precisamos de algum equipamento emocional básico, inclusive de um vocabulário emocional variado.

O bebê chora porque não consegue expressar sua infelicidade de nenhuma outra maneira. Qualquer forma de desagrado — fome, fralda molhada, fadiga — provoca incompreensíveis e intensos berros de angústia (que seus pais talvez consigam interpretar, mas os vizinhos do apartamento ao lado não). Com o tempo, ensinamos nossos filhos a definir e enunciar suas necessidades e frustrações. Nós dizemos: "Use suas palavras, querido".

Infelizmente, muitos adultos ainda não usam suas palavras para definir e entender suas experiências e as emoções que as cercam. Sem a sutil diferenciação no significado proporcionado pela linguagem, eles são incapazes de encontrar significado nos seus problemas pessoais de forma a possibilitar sua compreensão. Descobrir simplesmente um rótulo para as emoções pode ser transformador, reduzindo sentimentos de angústia enormemente dolorosos, nebulosos e imensos a uma experiência finita, com limites e um nome.

Há muitos anos, trabalhei com um cliente chamado Thomas, que fora um dia um executivo sênior. Certa manhã, ele chegou ao escritório para um dia bastante cheio e sofreu um derrame. Thomas não tinha um histórico de derrames, e depois de submetê-lo a uma série de exames seus médicos chegaram à conclusão de que era altamente improvável que ele viesse a sofrer outro.

Mas Thomas começou a ficar obcecado. Por fim, ficou tão paralisado pelo medo de sofrer outro derrame que simplesmente não conseguiu dar seguimento à sua vida. Quando foi encaminhado à clínica pública onde eu trabalhava, era um sem-teto. Ele se enredara tanto na certeza de que teria outro derrame que simplesmente parou de ir ao trabalho. Foi assim que perdeu o emprego, depois a esposa e ficou reduzido a morar na rua.

Cada vez que encontrava Thomas, eu o cumprimentava com alguma variação do costumeiro "como você está se sentindo?". Mas independentemente de como eu expressasse a deixa coloquial, ele respondia do mesmo jeito: "Apenas um pouco incomodado" o que me deixava incrivelmente curiosa. Ali estava um homem que morava na rua em um estado de pânico quase constante, mas tudo o que ele conseguia dizer a respeito da sua situação era que ela "estava apenas um pouco incômoda".

Durante uma sessão semanal, falamos a respeito da mãe de Thomas, a única pessoa a quem ele ainda estava conectado. Ela cuidara dele depois que todos haviam desistido, e ele a visitava frequentemente no abrigo de idosos. Quando perguntei a ele como ela estava, ele respondeu: "Foi apenas um pequeno incômodo. Ela morreu".

Depois dessa demonstração bastante vívida da sua incapacidade de fazer distinções entre suas emoções, compreendi que Thomas tinha um distúrbio chamado alexitimia, que literalmente significa "sem palavras para descrever a disposição de ânimo". As pessoas com esse problema frequentemente têm dificuldade para transmitir o que estão sentindo e recorrem a rótulos vagos e simplistas como "estou estressado". Elas ou estão "bem" ou "não tão bem". É um pouco como o Cavaleiro Negro de *Monty Python em Busca do Cálice Sagrado* dizendo: "É apenas um arranhão!" ou "não foi nada; apenas uma ferida superficial!" a cada vez que ele perde outro membro.

As palavras têm um enorme poder. A palavra errada já causou guerras, sem falar no fim de um sem-número de casamentos. Há um mundo de diferenças entre o estresse e a raiva, ou entre o estresse e a decepção, ou entre o estresse e a ansiedade. Se não conseguimos rotular com precisão o que estamos sentindo, fica difícil nos comunicarmos bem o bastante para obter o apoio de que precisamos.

Se uma cliente disser "estou estressada" e eu aceitar essa declaração ao pé da letra, poderei aconselhá-la a relacionar suas prioridades ou delegar mais coisas. Mas sob a rubrica "estou estressada", seu verdadeiro significado pode ser "eu achava que minha carreira seria mais satisfatória do que é e estou decepcionada com a minha vida", o que é um conjunto de circunstâncias completamente diferentes. Quando a verdade dessa dificuldade é revelada, dicas sobre delegar ou estabelecer prioridades simplesmente não serão bem-sucedidas.

A alexitimia não é um diagnóstico clínico, mas uma dificuldade contra a qual milhões de pessoas lutam todos os dias. E ela encerra custos muito reais. A dificuldade em rotular emoções está associada à saúde mental deficiente, à insatisfação nos empregos e nos relacionamentos e muitos outros males. As pessoas que têm esse problema também tendem a relatar com maior frequência sintomas físicos como dor de cabeça e dor nas costas. É como se seus sentimentos estivessem sendo expressados física em vez de verbalmente. Também é verdade que, às vezes, quando as pessoas não conseguem expressar claramente seus sentimentos em palavras, a única emoção que transparece em alto e bom som é a raiva, e a maneira lamentável como elas a expressam é "rodando a baiana" — ou fazendo alguma coisa ainda pior.

Aprender a rotular as emoções com um vocabulário mais variado pode ser decididamente transformador. As pessoas que conseguem identificar todo o espectro das emoções — que compreendem, por exemplo, como a tristeza é diferente do tédio, da piedade, da solidão ou do nervosismo — conseguem lidar imensamente melhor com os altos e baixos da vida cotidiana do que aquelas que enxergam tudo em preto e branco.

QUAL É A FUNÇÃO?

Ao lado da importância de rotular com precisão nossas emoções está a promessa de que, uma vez que atribuímos um nome a elas, nossos sentimentos podem oferecer informações úteis. Eles sinalizam recompensas e perigos. Apontam na direção da nossa dor. Também podem nos dizer em quais situações devemos nos envolver e quais devemos evitar. Eles podem servir de orientação, em vez de serem obstáculos, ajudando-nos a identificar aquilo que mais apreciamos e motivando-nos a fazer mudanças positivas.

Tenho clientes no mundo inteiro, de modo que viajo muito. Quando viajo, frequentemente dou comigo em alguma variação do mesmo cenário: estou em um agradável quarto de hotel com uma bela vista, jantar servido no quarto e um sentimento furtivo que eu rotulo de "culpa". Eu me sinto culpada por não estar com meus filhos, Noah e Sophie. Eu me sinto culpada pelo fato de Anthony, meu marido, estar em casa sem mim. Não é um sentimento reconfortante, mas ele ressurge repetidamente.

Eu antes ficava enredada em velhas histórias: não sou uma boa mãe; abandono as pessoas que eu amo. No entanto, aprendi com o tempo a olhar de frente, não apenas ao identificar o sentimento como culpa, como também ao perceber como esse sentimento pode ser útil. Compreendi que minha culpa pode me ajudar a definir minhas prioridades e, às vezes, reorganizar minhas ações. Afinal de contas, não sentimos culpa por coisas com as quais não nos importamos.

Uma boa pergunta a fazer a si mesmo quando estiver tentando aprender com suas emoções é: "Qual é a função?".

Perguntar "qual é a função?" é uma maneira abreviada de perguntar "qual é o propósito dessa emoção? O que ela está lhe dizendo? O que você entende com ela? O que está enterrado debaixo dessa tristeza, frustração ou alegria?".

A culpa que eu sinto quando estou viajando sinaliza para mim que sinto falta dos meus filhos e valorizo minha família. Ela me faz lembrar de que minha vida está seguindo na direção certa quando estou passando mais tempo com eles. Minha culpa é como uma flecha luminosa apontado para as pessoas que eu amo e a vida que desejo levar.

Da mesma forma, a raiva pode ser um indício de que alguma coisa importante para você está sob ameaça. Você já ficou zangado com um colega por ele criticar uma das suas ideias na frente do seu chefe? À primeira vista, essa raiva poderia parecer, bem, apenas raiva. Mas, bem no fundo, também pode ser um sinal de que o trabalho em equipe é algo que você valoriza muito, ou de que você se sente menos seguro no emprego do que imaginava. Não é divertido sentir raiva, mas a conscientização que ela proporciona pode ser canalizada para medidas dinâmicas. Pode ser uma flecha luminosa apontando na direção de mudanças positivas como arrumar um novo emprego ou marcar uma hora com seu chefe para uma reavaliação de desempenho.

Nossos sentimentos negativos podem nos ensinar valiosas lições quando paramos de nos esforçar para eliminá-los ou para sufocá-los com afirmações positivas ou racionalizações. A insegurança e a autocrítica, até mesmo a raiva e o arrependimento, irradiam luz nesses lugares escuros, sombrios, às vezes assombrados por demônios, os lugares que você mais deseja ignorar, que são lugares de vulnerabilidade ou fraqueza. Encarar esses sentimentos pode ajudá-lo a antever as armadilhas e desenvolver estratégias mais eficazes de enfrentar os momentos decisivos.

Se você conseguir confrontar seus sentimentos internos com as suas opções externas — enquanto mantém a distinção entre eles — você terá uma chance muito maior de ter um dia favorável, além é claro de uma vida mais significativa. Você tomará decisões importantes à luz do contexto mais amplo possível. Isso requer a sinceridade e a integridade de incorporar nossas experiências em uma narrativa que é exclusivamente nossa, uma narrativa que nos servirá, ajudando-nos a entender onde estivemos para que possamos enxergar melhor para onde queremos ir.

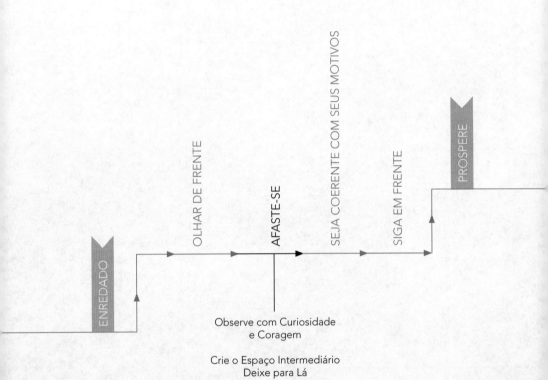

▶ **CAPÍTULO 5**

AFASTE-SE

James Pennebaker, eminente professor da Universidade do Texas, casou-se no início da década de 1970, assim que se formou na faculdade. Três anos depois do seu casamento, ele e a esposa começaram a questionar seu relacionamento, e Pennebaker, confuso e inseguro, mergulhou na depressão. Passou a comer menos, a beber mais e começou a fumar. Envergonhado com o que considerava uma fraqueza emocional, foi se isolando cada vez mais.

Certa manhã, mais ou menos um mês depois desse declínio, Pennebaker saiu da cama e foi até uma máquina de escrever. Ele olhou para a máquina durante alguns momentos e depois começou a escrever de uma maneira livre e franca a respeito do seu casamento, dos seus pais, da sua sexualidade, da sua carreira e até mesmo da morte.

Enquanto escrevia, e continuou a escrever nos dias que se seguiram, algo fascinante aconteceu. A depressão desapareceu e ele se sentiu liberto. Começou a se reconectar com seu profundo amor pela esposa. Mas o fato de ele ter escrito tudo aquilo teve um impacto ainda mais abrangente. Ele começou a enxergar o propósito e as possibilidades da sua vida.

A própria experiência de Pennebaker ao atravessar esse período instável gerou quarenta anos de pesquisa sobre os vínculos entre a escrita e o processamento emocional. Pennebaker realizou repetidos estudos nos qual ele dividia as pessoas em dois grupos, pedindo aos membros de um dos grupos que escrevessem a respeito de experiências emocionalmente significativas e aos membros do outro grupo que escrevessem sobre coisas do dia a dia: seus sapatos ou talvez os carros que passavam na rua. Os dois grupos escreviam durante o mesmo intervalo de tempo, cerca de vinte minutos por dia, por três dias seguidos.

Nos experimentos de Pennebaker, alguns participantes do grupo da "escrita emocionalmente significativa" escreviam sobre o abuso sexual por membros da família em quem antes confiavam; outros sobre fracassos catastróficos; outros ainda a respeito de devastadoras perdas dos seus relacionamentos mais profundos por meio de rompimentos, doença e morte. Certa mulher descreveu uma culpa imensa originada num incidente que ocorrera quando ela tinha 10 anos de idade. Ela deixara um brinquedo no chão e sua avó tinha escorregado nele e caído, o que acabou causando a morte da avó. Um homem escreveu a respeito de uma noite quente de verão quando tinha 9 anos. Seu pai o levara para o lado de fora da casa e calmamente anunciara que ter tido filhos tinha sido o maior erro que cometera na vida e que estava indo embora.

Em cada estudo, Pennebaker constatou que as pessoas que escreviam a respeito de episódios emocionalmente carregados vivenciavam uma acentuada melhora no seu bem-estar físico e emocional. Elas ficavam mais felizes, menos deprimidas e menos ansiosas. Nos meses que se seguiam às sessões de escrita, elas registravam redução na pressão arterial e melhora na imunidade e iam menos vezes ao médico. Elas também relatavam relacionamentos de melhor qualidade, uma memória melhor e mais sucesso no trabalho.

Quando descobri a pesquisa de Pennebaker, fiquei impressionada com a maneira pela qual ela refletiu minha própria experiência na adolescência, quando escrevi sobre o câncer do meu pai. Enquanto meu pai estava morrendo, e depois quando ele se foi, minha vida ficou dolorosamente diferente, e escrever me ajudou a expressar meu arrependimento a respeito de todo o tempo que eu não passara com ele e todas as coisas que eu não dissera. Também escrevi a respeito dos momentos dos quais não me arrependia, e de como eu tinha feito o melhor possível. Ao escrever, aprendi a conviver com todas as minhas emoções, tanto as agradáveis quanto as desagradáveis. Isso, por sua vez, fez com que eu me compreendesse melhor, e a revelação mais importante foi "eu sou resiliente". Compreendi que sou capaz de viver com meu eu inteiro, até mesmo com as partes dele que não me encantam tanto.

Ainda assim, eu estava cética com relação aos resultados de Pennebaker, que pareciam bons demais para ser verdade. Como era possível que escrever durante vinte minutos por dia por três dias tivesse um efeito tão positivo e duradouro na vida das pessoas? Mantive a pesquisa de Pennebaker marcada nos meus cadernos de anotações. Mais tarde, muitos anos depois, quando eu estava cursando meu doutorado sobre emoções, tive a chance de jantar com ele. Esse encontro conduziu a muitas discussões animadas, e depois dele mergulhei mais profundamente no seu trabalho.

Eu havia lido a respeito de uma intervenção que Pennebaker havia conduzido em uma empresa de informática em Dallas que havia demitido cem engenheiros sênior. A maioria dessas pessoas eram homens com mais de 50 anos que tinham trabalhado na companhia desde a faculdade. Essa havia sido a única vida profissional que eles conheciam, e a demissão os deixara em pânico e confusos. Eles estavam enfrentando a possibilidade real de nunca mais trabalharem nas suas áreas. Quatro meses depois de terem sido demitidos, nenhum deles tinha conseguido outro emprego.

Pennebaker e sua equipe se perguntaram se escrever a respeito das suas experiências poderia ajudar os engenheiros que tinham sido submetidos ao corte de pessoal. Ansiosos para tentar qualquer coisa que pudesse melhorar suas perspectivas de emprego, eles concordaram em participar. Pennebaker pediu aos engenheiros de um dos grupos que escrevessem a respeito do fato de terem sido demitidos. Eles descreveram profundamente seus sentimentos de humilhação, rejeição e indignação; os efeitos das tensões decorrentes sobre saúde, casamento e finanças; e a sua profunda preocupação a respeito do futuro. Os dois grupos de controle ou escreveram a respeito do gerenciamento do tempo ou não escreveram nada.

Antes de os membros do primeiro grupo começarem a escrever, não havia nenhuma diferença entre os grupos do ponto de vista da motivação ou do esforço que estavam fazendo para conseguir um novo emprego. Apenas meses depois das sessões de escrita emocionalmente carregadas, os homens que tinham examinado profundamente como realmente estavam se sentindo exibiram uma probabilidade *três vezes* maior de ter conseguido um novo emprego do que aqueles dos grupos de controle. Escrever não apenas ajudou os homens a processar suas experiências; ajudou-os a afastarem-se da sua inércia desanimada e a tomar medidas significativas.

Depois de muitos outros estudos, com muitos milhares de participantes — crianças e idosos, estudantes e profissionais, pessoas saudáveis e doentes —, podemos afirmar com segurança que encarar e dar nome às emoções é uma maneira extremamente útil de lidar com o estresse, a ansiedade e a perda (no caso das pessoas que não gostam de pôr a caneta no papel ou os dedos no teclado, não existe nada mágico a respeito do ato de escrever propriamente dito. Falar em um gravador, por exemplo, pode produzir os mesmos resultados).

Mas depois de olhar de frente, há outro aspecto fundamental da agilidade: o afastamento. Uma análise mais profunda ao longo dos anos mostra que, diferentemente dos ruminadores ou dos reprimidos ou daqueles que botam tudo para fora numa linguagem bombástica, as pessoas que escreveram nesses experimentos e prosperaram mais começaram a desenvolver uma perspectiva, usando frases como "eu aprendi", "ocorreu-me que", "a razão pela qual", "agora percebo" e "eu compreendo". No processo de escrever, elas foram capazes de criar a distância entre o pensador e o pensamento, entre aquele que sente e o sentimento, que possibilitou que adquirissem uma nova perspectiva, se desenredassem e seguissem em frente.

Por favor, não entendam mal: essas pessoas não tinham encontrado um jeito de *gostar* de serem traídas ou de ficarem perdidas, sem emprego ou gravemente doentes. No entanto, ao dissolverem o emaranhamento que se formara entre seus impulsos e suas ações para que pudessem situar sua experiência em um contexto e analisá-la a partir de uma perspectiva mais ampla, elas conseguiram prosperar apesar de tudo. Com mais frequência do que você poderia esperar, elas descobriram maneiras de transformar esses obstáculos em oportunidades para se conectar mais diretamente com seus valores mais profundos.

> **AS REGRAS DE ESCRITA DE PENNEBAKER**
>
> Ajuste um cronômetro para vinte minutos de contagem regressiva. Abra seu caderno de anotações ou crie um novo documento no computador. Quando o cronômetro iniciar a contagem do tempo, comece a escrever sobre suas experiências emocionais da semana, mês ou ano passado. Não se preocupe com a pontuação, desmazelo ou coerência. Simplesmente vá aonde sua mente o levar, com curiosidade e sem fazer julgamentos. Escreva apenas para si mesmo e não para um possível leitor. Faça isso durante alguns dias. Depois, jogue o papel fora (ou coloque-o dentro de uma garrafa e atire-o no mar), ou feche o documento no computador sem salvá-lo. Ou então, se você estiver pronto, crie um blog ou procure uma editora. Não importa. O importante é que esses pensamentos estão agora fora de você e sobre a página. Você iniciou o processo de "afastar-se" da sua experiência e compreendê-la melhor.

A VIDA SECRETA DO QUE VOCÊ VÊ

C. W. Metcalf era um comediante da televisão antes de se tornar um "consultor de humor" para grandes organizações (se você acha que isso é muito engraçado — como um cargo com um nome ridículo — então você provavelmente nunca trabalhou em uma grande organização). Ele executa números maravilhosamente divertidos no palco que também ensinam as pessoas a lidar com o estresse do corte de pessoal ou do crescimento — ou com qualquer outro aspecto da vida corporativa que esteja acabando com elas naquele momento. Um dos meus favoritos é quando ele pega uma cadeira vazia, identifica-a como "seu emprego" e depois faz um rebuliço hilário sobre quanto seu emprego é absolutamente horrível, todos os dias, de todas as maneiras. Ele respira fundo, aponta para a cadeira que está a uma certa distância dele e diz: "Meu emprego é realmente uma droga". Em seguida, ele solta a piada: "Graças a Deus estou aqui, longe dele".

Todos já vivenciamos essa capacidade de nos separarmos da nossa experiência e observá-la com base em de uma perspectiva diferente. Anos atrás, dei comigo totalmente enredada, protestando furiosamente no telefone com um funcionário do setor do atendimento ao cliente a respeito de uma conta de telefone que mais uma vez estava errada. Cheguei a espumar de raiva enquanto falava sobre as horas que eu desperdiçara tentando resolver o problema e sobre a incapacidade da empresa de corrigir seu próprio erro.

Foi então que, por algum motivo que não consigo explicar, simplesmente me afastei de toda aquela raiva. Foi quase como uma dessas experiências fora do corpo nas quais dizem que a alma vai até o teto e olha para a cena a partir de cima. Com essa nova perspectiva, fui capaz de enxergar minha raiva pelo que ela era: uma raiva cega, dirigida à pessoa errada. Fui capaz de sentir compaixão pela pobre mulher do atendimento ao cliente — que emprego horrível o dela, ter que escutar lunáticos como eu o dia inteiro! — e compreender que o fato de eu me indispor com ela não me levaria a lugar nenhum. Mudei de atitude, pedi desculpas e, em seguida, a partir de uma perspectiva que incluía o ponto de vista do outro, avançamos para um lugar de resolução de problemas construtivo e colaborativo.

Eu tinha acabado de me afastar — criado o intervalo entre o estímulo e a resposta. Nesse meio-tempo, eu até mesmo havia recobrado um pouco da minha bondade. Este é o ponto a partir do qual você pode escolher comportamentos baseados nos seus valores em vez de ceder ao que seus pensamentos, emoções e histórias estão insistindo para que você faça. Esse novo espaço recém-criado possibilita que você seja sensível ao contexto, mude suas atitudes para algo que irá funcionar no aqui e agora em vez de se deixar levar por impulsos descontrolados — como *"Justiça! Vingança! Você não pode me tratar desta maneira!"*.

Quando você se afasta, você consegue ver coisas que não tinha enxergado antes (por que você acha que chamam essa reação de raiva "cega"?).

Dê uma olhada no desenho a seguir. O que você vê?

$$A \; B \; C$$

Obviamente são as três primeiras letras do alfabeto. Mas talvez exista outra possibilidade.

Quando estamos enredados, temos normalmente uma única perspectiva, uma única resposta e uma única maneira de fazer as coisas. Estamos emaranhados em nossos pensamentos, emoções e histórias. Eles nos dominam, dirigem nossas ações e nos tornam inflexíveis, não raro nos levando a perguntar depois do fato: "Onde eu estava com a cabeça!?" Somente quando nos afastamos é que conseguimos perceber que pode haver mais de uma maneira de examinar a situação.

O rabisco central acima é obviamente um "B". Mas olhe agora para o mesmo rabisco central na próxima página.

Este é um exemplo do que pode acontecer quando você olha para a mesma coisa a partir de um ponto de vista diferente. Nós nos tornamos sensíveis ao contexto, enxergamos mais possibilidades e podemos responder de diferentes maneiras. Nós ficamos mais ágeis.

Você pode deliberadamente cultivar a capacidade de criar o tipo de distância que eu inadvertidamente criei durante minha deplorável fúria no telefone. Na realidade, para você viver uma vida com propósito e significativa e realmente prosperar, uma das habilidades mais essenciais que você deve desenvolver é a de adotar uma *metavisão*, a visão de cima que amplia sua perspectiva e o torna sensível ao contexto. Essa habilidade o ajuda a adquirir uma nova perspectiva com relação às suas emoções e sobre como os outros podem estar se sentindo e é fundamental para desenvolver nossa capacidade de autorreflexão.

A metavisão pode ser particularmente útil quando cometemos erros. Podemos nos torturar por causa das mais simples mancadas, ruminando e nos retraindo alternadamente, acordando no meio da noite vinte ou quarenta anos depois para reviver alguma coisa idiota que fizemos quando ainda estávamos no ensino fundamental.

A B C

12 13 14

Um erro é frequentemente uma questão de a vida não estar acontecendo como planejamos. Quando cometemos um erro grave, nos culpamos por ter deixado de fazer a escolha certa ou a coisa certa. Um erro, contudo, muitas vezes pressupõe um rumo predeterminado — que nós deixamos de nos orientar em um mundo estático que "é" de uma certa maneira. Mas como o famoso marechal-de-campo alemão do século XIX Helmuth von Moltke o Velho gostava de dizer (e eu parafraseio): nenhum plano de batalha jamais sobrevive ao primeiro contato com o inimigo. Por mais seguros que estejamos com relação à melhor linha de ação, o mundo está em constante transformação e as circunstâncias são imprevisíveis. E como ninguém sabe com certeza o que irá acontecer, quer na batalha, quer em outros contextos, todos certamente tomaremos algumas decisões que acabarão se revelando não muito eficazes.

Mas você pode encarar seus erros com base em outras perspectivas. Os erros "bons", por exemplo, podem nos ensinar alguma coisa de valor, como "não mexa com cachorros de estimação de pessoas que você não conhece". Quando olhamos para as coisas dessa maneira, encontramos uma lição a ser aprendida e um potencial para crescimento. Para encontrar esse conhecimento, precisamos ser capazes de examinar nossos deslizes a partir de múltiplos ângulos.

Monges e místicos recorrem desde tempos imemoriais a práticas como a meditação para dissolver a fusão entre o pensamento e o pensador, o impulso e a ação, libertando a mente de algumas das suas restrições mais rígidas e de suas interpretações distorcidas.

Quando práticas desse tipo começaram a ficar populares entre os ocidentais, no final da década de 1960, a frase operante era "estar aqui e agora". A ideia era que a mente indisciplinada se distrai facilmente, oscilando para trás e para a frente no tempo, envolvendo-se com memórias que "empurram" do passado e projeções que "puxam" do futuro. É somente quando estamos plenamente no presente, completamente sintonizados com o "agora", que podemos lidar com o momento de uma maneira emocionalmente ágil.

Desde os dias em que os Beatles, os Beach Boys e Mia Farrow foram para a Índia para se sentar aos pés do Maharishi, pesquisas nas ciências comportamentais e cognitivas vêm trabalhando para desmistificar essas diáfanas contribuições do Oriente, e grande parte do seu foco tem se voltado para uma técnica de prestar atenção, deliberadamente e sem julgar nada. Essa técnica é chamada de *atenção plena* (*mindfulness*).

Pesquisadores de Harvard realizaram recentemente tomografias do cérebro de dezesseis pessoas, antes e depois de fazerem um programa de treinamento da atenção plena de oito semanas para reduzir o estresse. Os resultados mostraram mudanças nas regiões associadas não apenas ao estresse, mas também à memória, ao senso do eu e à empatia.

Parece que a prática da atenção plena melhora a conectividade nas redes do cérebro que nos impedem de sermos distraídos. Ao nos ajudar a nos concentrar, a atenção plena também aumenta a competência.

Ela melhora a memória, a criatividade e as nossas disposições de ânimo, bem como os relacionamentos, a saúde e a longevidade em geral. Quando prestamos atenção ao que está acontecendo à nossa volta, em vez de não fazer caso disso ou simplesmente seguir adiante com o programado, podemos nos tornar mais flexíveis e perspicazes.

Um dos líderes da pesquisa de atenção plena, Ellen Langer, professora de psicologia de Harvard, descobriu que os músicos que tocam "atentamente" produzem músicas que agradam mais às audiências. Vendedores de revistas que vendem atentamente comercializam um número maior de assinaturas. As mulheres que fazem apresentações atentamente são consideradas mais vigorosas e bem-sucedidas porque, ao que se revela, a atenção plena da oradora fala mais alto do que qualquer preconceito de gênero que a audiência possa ter. É com essa qualidade de estar plenamente presente e disponível que as audiências mais se identificam. Ao mesmo tempo, quando nós estamos na audiência, acompanhar atentamente a apresentação nos ajuda a vencer nossas distrações ou avaliações prematuras e observar o que os outros têm a oferecer.

Infelizmente, o termo se tornou tão popular, especialmente nos círculos de negócios, que existe agora uma certa reação adversa a ele (você sabe quando um conceito está desgastado quando vê o título *Mindful Leadership for Dummies* [Liderança Atenta e Presente para Idiotas, em tradução livre,] nas livrarias). E não há dúvida de que a ideia de que tudo o que você faz, em todos os momentos do dia, deva ser abordado com uma atenção dotada de propósito no momento presente é simplesmente ridícula. Você não precisa realmente levar o lixo reciclável para fora atentamente, ou pentear o cabelo atentamente — isto é, a não ser que você considere isso gratificante (consulte o texto em destaque "Maneiras de se Tornar Mais Atento" na página 113).

Para muitas pessoas, a prática também parece oculta na linguagem floreada dos *ashrams* (eremitérios hindus). É por isso que pode ser mais fácil entender no que realmente consiste a atenção plena examinando primeiro seu oposto: a falta de atenção.

A falta de atenção nos conduz com muita facilidade ao caminho onde acabamos enredados. É o estado da falta de consciência e do piloto automático. Você não está realmente presente. Em vez disso, você está se apoiando excessivamente em regras rígidas ou desgastadas que não foram devidamente analisadas.

Você sabe que está sendo desatento quando...

Você esquece o nome de uma pessoa assim que o escuta.

Você coloca o crédito cartão no lixo e a embalagem de comida na bolsa.

Você não consegue se lembrar se trancou a porta ao sair de casa.

Você quebra ou esbarra nas coisas porque não está de fato presente no espaço no qual você está.

Você está tão concentrado no que está por vir que se esquece de uma coisa que precisa fazer agora.

Você não nota que as palavras "crédito" e "cartão" estão invertidas no exemplo apresentado algumas frases atrás.

Você come ou bebe sem estar com fome ou com sede.

Você sente que uma emoção "surgiu do nada".

Por outro lado, é a atenção plena que possibilita que você perceba seus sentimentos e pensamentos desagradáveis em vez de se envolver com eles. Quando você está consciente da sua raiva, pode observá-la com maior sensibilidade, foco e objetividade emocional, talvez descobrindo de onde ela está verdadeiramente vindo. Você poderá até mesmo descobrir que sua "raiva" é na verdade tristeza ou medo.

Mas a calma percepção — o *apenas existir* — que está associada ao cerne da atenção plena não vem facilmente para todos.

Blaise Pascal, o matemático e filósofo do século XVII, notoriamente escreveu: "Todas as aflições humanas decorrem da nossa incapacidade de sentarmos sozinhos em um aposento silencioso". Uma série de estudos realizados em Harvard e na Universidade da Virginia puseram essa ideia à prova. O psicólogo Timothy Wilson e seus colegas pediram aos participantes para que ficassem sentados sozinhos com os seus pensamentos durante cerca de dez minutos. Quase todos os participantes se sentiram muito infelizes. Alguns chegaram ao ponto de preferir a opção de aplicar em si mesmos um leve choque elétrico em vez de simplesmente ficarem sentados ali e estarem presentes.

Isso mostra como as pessoas podem sentir-se pouco à vontade em seu mundo interior. Pode ser que elas não tenham consciência de que todos temos um "eu", uma entidade que existe ao lado dos nossos apetites e atitudes, algo além da nossa presença na mídia social, do nosso currículo ou do nosso *status*; mais do aquilo que nós possuímos, do que conhecemos, de quem amamos ou do que fazemos.

A atenção plena pode nos ajudar a ficar mais à vontade com essa essência interior e a seguir o mandamento do autoaperfeiçoamento, diretamente do Oráculo de Delfos na antiga Grécia: *Conhece a ti mesmo*.

Não podemos ler as instruções quando estamos presos dentro do frasco. A atenção plena nos orienta a sermos mais ágeis emocionalmente, possibilitando que observemos o pensador que está produzindo os pensamentos. O simples ato de prestar atenção traz o eu para fora das sombras. Cria o espaço entre o pensamento e a ação que precisamos para garantir que estamos agindo com base em uma escolha e não apenas em função do hábito.

No entanto, a atenção plena envolve mais do que saber que "estou ouvindo alguma coisa", ou do que estar consciente de que "estou vendo alguma coisa" ou até mesmo de notar que "estou tendo um sentimento". Ela diz respeito a fazer tudo isso com equilíbrio e tranquilidade, abertura e curiosidade, e sem críticas ou condenações. Ela também possibilita que criemos categorias novas e flexíveis. Como resultado, o estado mental da atenção plena nos permite enxergar o mundo por meio de múltiplas perspectivas e avançar com níveis mais elevados de autoaceitação, tolerância e gentileza para conosco.

> ### MANEIRAS DE SE TORNAR MAIS ATENTO
>
> COMECE COM A RESPIRAÇÃO
> Durante um minuto inteiro, não faça nada além de se concentrar na sua respiração. Comece inspirando e expirando lentamente, contando até quatro enquanto inspira e até quatro enquanto solta o ar. Como seria de se esperar, sua mente tentará divagar. Observe esse fato e, depois, deixe-o para lá. Não se repreenda por "não ser bom nisso". Sempre que um pensamento surgir na sua cabeça, apenas tente levar seu foco de volta para a respiração. Esse é o jogo. Não é uma questão de ganhar e sim de se envolver no processo.
>
> OBSERVE ATENTAMENTE
> Escolha um objeto no seu ambiente imediato — uma flor, um inseto, seu dedão do pé — e concentre-se nele durante um minuto. Olhe realmente para ele como se você tivesse acabado de chegar de Marte e estivesse vendo aquilo pela primeira vez. Procure isolar e identificar os vários aspectos e dimensões do objeto. Concentre-se na cor, na textura, em qualquer movimento que ele faça, e assim por diante.
>
> REFORMULE UMA ROTINA
> Escolha alguma coisa que você faz todos os dias e quase nem nota que está fazendo, como tomar café ou escovar os dentes. Na próxima vez que a fizer, concentre-se em cada passo e ação daquele ato, em cada elemento do que está vendo e ouvindo, da textura e do cheiro. Fique completamente consciente.
>
> REALMENTE ESCUTE
> Escolha uma obra musical como um jazz tranquilo ou uma música clássica e realmente se sintonize com ela — se possível, use fones de ouvido — como se você tivesse sido criado em uma caverna e aquela fosse a primeira música que você tivesse ouvido na vida. Não a julgue: apenas tente identificar diferentes aspectos do ritmo, da melodia e da estrutura.

No final, suas tentativas na atenção plena deverão levá-lo para além das classificações intelectuais ou até mesmo emocionais dos seus pensamentos e experiências. Você pode ser como o poeta Andrew Marvell, que entra em um jardim e tenta encontrar "um pensamento verde em uma tonalidade verde". Ou talvez nenhum pensamento. Talvez apenas uma apreciação mais profunda do verde.

É nesse ponto que a mente para de insistir em ser racional, deixa de ser uma máquina classificadora ou solucionadora de problemas e se torna mais parecida com uma esponja do que com uma calculadora. Ela apenas existe.

Esse tipo de calma receptividade forma uma parceria natural com a curiosidade, e coisas notáveis podem acontecer quando as duas se harmonizam.

Frequentemente leio para minha filha Sophie, na hora de dormir, *Harold and the Purple Crayon* [Haroldo e o Lápis Roxo, em tradução livre], um livro encantador a respeito de um menino curioso de 4 anos que dá vida às coisas que desenha. Ele quer visitar a Lua, de modo que desenha um caminho para o céu e chega lá. Ele desenha uma macieira e depois um dragão para proteger as frutas. Ele tem medo do dragão, então desenha água, que cobre sua cabeça. Ele se perde e desenha janelas para encontrar o caminho de casa.

Harold não sabe para onde está indo ou o que está diante dele, mas continua a usar o lápis roxo para desenhar possíveis experiências.

A curiosidade como a de Harold é uma decisão. Quando decidimos explorar com curiosidade o mundo interior e o mundo exterior, podemos tomar outras decisões com mais flexibilidade. Podemos respirar espaço dentro das nossas reações e fazer escolhas baseadas no que importa para nós e no que esperamos ser.

Sempre que leio essa história para minha filha reparo que Harold não tenta interromper suas emoções. Quando está assustado, ele não foge. Em vez disso, ele olha para o seu medo e depois avança com soluções criativas, como desenhar água sobre sua cabeça para se esconder do dragão ou criar uma nova janela para escapulir. Harold, o menino de 4 anos da ficção, pode nos ensinar algumas coisas.

CRIANDO O ESPAÇO INTERMEDIÁRIO

Sonya era sócia de uma importante firma de contabilidade e veio procurar minha ajuda porque, apesar do seu MBA e de muitas outras realizações, ela se sentia uma fraude. Seu medo de ser exposta fazia com que se mantivesse calada enquanto se atrapalhava e tentava diariamente mostrar sua capacidade. Os psicólogos chamam a forma de medo que Sonya sentia de *síndrome do impostor*. Ela vivia convencida de que um dia alguém iria descobrir a terrível "verdade" de que ela não merecia estar onde estava. Embora nunca tivesse recebido uma avaliação de desempenho negativa, ela se sentia estressada, irrealizada e ansiosa.

Sonya estava enredada no hábito de "culpar os pensamentos" que discutimos anteriormente. Ela tratava seus receios de que seria "uma farsante" como fatos. Ela não tomava a frente de projetos que teria adorado assumir e abordava seu trabalho com uma visão excessivamente estreita dos seus talentos e habilidades, como se estivesse olhando para si mesma através de um telescópio virado ao contrário. Quando aprendeu a inserir uma curiosidade atenta nas suas experiências ela foi capaz de se afastar, colocar o telescópio na posição certa e incluir uma perspectiva mais ampla.

"Ok, estou tendo um pensamento que diz que sou uma perdedora", poderia dizer uma pessoa com pensamentos como os de Sonya. "E o que mais? Essa é minha 'criança ferida' se manifestando. Tenho muitos pensamentos. Posso notar e reconhecer todos eles, bons ou maus, mas me reservo o direito de agir motivada apenas pelos pensamentos que me ajudarão a viver a vida que desejo viver."

Quando trabalho com grupos de executivos, sempre faço um exercício que parece uma brincadeira boba para crianças, mas que causa um efeito surpreendentemente profundo. Peço a todos que escrevam em um *post-it* o medo mais profundo que sentem a respeito de si mesmos, ou qualquer significado subjacente que não tenha vindo à tona e que eles carreguem consigo para seu trabalho, seus relacionamentos ou para sua vida: "Sou chato", "sou uma fraude" ou "sou uma má pessoa". Em seguida, peço a cada executivo que cole o *post-it* no peito, tocamos alguma música e fingimos que estamos em uma festa. Todo mundo aperta a mão de todo mundo, olha a outra pessoa no olho e se apresenta com "Olá, eu sou chato. Prazer em conhecê-lo", ou qualquer outra coisa que tenha escrito (a propósito, "eu sou chata" é o meu rótulo. Eu era sempre "a chata", ou é o que eu tinha a impressão de ser).

Essa é uma experiência extremamente poderosa. Num momento posterior, os executivos invariavelmente me dizem que a feia "verdade" que eles colaram em si mesmos, a dura avaliação que tinha tanto poder sobre eles, foi dominada. Recebo e-mails anos depois nos quais as pessoas falam do alívio que representa passar a ser capaz de ver um pensamento apenas como um pensamento. Elas deram um nome ao seu medo e depois foram capazes de se divertir um pouco à custa dele. Ao fazer isso, criaram mais espaço para serem elas mesmas. Elas se afastaram.

Você pode ter uma ideia desse fenômeno simplesmente olhando fixamente para as letras que formam o seu nome. Você as viu tantas vezes que passa por cima de múltiplos níveis de representação e interpretação e imediatamente chega a algo dentro do espírito de que "esse sou eu". Mas quando você realmente olha para os símbolos romanos que representam certos sons em uma linguagem escrita você começa a ver a forma deles, alguns dos quais têm uma aparência bastante engraçada (estou olhando para você, *d* minúsculo). Ou então diga uma palavra simples como "leite" em voz alta. Agora, repita-a durante trinta segundos. Enquanto fizer isso, você notará uma mudança. No início do experimento, você identifica o significado literal da palavra: o líquido branco que você coloca no seu cereal matinal, no seu café ou no qual molhava biscoitos quando era criança. No entanto, à medida que você repete a palavra, algo diferente começa a acontecer. As maneiras típicas com que você se relaciona com o "leite" desaparecem e você começa a reparar na maneira como a palavra soa, na maneira como sua boca se mexe quando você a pronuncia — a palavra apenas como uma palavra.

Agora tente o experimento com o aspecto seu que você mais detesta ou até mesmo com uma experiência desafiante do cotidiano. "Sou gordo", "ninguém gosta de mim" ou "vou me atrapalhar na apresentação". Escolha sua frase e depois repita-a dez vezes. Agora a diga de trás para a frente ou misture a ordem das palavras. O que você verá é que esses sons deixam de ser algo significativo e evocativo, que pode exercer uma grande influência sobre você, e passam a ser algo remoto, desprovido de poder e levemente ridículo. Você não está mais emaranhado e olhando para o mundo sob a perspectiva do pensamento negativo. Mais exatamente, você está olhando *para* ele. Você criou um espaço entre o pensador e o pensamento. Você inverteu seu telescópio.

Essa autonomia e esse espaço para respirar que você cria lhe concede a grande dádiva da escolha. Você começa a vivenciar os pensamentos apenas como pensamentos — que é tudo que eles realmente são — e não como diretivas que você tem que seguir ou a respeito das quais até mesmo precisa se afligir. Você pode ter o pensamento de que é um farsante, observá-lo e, depois, deliberadamente, optar por colocá-lo de lado, porque é mais importante fazer uma contribuição significativa para a reunião em que você se encontra naquele momento. Você pode vivenciar e até mesmo racionalizar o pensamento de que seu cônjuge é quem deveria tomar a iniciativa para pôr um fim à discussão que vocês tiveram esta manhã e, depois, pegar o telefone e ligar para ele. Você pode aceitar o seu desejo de comer pudim de leite, observar seus pensamentos "eu quero isso!" e depois optar por não estender a mão para pegá-lo. Isso não é repressão, porque você não está desconsiderando, negando ou tentando reprimir o pensamento, a emoção ou o desejo. Mais exatamente, você está curiosamente observando-o junto com a informação que ele traz, mas não está deixando que ele dê as ordens.

Se você subir bastante dentro de uma organização, com o tempo terá uma equipe, e a equipe enviará relatórios. Mas você, o executivo, precisa decidir por qual relatório se deixará guiar e qual deverá colocar de lado, lembrando-se de que, assim como cortesãos que apenas agem em causa própria, os pensamentos e as emoções nem sempre dizem a verdade, e que eles vêm e vão embora. É por isso que precisamos tratar esses relatórios como relatórios de intenção, sujeitos à nossa avaliação, e não como representações de uma sólida realidade que conduz a pontos de ação. Os pensamentos e as emoções contêm informações, não instruções. Algumas das informações nos levam a tomar providências, outras marcamos como situações a serem observadas e outras tratamos como bobagens que devem ser jogadas no lixo.

Agilidade emocional significa ter uma grande quantidade de pensamentos ou emoções preocupantes *e* ainda assim conseguir agir de uma forma que favoreça a maneira como você mais deseja viver. É isso que significa se afastar e escapar de uma situação difícil.

Um tipo diferente de afastamento linguístico surgiu durante o verão de 2010, quando LeBron James, celebridade do basquete, enfrentou uma dura decisão que acabaria atraindo para ele gritos de protesto: deveria ele permanecer em Cleveland, Ohio, com o time da sua cidade natal, o Cavaliers, o time que promovera sua carreira desde o início? Ou deveria se mudar para a Flórida para ingressar no Miami Heat, uma atitude que o conduziria a um novo nível na sua carreira? Ele decidiu ir para a Flórida e pouco depois descreveu seu processo de pensamento: "Uma coisa que eu não queria fazer era tomar uma decisão emocional. Eu queria fazer o que era melhor para Lebron James e fazer o que torna LeBron James feliz".

Repare como ele inicialmente se referiu a si mesmo usando o pronome "eu" da primeira pessoa, mas depois, ao mencionar que não quis tomar uma decisão emocional, ele trocou para a terceira pessoa "LeBron James". Na época, muitos críticos atribuíram sua escolha de palavras apenas ao seu ego tamanho gigante (sem dúvida compreensível, tendo em vista a reputação dos atletas famosos). No entanto, os eventos subsequentes — depois do período de muito sucesso em Miami, ele voltou a jogar em Cleveland — sugerem que ele pode ter de fato vivido um grande conflito antes de tomar sua decisão. Se foi esse o caso, ele usou uma estratégia verbal sofisticada para conduzir suas emoções.

As pesquisas mostram que usar a terceira pessoa dessa maneira é uma técnica eficaz para nos distanciarmos do estresse (ou da ansiedade, a frustração ou da tristeza) que pode nos ajudar a regular nossas reações. Isso também leva as pessoas a encarar as situações estressantes futuras mais como desafios e menos como ameaças.

> ### TÉCNICAS PARA SE AFASTAR
>
> 1. **Pense no processo.** Veja a si mesmo como estando nele a longo prazo e em um caminho de contínuo crescimento. Declarações absolutas extraídas de velhas histórias ("não sei falar em público" ou "sou péssimo nos esportes") são apenas isso — histórias. Elas não são o seu destino.
> 2. **Seja contraditório.** No zen-budismo, contemplar paradoxos como "qual é o som de uma única mão batendo palma?" é uma prática comum. A sua vida provavelmente contém paradoxos sobre os quais você poderia refletir ao estilo zen. Você pode amar e odiar sua cidade natal, sua família ou seu corpo. Você pode sentir que é tanto a vítima quanto a pessoa responsável pelo fim de um relacionamento. Abraçar e aceitar essas aparentes contradições melhora sua tolerância com relação à incerteza.
> 3. **Divirta-se.** O humor pode ser uma prática de afastamento porque o obriga a enxergar novas possibilidades. Desde que você não esteja usando o humor para mascarar uma dor genuína (a repressão), descobrir alguma coisa engraçada a respeito de si mesmo ou das suas circunstâncias poderá ajudá-lo a aceitar e depois criar uma distância entre você e a situação.
> 4. **Mude seu ponto de vista.** Tente avaliar seu problema com base na perspectiva de outra pessoa — do seu dentista, talvez do seu filho ou até mesmo do seu cachorro.
> 5. **Invoque o pensamento ou a emoção.** Em qualquer ocasião em que você fique enredado, identifique o pensamento pelo que ele é (um pensamento) e a emoção pelo que ela é (uma emoção). Você pode fazer isso introduzindo a frase "estou tendo o pensamento de que..." ou "estou tendo a emoção...". Lembre-se de que você não tem a menor obrigação de aceitar as opiniões dos seus pensamentos ou emoções e muito menos agir motivado pelos conselhos deles (a propósito, esse é o método ao qual recorro para me afastar. É fácil adotá-lo às pressas ou quando estamos no meio de uma interação difícil).
> 6. **Fale consigo mesmo na terceira pessoa.** Como no exemplo de LeBron James, essa estratégia possibilita que você transcenda seu ponto de vista egocêntrico e regule sua reação.

DEIXE PARA LÁ

Com base em uma perspectiva receptiva, aberta e mais ampla, podemos tratar com leveza nossos pensamentos e emoções, não ficar enredados em velhas histórias e não julgar de antemão as novas experiências à medida que elas vão surgindo. Podemos deixar nossos pensamentos e nossas emoções para lá, abandoná-los.

Monica é casada com um homem chamado David. Eles se amam muito, mas Monica tem uma queixa: todos os dias, seu marido chega em casa do trabalho e joga o casaco no chão. Ora, essa queixa poderá soar ridícula, mas qualquer pessoa que tenha vivido um relacionamento que tenha ultrapassado um limite mínimo de duração sabe muito bem que essas pequenas contrariedades — o tubo de pasta de dentes destampado, beber ruidosamente o café pela manhã — pode nos enredar em um ciclo obsessivo de projeções e interpretações negativas.

O problema é que, quando estamos enredados, essa dimensão assume o controle. Deixamos de ver as pessoas envolvidas nos nossos enredamentos como seres humanos completos que existem fora da nossa percepção deles, ou além do que precisamos deles.

"Todos os dias eu digo: 'David, por favor, você pode não jogar o seu casaco no chão?'", Monica me contou. "E todos os dias ele joga o casaco no chão! Ele diz que é porque está tão cansado e ansioso por me ver que simplesmente não pensa em pendurar o casaco."

Monica tentou compreender a explicação dele, mas mesmo assim ficou irritada — e ele continuou a jogar o casaco no chão. Ela tentou ignorar o caso do casaco. Ela obstinadamente pisou sobre o casaco quando ele estava no caminho dela. Tentou ela mesma pendurar o casaco — muitas vezes fazendo grande alarido durante essa ação para que David se conscientizasse do seu esforço. A essa altura, o casaco no chão havia se tornado bem mais do que apenas um casaco no chão. Ele se tornara um símbolo do "fato" de que David não estava levando Monica a sério em uma questão que era importante para ela. O casaco era uma prova de que David a estava desconsiderando e menosprezando. Embora o casaco fosse trivial, o assunto do casaco vinha à baila sempre que eles discutiam.

Foi então que um dia, na época do aniversário de David, Monica encontrou a perspectiva que possibilitou que ela mudasse o jogo. Ela fez isso distanciando-se dos seus pensamentos — da interpretação de que "ele está fazendo isso para me menosprezar". Ela criou um espaço entre essa simples contrariedade e as profundas emoções que afloravam em reposta. Ela tomou a decisão consciente de seguir em frente e abandonar os fios subjetivos que ela tecera naquele casaco e presumir apenas as intenções mais generosas da parte de David. Em vez de ficar enredada no que David estava ou não fazendo por deixar o casaco no chão, ela lhe daria um presente de aniversário: ela aceitaria que isso era simplesmente uma parte de David, a pessoa que ela amava, e que, sem um sentimento de orgulho ferido ou ressentimento, ela carinhosamente pegaria o casaco. Ela encerraria o cabo de guerra largando a corda.

"Não fiz aquilo de má vontade", me disse ela. "Ou como uma derrota. Eu o fiz de uma maneira voluntária, gentil, tolerante e compassiva porque eu o amo e valorizo nosso relacionamento. Eu sei que se alguma coisa acontecesse com David, eu daria um milhão de coisas para tê-lo de volta com aquele casaco na minha vida."

Um amigo, Richard, me descreveu como alimentou por quinze anos um sentimento de frustração com a esposa, Gail. Richard trabalhava em casa, e o deslocamento de Gail para ir e voltar do trabalho era horrível, de modo que ele assumiu o papel de dono de casa responsável pelas atividades diárias, inclusive as compras e o preparo das refeições. Com o tempo, Gail passou a se envolver cada vez menos com a cozinha, e Richard tornou-se um excelente cozinheiro. Ainda assim, nos fins de semana, especialmente quando esperavam visitas, ele sempre esperava que ela decidisse lhe dar uma mãozinha, principalmente porque seria mais divertido se preparassem juntos a comida. Mas ela nunca fazia isso. Richard foi ficando cada vez mais zangado e frustrado. Será que Gail estava se aproveitando da situação? Por que ela o tratava como se ele fosse um empregado doméstico? Quem ela pensava que era, Cinderela?

Então, certo dia, quando estava preparando um cordeiro para os convidados, ele teve uma revelação. Ele sabia que Gail o amava e que ela não era uma pessoa egoísta. Também sabia que ela não gostava de cozinhar, mas que apreciava pôr a mesa usando a louça requintada e fazer os arranjos de flores, atividades que também contribuíam para os jantares que eles davam. Qualquer outra interpretação que ele pudesse dar ao fato da resistência dela em ajudá-lo na cozinha era escolha dele, e não era uma escolha que favorecia seu relacionamento com a esposa.

Ele optou por abandonar qualquer sentimento de injustiça e, junto com ele, qualquer expectativa de que sua esposa algum dia o ajudaria cortando hortaliças ou mexendo o molho. Esse reconhecimento e o fato de ele aceitá-lo proporcionaram a Richard um enorme alívio e um profundo sentimento de liberdade interior. Também lhe conferiram nova energia e vigor, que ele pôde introduzir novamente no seu relacionamento com Gail.

O que você deixa para lá ou abandona será diferente do que outra pessoa opta por deixar para lá. Às vezes é abandonar uma experiência passada. Outras vezes significa liberar uma expectativa ou um relacionamento. Outras vezes, ainda, deixar para lá significa perdoar os outros. E às vezes significa perdoar a si mesmo.

O simples ato de dizer as palavras "vou deixar para lá" é suficiente para promover uma sensação de esperança e alívio. Mas essas mesmas palavras podem trazer à tona a ansiedade de que ficaremos sem nada — de que nos resignamos a uma situação sem esperança. No entanto, na verdade, quando abandonamos essa questão específica, ficamos com todo o resto. Agarrar-nos a esse pequeno pedaço de madeira flutuante emocional nos impede de nos sentirmos parte do sistema dinâmico que é o próprio universo.

Conversei a respeito do valor de inverter o lado do telescópio para obter uma visão mais abrangente. Os astronautas levam essa visão mais abrangente ao seu extremo mais literal. Eles falam do "efeito da visão geral", da transformação que sofrem após viajar pelo espaço e depois olhar para trás e ver todo o nosso planeta, com o restante de nós e nossos problemas, grandes e pequenos, parecendo uma minúscula bola de praia flutuando na escuridão. Isso é "se afastar" para obter uma nova perspectiva em grande escala.

Um dos astronautas mais associados ao efeito da visão geral é Edgar Mitchell, que foi o piloto do módulo lunar da Apollo 14, em 1971, a sexta pessoa a pisar na Lua. Eis como Mitchell descreveu seu momento de epifania: "Na viagem de volta, ao contemplar os 385 mil quilômetros de espaço na direção das estrelas e do planeta do qual eu viera, vivenciei, de repente, o universo como inteligente, amoroso e harmonioso".

Nem todo mundo será capaz de abraçar uma visão tão mística, mas "deixar para lá" pode pelo menos se tornar para todos algo como "encarar com leveza", e quando isso acontece o coração se expande. Isso não significa uma resignação passiva ao destino, e sim um envolvimento essencial com a maneira como as coisas efetivamente são, sem terem sido filtradas ou distorcidas por rígidas lentes mentais.

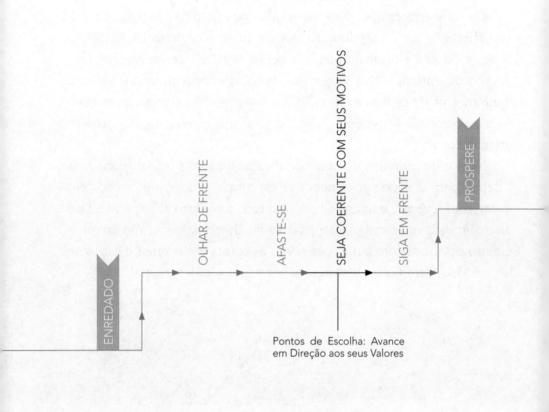

Pontos de Escolha: Avance em Direção aos seus Valores

▶ CAPÍTULO 6

SEJA COERENTE COM SEUS MOTIVOS

Tom Shadyac deu a Jim Carrey seu primeiro grande papel em *Ace Ventura: Um Detetive Diferente* e depois passou a dirigi-lo em grandes sucessos de bilheteria como *O Mentiroso* e *Todo Poderoso*. Ele também trabalhou com Eddie Murphy, Robin Williams, Morgan Freeman e Steve Carell.

No início da década de 2000, os filmes de Shadyac tinham produzido uma receita bruta de mais de 2 bilhões de dólares. Ele era dono de uma mansão de 1.600 metros quadrados em Los Angeles, tinha uma frota de carros de luxo e viajava em jatos particulares. De acordo com os padrões da maioria das pessoas, ele alcançara o sucesso no setor extremamente competitivo do cinema mas, segundo os seus próprios padrões, seu sucesso não era tão grande assim.

"O estilo de vida era excelente", escreveu ele, "mas certamente não cumpria a promessa de uma elevada felicidade. Eu simplesmente achava que tudo era neutro e, em alguns aspectos, até mesmo negativo. E quando eu pensava nas necessidades de outras pessoas — em como algumas não podiam satisfazer suas necessidades básicas de comida, medicamentos etc. — as coisas não pareciam certas. Ninguém corre na nossa direção e nos entrega todo aquele dinheiro. Temos que requisitá-lo. E, ao requisitá-lo, o que está implícito debaixo do pedido é que eu sou mais valioso do que os outros; mais valioso do que o cozinheiro, do que o homem da manutenção, do que o zelador. E eu simplesmente não acredito nisso. Eu sei que o manual de economia nos diz outra coisa, mas meu coração está me dizendo algo bem diferente".

Shadyac compreendeu que, apesar da confirmação cultural do seu "valor", ele precisava de uma coisa diferente. Sendo assim, ele vendeu sua mansão e se mudou para um lugar menor que, embora não fosse de jeito nenhum austero, lhe parecia mais adequado. Começou a viajar na classe econômica nas empresas de aviação e a se transportar localmente de bicicleta. Passou a ser muito mais exigente com relação aos seus projetos cinematográficos e começou a doar dinheiro para organizações nas quais acreditava. Shadyac não renunciou completamente aos seus bens materiais; ele apenas os reduziu até que eles ocupassem um lugar adequado na sua vida, para que ele tivesse mais tempo e energia para se dedicar às suas verdadeiras prioridades.

Ele também se certificou de que as escolhas que fez eram exclusivamente para si mesmo. "Não posso julgar ninguém", declarou em uma entrevista, "e meu caminho é diferente do caminho de outra pessoa. Não abri mão de tudo. Eu simplesmente me encontrei nas minhas necessidades".

Como Shadyac usou princípios em que acreditava intensamente para reestruturar a sua vida, é bastante provável que eles continuarão a servir como guias poderosos independentemente do que esteja acontecendo à sua volta. "[Nós temos] um modelo de sucesso muito extrínseco", explicou. "Temos que ter um certo *status* profissional, uma determinada quantidade de riqueza. Acho que o verdadeiro sucesso é intrínseco... ele é amor. É bondade. É comunidade."

Alguns dos seus colegas de Hollywood acharam que ele estava maluco e não hesitaram em dizer isso a ele. Outros elogiaram Shadyac pelas suas decisões. Mas nenhuma dessas reações significou muito para ele. Quando lhe perguntaram em outra entrevista se ele estava mais feliz depois da sua mudança de estilo de vida, ele respondeu: "Indiscutivelmente". Ele sabia que estava fazendo a coisa certa para si mesmo, e isso lhe conferiu a coragem para seguir seu próprio caminho independentemente das críticas ou da admiração.

Em resumo, ele estava sendo coerente com seus motivos.

"Ser coerente com seus motivos" é a arte de viver de acordo com o seu conjunto de valores pessoais — as crenças e os comportamentos que você preza e que lhe conferem significado e satisfação. Identificar os valores que são verdadeiramente seus e agir movido por eles — e não por aqueles que os outros impõem a você; não pelo que você acha que deveria se interessar, mas pelo que você de fato se interessa — é o próximo passo crucial para promover a agilidade emocional.

NÓS TOMAMOS DECISÕES QUE NÃO SÃO NOSSAS

Identificar o que você valoriza e agir movido por isso nem sempre é fácil. Somos constantemente bombardeados por mensagens — da cultura, dos anunciantes, da nossa criação, da nossa educação religiosa, bem como da nossa família, de amigos e colegas — a respeito do que é importante e do que nos torna importantes. A maioria de nós não está no mercado de jatos particulares e imóveis imensos de alto luxo, mas mesmo assim todos sofremos o mesmo tipo de pressão cultural que Shadyac sofria. Talvez o seu vizinho ou sua vizinha tenha um Toyota mais luxuoso do que o seu ou tome drinques sofisticados de café no Starbucks em vez de preparar café em casa. Ele ou ela pode passar as férias em locais mais agradáveis ou ter mais empregados domésticos, parecer mais realizado(a) na carreira, mais feliz no casamento ou ser melhor pai ou mãe do que você.

Independentemente do contexto, o ato de fazer comparações é o mesmo. Da mesma maneira, Shadyac continuou no caminho que imaginava ter escolhido em Hollywood até compreender que aquela não era *sua* escolha, que todos temos a tendência de simplesmente seguir em frente com antolhos, apenas vencendo os desafios de cada dia. Quando precisamos de orientação, olhamos em volta para verificar o que as outras pessoas estão fazendo, negligentemente escolhendo todos os tipos de coisas que nos disseram serem segredos universais para a satisfação, como ter um diploma de nível superior, ser proprietário de um imóvel ou ter filhos. Na realidade, essas coisas não são para todo mundo. É simplesmente muito mais rápido e mais fácil seguir o que vemos em vez de descobrir por nós mesmos.

As ações e as escolhas das outras pessoas nos afetam mais do que percebemos, em todos os níveis, por meio de um fenômeno fascinante chamado *contágio social*. Se o termo lembra um vírus que se espalha por uma população por intermédio do contato casual aparentemente aleatório, é exatamente essa a ideia. Estudos mostram que determinados comportamentos realmente são como gripes e resfriados — você pode pegá-los de outras pessoas. Seu risco de ficar obeso aumenta a cada pessoa obesa com que você entra em contato. As suas chances de se divorciar, uma decisão que você imaginaria ser profundamente pessoal e individual, são mais elevadas se outros casais no seu grupo de amigos também estiverem se separando.

E tem mais. Ao contrário das doenças infecciosas, que tendem a ser transmitidas de pessoa para pessoa, você pode "pegar" alguns comportamentos de pessoas com as quais você nunca nem mesmo entrou em contato. Certo estudo descobriu que casais ficam mais propensos a se divorciar não apenas quando seus amigos se divorciam mas também quando amigos dos seus amigos se divorciam. É isso mesmo que você leu: sua vida pessoal pode ser afetada por pessoas que você nem mesmo conhece.

Isso é ainda mais verdadeiro quando se trata de decisões menos importantes. Um professor de marketing da Universidade de Stanford monitorou mais de 250 mil passageiros de empresas aéreas e provou que você fica 30% mais propenso a comprar alguma coisa a bordo de um avião se a pessoa que está sentada ao seu lado fizer uma compra. Quando você está preso em um avião sem ter para onde ir, esses 30%

podem resultar em muitos filmes e salgadinhos ruins que você poderia facilmente dispensar.

Esses tipos de escolhas se baseiam em tomadas de decisão inconscientes, abordagens nas quais não há espaço entre o impulso e a ação, entre o pensador e o pensamento, e nas quais o instinto gregário entra em jogo. Às vezes, esse comportamento é aceitável (mais um filme no avião não vai matar você); às vezes é até mesmo benéfico: se todos os seus amigos se exercitam regularmente você talvez fique mais propenso a sair do sofá.

Mas se você tomar decisões inconscientes demais, no piloto automático, você acabará a longo prazo descobrindo que está vivendo o que parece ser a vida de outra pessoa — uma vida regulada por valores com os quais você não se relaciona necessariamente. (Sem mencionar que você pode estar carregando vários quilos adicionais proporcionados por salgadinhos comprados a bordo que você de fato não queria e pode ter passado horas *deixando* de ler livros que você planejava ler mas que, de alguma maneira, não teve tempo para ler). Como diz uma música da banda Talking Heads: "And you may ask yourself / Well... how did I get here?*".

"Apenas seguir simplesmente a maré" exaure o propósito do seu trabalho e da sua vida, faz com que os relacionamentos pessoais e profissionais pareçam tênues e incertos e praticamente garante que você deixará de viver com intenção. Tudo isso significa que você poderá não realizar as coisas que realmente gostaria de realizar.

Para tomar decisões que se coadunem com a maneira como você espera avançar na vida, você precisa estar em contato com as coisas que importam para você para poder usá-las como guias. Se você nunca se deu ao trabalho de esmiuçar seus valores, você está sempre improvisando, que é como estamos sempre desperdiçando nosso tempo — navegando na internet, encaminhando correntes de e-mails inúteis, assistindo a horas seguidas de *reality shows* na televisão — e continuando a nos sentir irrealizados. Encontramos essa ausência de intenção

---

* "E você pode perguntar a si mesmo / Bem... como vim parar aqui?" (N. dos T.)

bem-definida representada nas escolhas das pessoas (ou na falta delas) em tudo, desde parceiros amorosos a férias (entretanto, se todos gostassem das mesmas coisas que eu gosto, meu hotelzinho favorito estaria sempre lotado).

Desconhecer seus valores nem sempre conduz a decisões tomadas no piloto automático. Outro perigo é fazer escolhas que parecem planejadas e deliberadas mas que não lhe servem, como decidir comprar uma casa para morar com a família a duas horas de distância do seu emprego, sem levar em conta que o longo percurso de ida e volta para o trabalho irá reduzir o tempo que você passa com a família e que você realmente acredita ser precioso.

Despendemos muita energia nesse tipo de decisão contraproducente, energia que seria melhor empregada se aplicada em atividades que promovessem a realização dos nossos objetivos.

Fazer escolhas e discutir relacionamentos sem um conjunto bem-definido de valores diretivos colocados em primeiro plano na cabeça é um esforço oneroso. Ele não apenas envolve o trabalho confuso de enfrentar o mundo todos os dias com toda a luta cotidiana como também, às vezes, significa ter de readaptar suas emoções para que elas pareçam se harmonizar com o que você acha que é esperado de você — como fingir que está empolgado por passar novamente as férias na Disney quando na verdade você gostaria de ir para qualquer outro lugar que não aquele.

COMO EU QUERO QUE SEJA MINHA VIDA?

Psicólogos pediram a um grupo de pessoas de vinte e poucos anos que escrevessem uma carta para o seu eu futuro discorrendo a respeito do seu eu atual. Algumas deveriam lançar a mente apenas três meses à frente e escrever a carta para seu "eu próximo". Outras deveriam saltar duas décadas adiante e escrever a carta para seu "eu distante". Todas receberam então as seguintes instruções: "Pense a respeito de quem você será [então]... e escreva sobre a pessoa que você é agora, os assuntos que são importantes e preciosos para você e como você vê a sua vida". Em outras palavras, foi pedido a elas que pensassem a respeito das coisas que importavam para elas e que descrevessem esses pensamentos.

Depois que os membros dos dois grupos escreveram as cartas, foi apresentado a eles um questionário composto por três cenários ilegais — comprar um computador que sabiam ter sido roubado, cometer fraude no seguro ou fazer *downloads* ilegais de mídias — e perguntado quanto eles estariam propensos a participar dessas ações. As pessoas que escreveram cartas para seu eu distante mostraram-se significativamente menos propensas a declarar que participariam de qualquer uma das três ações condenáveis do que aquelas que escreveram cartas para o seu eu próximo.

Pode não ficar claro à primeira vista de que forma algo como escrever uma carta — ainda por cima para si mesmo — poderia de alguma maneira mudar sua atitude com relação a um comportamento. Mas essas pessoas estavam criando o que é chamado de *continuidade do eu*. Ao se conectarem com o seu eu distante e com seus valores, elas foram capazes de perceber a si mesmas como pessoas com convicções essenciais e uma base moral que permaneceria estável, embora outros elementos e situações na sua vida pudessem mudar.

Em contrapartida, as pessoas a quem foi pedido que olhassem apenas três meses à frente continuaram a pensar no seu eu distante — como as pesquisas demonstraram que frequentemente fazemos — como desconhecidos abstratos. Elas fizeram então suas escolhas de uma maneira compatível com essa ideia, como se as estivessem fazendo para outra pessoa. Afinal de contas, se você acredita que a pessoa que você será daqui a vinte anos tem pouca relação com a pessoa que você é agora, que importaria se você comprasse mercadorias roubadas, enganasse sua companhia de seguros ou — para dar alguns exemplos mais comuns do mundo real — resolvesse fumar, esbanjasse o dinheiro da sua aposentadoria ou contraísse uma dívida enorme com o cartão de crédito?

Criar a continuidade do eu pode ao mesmo tempo evitar as más escolhas e incentivar as boas. Em outro experimento, participantes em idade universitária receberam instruções para fazerem de conta que tinham acabado de receber, inesperadamente, mil dólares. Em seguida, foi pedido a eles que distribuíssem o dinheiro em quatro diferentes categorias: "usá-lo para comprar uma coisa interessante para alguém especial", "investi-lo em um fundo de aposentadoria", "planejar uma ocasião divertida e extravagante" e "depositá-lo em uma conta corrente". No entanto, antes que os participantes distribuíssem o fruto da sua sorte inesperada, os pesquisadores colocaram cada um deles em um ambiente de realidade virtual. Metade do grupo viu avatares digitais do seu eu atual, enquanto a outra metade viu avatares digitais de si mesmos como poderiam parecer aos 70 anos de idade. Como seria de se esperar, os participantes que viram os avatares mais velhos destinaram uma parte mais do que duas vezes maior do valor hipotético recebido aos seus fundos de aposentadoria imaginários. Parar para pensar nas consequências futuras dá origem a ações que favorecem o longo prazo.

Jeff Kinney é o autor da série para crianças de grande sucesso *Diário de um Banana* (*Diary of a Wimpy Kid*, com 150 milhões de exemplares vendidos em 45 idiomas). E, embora ele esteja empolgado com o sucesso do seu trabalho e planeje levá-lo adiante, ele também sabe que essa única criação não será suficiente para sustentá-lo para sempre. "Se toda a minha vida estivesse ligada ao 'Wimpy Kid'", declarou ao *New York Times*, "ela não seria muito gratificante. Não quero criar fronhas "Wimpy Kid" pelo resto da vida."

Ao conectar-se com seu eu futuro, Kinney encontrou a motivação para alterar seu caminho de maneira a harmonizar-se mais plenamente com seus valores. Ele abriu uma livraria na sua cidade natal, onde às vezes dá aulas de desenho de caricaturas e trabalha no caixa e na cafeteria nos horários menos atrativos para seus funcionários. Para ele, trata-se de retribuir de alguma maneira ao mundo que lhe deu tantas coisas e é algo que o faz se sentir bem. "Se a vida de uma criança mudar por causa desta livraria", disse ele, "tudo já terá valido a pena".

As histórias de Kinney e Shadyac também ilustram uma verdade muito maior: se você conhece seus valores pessoais e se vive de forma geral de acordo com eles, também é provável que se sinta à vontade com quem você é. Você não precisa se comparar com outras pessoas porque você é um sucesso — de acordo com seu próprio ponto de vista. Shadyac interpreta o sucesso como viver uma vida repleta de amor e comunidade; Kinney o interpreta como retribuir pelo que recebeu. De acordo com seus próprios padrões, ambos foram extremamente bem-sucedidos.

IDENTIFICANDO SEUS VALORES

A palavra "valores" pode ter uma conotação de repreensão, de educação religiosa, que é bastante desagradável. Ela parece restritiva, punitiva ou, o que é ainda pior, intolerante. Ouvimos falar muito em ter os valores "certos" (ou os errados), mas o que isso realmente significa? E quem decide que valores merecem ser alimentados?

Antes de qualquer coisa, não creio que ideias inflexíveis a respeito do certo e do errado nos sejam muito úteis. E elas certamente não têm lugar em um livro sobre agilidade emocional! Não encaro os valores como regras que devem nos governar, mas sim como qualidades de uma ação propositada que podemos levar a muitos aspectos da vida. Os valores não são universais; o que é "certo" para uma pessoa pode muito bem não o ser para outra. No entanto, identificar o que importa para você, seja sucesso profissional, criatividade, relacionamentos próximos, honestidade, altruísmo — a lista de opções é quase infinita —, lhe confere uma inestimável fonte de perenidade. Os valores funcionam como uma espécie de base psicológica para mantê-lo estável.

E você não precisa se fixar em apenas um deles. Um colega meu descreve os valores como "facetas de um diamante". Às vezes, diz ele, "quando você vira uma delas diretamente para você, outra terá que se deslocar — mas ainda está presente, faz parte do todo e é visível através do prisma".

Eis algumas outras características dos valores:

    São livremente escolhidos e não foram impostos a você.

    Não são metas; em outras palavras, são contínuos em vez de fixos.

    Eles o guiam em vez de restringi-lo.

    São ativos, não estáticos.

    Possibilitam que você se aproxime da maneira como deseja viver sua vida.

    Eles o libertam das comparações sociais.

    Promovem a autoaceitação, que é crucial para a saúde mental.

Acima de tudo, um valor é algo que você pode *usar*. Ele o ajuda a posicionar os pés na direção certa enquanto viaja pela vida, independentemente dos lugares para onde a vida o conduza.

Quando a autora Elizabeth Gilbert estava escrevendo sua autobiografia *Comer, Rezar, Amar,* ela viveu muitos momentos de dúvida a respeito de si mesma, do livro e de todo o projeto da sua atividade literária. "Eu ouvia um forte mantra dizendo ISTO É UMA DROGA na minha cabeça", recordou ela. Ela se martirizava e amaldiçoava o universo por ter feito dela uma escritora. Foi então que, do incessante ciclo de autoavaliação negativa na sua mente, emergiu um valor que ela não sabia que tinha.

"O fato que compreendi foi o seguinte: nunca prometi ao universo que eu escreveria de uma maneira brilhante; prometi apenas que escreveria. Sendo assim, abaixei a cabeça e fiz o esforço necessário, de acordo com minhas promessas."

Ao identificar e depois permanecer fiel ao princípio de ser uma criadora por meio da escrita, que era de suma importância para ela, Elizabeth Gilbert terminou o livro. O resto, como sabemos, é história editorial.

Eis algumas perguntas que você deve fazer a si mesmo a fim de começar a identificar seus valores:

Bem no fundo, o que é importante para mim? Que relacionamentos desejo formar? Qual eu quero que seja o propósito da minha vida?

Como me sinto a maior parte do tempo? Que situações fazem com que eu me sinta mais cheio de vida?

Se um milagre acontecesse e toda a ansiedade e todo o estresse da minha vida de repente desaparecessem, como seria minha vida e quais inovações eu buscaria?

As respostas a essas perguntas podem ajudá-lo a começar a descobrir os princípios orientadores da sua vida, muitos dos quais provavelmente são inerentes, mesmo que você não esteja explicitamente consciente deles. As pessoas sistematicamente buscam seus conselhos e sua competência em áreas específicas? Você fica mais atento e animado em determinadas atividades e em determinados projetos de trabalho? Existe alguma ocasião na qual você se sente mais como você mesmo?

Você não deve perguntar se alguma coisa está "certa" ou "errada", mas sim como ela se relaciona com a maneira como você deseja viver a sua vida. Quando você sabe com o que você se importa *de fato*, você pode se livrar das coisas com as quais *não* se importa.

Por exemplo, se o fato de ser um bom pai ou uma boa mãe é algo que você valoriza, entender o que isso significa para você, especificamente, é bem mais importante do que tentar se encaixar em alguma ideia geral do que ser "um bom pai ou uma boa mãe" supostamente é. Existem todos os tipos de pais no mundo, e não existe nenhuma maneira certa de ser um deles, mesmo na sua cidade, no seu bairro ou grupo de amigos.

Eis algumas possíveis perguntas que você pode fazer a si mesmo sobre a criação dos filhos: "O que eu quero que as pessoas percebam quando me virem com meu filho? O que eu notaria caso observasse a mim mesmo? O meu comportamento é razoavelmente coerente de um cenário para outro? O meu comportamento se harmoniza com minhas convicções essenciais a respeito do que é ser um bom pai ou uma boa mãe?".

É claro que a criação dos filhos é apenas um exemplo. Você pode aplicar o mesmo tipo de pergunta praticamente a qualquer aspecto da vida cotidiana. Uma maneira de começar a fazer isso é responder a uma única pergunta, por escrito, todas as noites antes de se deitar: "Ao examinar o dia de hoje, o que fiz que realmente valeu a pena?". Isso não diz respeito ao que você gostou ou não gostou de fazer em um dia particular; diz respeito ao que você considerou valioso.

Se, depois de algumas semanas, você descobrir que têm muito pouco a escrever em resposta a essa pergunta, insista na questão de outra maneira, perguntando a si mesmo ao acordar a cada manhã: "Se este fosse meu último dia de vida na Terra, como eu agiria para torná-lo um notável dia final?". Por exemplo, se você valoriza seu relacionamento com sua esposa mas adquiriu o hábito de não recebê-la afetuosamente quando ela volta do trabalho, você pode decidir parar o que quer que esteja fazendo quando ela entrar pela porta e cumprimentá-la com um abraço carinhoso. Quando você fizer algo novo, você pode decidir se valeu a pena, e em breve terá uma lista de ações e experiências que se harmonizam com o que você acredita ser importante.

O DELATOR

Aos 24 anos, o sargento Joseph Darby era reservista do Exército dos Estados Unidos. Convocado nos primeiros dias da Guerra do Iraque, ele foi designado para a hoje vergonhosa prisão de Abu Ghraib, onde, sem o conhecimento do resto do mundo, soldados americanos estavam submetendo os detentos a abusos físicos e sexuais. Dentro dos muros da prisão, esse comportamento viera a parecer normal e, à medida que um número cada vez maior de soldados começou a participar dos abusos, Darby fez vista grossa para o que estava acontecendo. Mesmo quando outros militares, seus companheiros, lhe entregaram um CD com algumas fotos dos abusos, ele inicialmente seguiu a corrente.

"Foi divertido no início", ele declarou para um entrevistador. Mas quanto mais ele presenciava aquilo, mais compreendia que o abuso "violava tudo o que eu acreditava como indivíduo e tudo o que haviam me ensinado a respeito das regras da guerra". Depois de alguns dias de estressante deliberação, ele entregou o CD a um oficial superior, um ato que resultou em um processo judicial contra muitos dos soldados que apareciam nas fotos.

A submissão e a lealdade são conceitos fundamentais na cultura militar. E, sob condições estressantes, os membros de unidades militares muito coesas podem ser vítimas de uma perigosa identidade de grupo, exibindo um comportamento violento e desumano que, em outros contextos, condenariam por considerá-lo errado. As atrocidades cometidas em Abu Ghraib são um exemplo clássico do poderoso fenômeno da coerção de grupo. Resistir à influência do comportamento de grupo requer muita força, e Darby foi capaz de fazer a impressionante mudança ao agir com base em uma posição de verdade dentro de si mesmo. Ao permanecer em harmonia com seus valores, ele foi capaz não apenas de se liberar do comportamento do grupo como também de reunir coragem para tornar público o abuso, embora estivesse com tanto medo de que descobrissem que tinha sido ele o delator que, em um determinado momento, passou a dormir com uma arma debaixo do travesseiro.

Embora os resultados tenham sido perturbadores, a escolha de Darby foi na verdade bastante simples. Ele tinha uma noção pessoal bastante poderosa sobre o que era um comportamento aceitável, de modo que a decisão de se tornar um informante foi, em última análise, clara e óbvia.

Quando nos conectamos com nosso verdadeiro eu e com o que acreditamos ser importante, o abismo entre a maneira como nos sentimos e a maneira como nos comportamos diminui. Começamos a viver a vida sem tantos arrependimentos e sem tantas críticas posteriores.

A maioria de nós nunca se verá em circunstâncias tão terríveis quanto as do sargento Darby, mas todos enfrentamos muitas outras escolhas: se vamos vender *swaps* de crédito para ganhar a vida, onde vamos nos estabelecer, como vamos educar nossos filhos. Até mesmo as escolhas mais triviais — preparar o jantar ou pedir uma pizza? Ir a pé ou de carro? — contam. É como aquilo que Aristóteles disse aos seus amigos gregos muito antes de eles ingressarem na União Europeia: "Vocês são o que vocês fazem habitualmente".

É por isso que ter um entendimento claro dos seus valores é fundamental para alcançar a mudança e a realização. Não se trata apenas do fato de que é bom possuir valores. Na verdade, as pesquisas mostram que os valores efetivamente *nos ajudam* a atingir níveis mais elevados de força de vontade e determinação e nos defendem contra o contágio social negativo. Eles também nos protegem contra os estereótipos e as crenças subconscientes que nos limitam sem que nem mesmo saibamos que existem — mas que podem ter um impacto negativo genuíno na nossa capacidade de enfrentar desafios.

Digamos que você seja uma aluna do primeiro ano da faculdade que sonha em ser médica, mas foi criada em uma cultura que constantemente lhe diz que "meninas não são boas em ciências". Você sofre então um revés, como uma nota baixa na sua primeira prova de biologia. É muito provável que você abandone as aulas e desista dos seus sonhos.

A não ser, é claro, que você esteja certa do que é importante para você. Um relevante estudo descobriu que a mera identificação dos valores pessoais ajudou a impedir que um grupo de estudantes minoritários absorvessem a perigosa mensagem cultural de que não poderiam ter o mesmo desempenho acadêmico dos seus colegas mais privilegiados. No estudo, foi solicitado a alunos americanos negros e latinos, que cursavam os três últimos anos do ensino fundamental, que completassem um exercício de dez minutos nos quais eles escreveram o que era mais importante para eles. Suas respostas abrangiam os mais diferentes assuntos, como a dança, a família e a política, e o efeito desse simples exercício foi impressionante. Depois de se concentrarem nas suas conexões com o mundo externo e com outras pessoas, os estudantes conseguiram melhorar a sua média geral o suficiente para reduzir a defasagem entre eles e seus colegas brancos. Em muitos casos, o efeito perdurou até o ensino médio. E tudo porque essas crianças passaram alguns minutos pensando nos seus valores essenciais.

Um cenário semelhante se desenrolou no caso de um grupo de estudantes universitárias matriculadas em um curso de introdução à física — um ambiente clássico no qual as dúvidas a respeito do gênero e sua relação com a habilidade científica podem florescer. As alunas que foram aleatoriamente incumbidas de fazer um exercício de confirmação de valores pessoais tiveram um desempenho melhor nos exames de física e no curso como um todo do que aquelas que não tinham feito o exercício. Ao pensarem a respeito do que era importante para si, elas desencadearam seu verdadeiro potencial, independentemente do ceticismo cultural sobre suas habilidades.

Nosso tempo neste planeta é limitado, de modo que faz sentido tentar usá-lo sabiamente, de uma maneira que resulte em algo pessoalmente significativo. E vários estudos mostram que ter um senso bem estabelecido sobre o que é importante para si mesmo conduz a uma maior felicidade, bem como a uma saúde melhor, um casamento mais sólido e um maior sucesso acadêmico e profissional. Os participantes de um desses estudos, que confirmaram apenas um valor essencial, reagiram melhor a alertas a respeito de possíveis problemas de saúde (e expressaram com mais vigor sua intenção de lidar com eles seguindo em frente) e foram mais tolerantes com visões de mundo de diferentes culturas.

Quando fazemos escolhas baseadas no que sabemos ser verdade para nós mesmos em vez de sermos guiados por outras pessoas que nos dizem o que é certo ou errado, importante ou excelente, temos o poder de enfrentar praticamente qualquer circunstância de uma maneira construtiva. Em vez de ficarmos envolvidos em fingimentos ou comparações sociais, podemos avançar confiantes, a passos largos.

SENDO COERENTE COM SEUS VALORES

É óbvio que determinar o que é realmente importante para você é apenas metade do processo de ser coerente com seus motivos. Uma vez que você tenha identificado seus valores, você precisa levá-los para dar uma volta. Isso requer uma certa quantidade de coragem, mas você não pode ter por meta ser destemido. Em vez disso, seu propósito deve ser caminhar diretamente para seus medos, tendo como guia seus valores, na direção do que é importante para você. Coragem não é ausência de medo; coragem é caminhar no medo.

Quando Irena Sendler tinha 7 anos e vivia na Polônia, seu pai, um médico, lhe disse: "Se você vir uma pessoa se afogando, você precisa mergulhar na água para salvá-la". Quando os nazistas invadiram sua cidade durante a Segunda Guerra Mundial, esse valor de ajudar que ela tanto prezava a levou a dar abrigo e alimentar seu vizinho judeu.

À medida que a guerra avançava, Sendler passou a fabricar, junto com amigos com ideias afins, milhares de documentos falsos para ajudar famílias judias a escapar do notório Gueto de Varsóvia. Depois, disfarçada de assistente social para verificar casos de tifo, ela própria começou a retirar crianças do gueto.

Foi aterrorizante, mas ela nunca vacilou, nem mesmo quando a Gestapo a prendeu e a condenou à morte. Mais tarde, ela descreveu um sentimento de alívio com a notícia; finalmente ficaria livre do medo que acompanhara o corajoso caminho que escolhera.

Mas um guarda a ajudou a fugir e se esconder. Sendler, no entanto, em vez de se proteger até o final da guerra, permaneceu fiel aos seus valores e continuou, correndo por isso um enorme risco, a trabalhar para salvar crianças judias — pelo menos 2.500 no total. Ela perseverou quando teria sido bem mais fácil e seguro esquivar-se e fugir. Mas Sendler sabia que, sem ação, um valor é apenas uma aspiração, e não a maneira como realmente somos.

Quer suas ações baseadas em valores sejam uma questão de vida ou morte, como eram as de Sendler, ou da variedade abençoadamente mundana "devo ir dormir na hora certa ou assistir a mais uma hora de Netflix?", você acabará chegando ao que eu chamo de *ponto de escolha*, uma bifurcação metafórica na estrada em que lhe é apresentado apenas isso, uma escolha. No entanto, diferentemente de muitas escolhas — sapato preto ou marrom? Café com leite ou capucino? —, cada ponto de escolha lhe apresenta a oportunidade de ser coerente com seus motivos. Você vai avançar *na direção* dos seus valores e agir como a pessoa que você deseja ser ou vai se *afastar* dos seus valores e agir contra eles? Quanto mais você escolhe atitudes que o levam *na direção* dos seus valores, mais vital, eficaz e significativa sua vida tem a propensão de se tornar. Lamentavelmente, quando estamos enredados por pensamentos, sentimentos e situações difíceis, muitas vezes começamos a ter atitudes que nos afastam dos nossos valores.

Se você valoriza os relacionamentos afetivos e tem esperança de se casar, você pode ativar esse valor por meio de um site de namoro, fazendo um curso de culinária ou de escalada ou participando de um clube do livro onde você pode conhecer alguém que compartilhe seus interesses. Afirmar que você é tímido ou nervoso demais para tomar esse tipo de medida significa permitir-se uma atitude que o afasta e que está em oposição direta àquilo que você diz valorizar.

Se você espera ficar mais saudável, pode começar modificando sua dieta, frequentando uma academia ou até mesmo usando as escadas em vez do elevador. Mas isso não pode ser apenas um compromisso intelectual. Você precisa ser efetivamente coerente com seu próprio discurso — ou deveríamos dizer "ser coerente com os seus motivos"? Afinal de contas, quando você anda de bicicleta, você só consegue se equilibrar e ficar ereto quando está em movimento. Funciona da mesma forma com os valores.

METAS CONFLITANTES

Quantas vezes você se viu dividido entre duas opções que exercem forte atração sobre você? O trabalho ou a família? Cuidar de si mesmo ou cuidar dos outros? Tendências espirituais ou inclinações mundanas? Ou, expressando isso de uma maneira diferente, e se o fato de você estar avançando em direção a cada um dos seus valores estiver conduzindo-o em direções opostas?

O segredo é não pensar nessas escolhas como uma sendo melhor do que a outra, e sim como iguais e diferentes. Cabe então a você descobrir a razão para fazer a escolha, não porque uma coisa é melhor do que a outra, mas simplesmente porque uma decisão *precisa* ser tomada. Para chegar a uma decisão satisfatória, é melhor nos conhecermos muito bem.

"As escolhas", declarou a filósofa Ruth Chang, "são chances que temos de celebrar o que é especial a respeito da condição humana... que temos o poder de criar razões para que nos tornemos as pessoas inconfundíveis que nós somos".

Frequentemente, aquilo que consideramos conflitos de valores são na verdade uma questão de metas conflitantes (e, é importante destacar, valores não são metas), de gerenciamento do tempo ou da dificuldade de nos comprometermos com um plano ou uma linha de procedimento. Ou ainda pode ser que, como meros mortais, simplesmente não possamos estar em dois lugares ao mesmo tempo. Um dos maiores problemas que muitas pessoas enfrentam nesse terreno é lidar com o desafio de criar um equilíbrio entre o trabalho e a vida. Para muitos de nós — inclusive para mim — há uma luta constante entre trabalhar e passar mais tempo com nossos filhos e parceiros.

Mas e se a escolha não for realmente entre o trabalho e o lar? E se a escolha for a respeito de estar totalmente comprometido com ambos em vez de ambivalente e dividido?

Dizer: "Valorizo ser um pai (uma mãe) amoroso(a); vou levar esse amor para as minhas interações com meus filhos" e "valorizo ser um profissional produtivo; levarei essa produtividade para minha mesa de trabalho todos os dias" é muito diferente de dizer: "valorizo ser um pai (uma mãe) amoroso(a), de modo que vou sair do escritório todos os dias às cinco horas aconteça o que acontecer". Com a primeira abordagem, você não está mais vivendo um conflito, e sim uma expansão do que é possível na sua vida.

Como os valores se relacionam com a qualidade — e não com a quantidade — da ação, a quantidade de tempo que você passa pondo em prática seus valores não reflete necessariamente quanto eles são importantes para você, tampouco limita o grau de envolvimento que você dedica aos preciosos momentos que passa com seus entes queridos ou ao tempo limitado disponível no seu trabalho. Se você precisar passar doze horas no escritório para concluir um projeto, algo simples como enviar um breve e-mail ou uma mensagem de texto para seu cônjuge pode mantê-lo conectado ao seu valor de ser um parceiro amoroso (nos departamentos de psicologia isso é chamado de "lanchinho social"). Você pode ter que viajar a trabalho, mas pode telefonar para seus filhos todas as noites na hora de dormir enquanto estiver longe e realmente se concentrar neles enquanto conversarem. Alimentar esses valores pode significar trabalhar um pouco mais arduamente e com mais eficiência no escritório para poder ir embora em um horário razoável. E você pode ter que desistir de administrar o bolão de apostas da empresa da partida final do campeonato ou de jogar no time de futebol da companhia, mas quando você avalia essas atividades sob o ponto de vista de quanto você valoriza sua vida em família essas escolhas se tornam mais fáceis.

É claro que às vezes as decisões ficam mais complicadas. Se seu emprego exige que você viaje no dia do aniversário do seu filho sem possibilidade de questionamento, é bastante provável que você não vá ficar em casa por mais que valorize seu relacionamento com ele (você também valoriza ser capaz de pagar as contas que *proveem a subsistência* do seu filho). Mas como você valoriza ser um pai (ou uma mãe) amoroso(a), você pode encontrar outra maneira de demonstrar seu amor, como organizar uma comemoração antes de deixar a cidade, deixar programada a entrega de algo especial para ele no grande dia ou fazer uma chamada de vídeo durante a festa.

Todos passamos tempo em diferentes esferas de valor dependendo das nossas circunstâncias, e estar em uma delas não significa que valorizemos menos as outras.

Fazer escolhas difíceis pode na verdade ser libertador, porque o ajuda a definir quem você realmente é e demonstra o poder que todos temos de moldar a nossa vida. Se você puder aceitar de bom grado a dor associada a desistir do caminho que não escolheu, você poderá abraçar a decisão que fez e avançar com mais objetividade.

Os valores não são na verdade limitantes ou restritivos. Ao nos proporcionarem uma contínua rede de apoio, eles nos conferem uma liberdade que, caso contrário, poderíamos não nos permitir usufruir. Conhecer nossos valores também nos torna flexíveis e abertos a novas experiências. Podemos usar nossos valores para fazer mais "avanços" deliberados e satisfatórios e menos "afastamentos" automáticos e improdutivos.

No entanto, viver seus valores — ser coerente com seus motivos — não lhe proporcionará uma vida livre de dificuldades. Todos enfrentamos dilemas, por mais sólidas que sejam nossas convicções e independentemente de nossas decisões específicas. Avançar na direção dos nossos valores nem sempre é divertido ou fácil, pelo menos naquele momento. Se você sofrer de fobia social, por exemplo, e um amigo convidá-lo para uma festa, a resposta mais fácil poderá parecer a recusa educada ao convite. Mas se você realmente valoriza a amizade e se deixa guiar por esses valores, em vez de recusar você terá a atitude de avançar em direção aos seus valores e aceitará o convite. Ao chegar à festa, você passará por outro momento de desconforto — maior do que se tivesse ficado em casa. Mas esse mal-estar inicial é o preço do ingresso para uma vida significativa.

Como Elizabeth Gilbert descobriu, o processo continuou a ser uma árdua jornada mesmo depois que ela começou a se concentrar apenas em escrever. O sargento Darby e Irena Sendler aprenderam que ser fiel às suas convicções significava seguir caminhos que, em vez de tornar sua vida mais fácil, a tornariam mais desafiante. Lembro-me de uma profunda interação que tive com Jane Goodall, a famosa primatologista. Ela me disse que, em certo ponto da sua ilustre carreira, que ela dedicou à conservação e ao bem-estar dos animais, ela passou por um período no qual chorava com frequência. Mais tarde, ela discutiu o assunto com um amigo, que lhe perguntou por que ela achava que ficara tão triste. "E eu disse uma coisa que realmente me assustou. Aquilo nunca havia entrado antes na minha mente", me disse Goodall. "Eu respondi: 'Acho que eu estava chorando porque sabia que estava desistindo do direito de ser egoísta'. Foi isso que eu disse. Não é estranho?"

Certa colega minha descreveu o dilema da seguinte maneira: "Nossa mente diz o seguinte: 'Ei, pensei que se eu fizesse essa reflexão sobre os meus valores eu não me sentiria tão mal ou ambivalente depois da fazer a escolha'. Mas o simples fato é que continuamos precisando escolher".

A escolha encerra uma perda inerente. Você desiste do caminho que não seguiu, e qualquer perda é acompanhada por uma certa quantidade de dor, tristeza e até mesmo arrependimento. Você pode saber por que está fazendo uma coisa — lembre-se da pergunta "o que eu fiz que realmente valeu a pena?" — e ainda assim se sentir ansioso ou triste a respeito dela. A diferença é que você terá um investimento verdadeiro nela que o ajudará a lidar com agilidade com essas emoções difíceis. Mesmo que sua escolha se revele errada, você pode pelo menos ter o consolo de saber que tomou a decisão pelas razões certas. Você pode olhar de frente para si mesmo com coragem, curiosidade e autocompaixão.

Certa vez ouvi uma história a respeito de uma mulher que foi informada de que estava morrendo. Ela perguntou ao médico: "Há esperança?".

O médico respondeu: "Esperança de quê?".

O que ele estava sugerindo é que mesmo quando estamos morrendo — e todos estamos, neste momento, no processo de estar morrendo — podemos fazer escolhas, baseados nos nossos valores, a respeito de como viver o resto dos nossos dias.

Eu me lembrei dessa história quando uma amiga e colega, Linda, foi diagnosticada com a doença neurodegenerativa fatal esclerose lateral amiotrófica, ou ELA. Linda adorava seus filhos. Adorava os amigos.

E adorava dançar. Ela sofreu tremendamente à medida que seus sintomas progrediram, mas continuou, apesar da dor, a enviar novidades nas redes sociais repletas de amor e vida. Quando Linda atingiu seu ponto de escolha, ela decidiu avançar e optou por permanecer conectada. Pouco antes de ir para o hospital para doentes terminais e não muito tempo antes de morrer, ela escreveu: "Planejo usar esse período de quietude naquele lugar sagrado para pensar a respeito de minha vida e morte. Eu me sinto afortunada. Muitas pessoas são arrebatadas desta vida sem ter a chance de avaliar sua missão... nesse meio-tempo, dance, se puder".

Ao saber quem é e o que representa, você chega às escolhas da vida com a ferramenta mais poderosa de todas: seu eu completo. Dance, se puder.

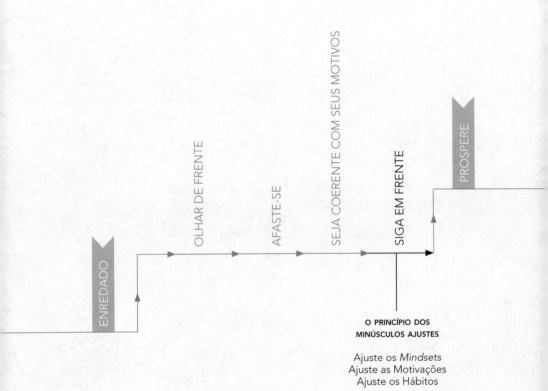

▶ CAPÍTULO 7

SIGA EM FRENTE

O PRINCÍPIO DOS MINÚSCULOS AJUSTES

Cynthia e David estavam brigando por causa de dinheiro. Ela estivera economizando e sendo frugal durante meses, fazendo bastante sacrifício para fazer um pé-de-meia para emergências como... bem, nunca se sabe. Agora seu marido queria usar esse dinheiro para sair de férias com a família para fazer *rafting* no Grand Canyon. Não era uma má ideia, porque sair de férias seria ótimo, mas Cynthia queria que eles fossem *práticos* pelo menos uma vez na vida. David, por outro lado, tinha uma abordagem diferente. "As crianças vão crescer antes que nos demos conta", disse ele a Cynthia. "Aí estaremos velhos e decrépitos. Há anos falamos sobre essa viagem. Se não for agora, quando será?"

A discussão ia e voltava, com a tensão aumentando a cada rodada, à medida que mais coisas antigas — "você é igual ao seu pai!" e "bem, você é igualzinha à sua mãe!" — eram jogadas na fogueira.

Nesse momento, Cynthia olhou para baixo e perguntou: "O que aconteceu com as suas meias?".

David, pego desprevenido, examinou suas meias empretecidas como se fosse pela primeira vez. "Eu tive que enxotar um guaxinim do jardim ontem à noite", disse ele depois de alguns instantes. "Não tive tempo de calçar os sapatos."

Eles olharam um para o outro e caíram na gargalhada, e a tensão entre eles se dispersou, assim como o ar fica mais leve depois de uma forte chuva.

As famílias brigam por causa de dinheiro o tempo todo ao redor do mundo. A única coisa incomum a respeito da discussão entre Cynthia e David era o fato de que eles estavam sendo filmados por psicólogos. Pesquisadores desejavam observar casais "no seu *habitat* natural". Como teria sido um pouco estranho se eles se mudassem para a casa desses casais, os pesquisadores escolheram a segunda melhor alternativa e criaram um apartamento tipo estúdio no seu laboratório. A moradia improvisada estava situada em um ambiente semelhante a um parque, na Universidade de Washington, em Seattle, e consistia de um único aposento com alguma mobília, um aparelho de televisão e um equipamento de som. Os casais concordaram em passar 24 horas expostos — um casal de cada vez — com o período geralmente começando na manhã de domingo. Era pedido a cada um deles que levassem gêneros alimentícios e todas as coisas que fossem precisar para as suas atividades habituais de fim de semana dentro de casa — filmes, livros, até mesmo trabalho. A única outra instrução era que eles passassem o dia como se estivessem em casa. Eles eram filmados durante 12 das 24 horas, geralmente das nove da manhã às nove da noite.

Uma das coisas que mais impressionaram a equipe de pesquisa foi a maneira como as pessoas faziam "propostas de conexão emocional" e respondiam a elas, ou esforços para tentar se comunicar, como a pergunta de Cynthia a respeito das meias sujas de David. Os pesquisadores organizaram essas propostas em uma hierarquia baseada na quantidade de envolvimento que cada uma delas exigia. Indo da mais baixa para a mais alta, as propostas eram assim:

> Uma simples proposta para obter a atenção do parceiro: "Aquele barco é bonito".
> Uma proposta para obter o interesse do parceiro: "O seu pai não velejava em um barco como esse?".

Uma proposta para um envolvimento entusiástico: "Nossa, com um barco assim poderíamos velejar pelo mundo".

Uma proposta para estender a conversa: "Você tem ligado ultimamente para seu irmão? Ele acabou consertando o barco?".

Uma proposta para brincar: enrolar um jornal e bater de leve com ele na cabeça do parceiro, dizendo: "Pronto. Tive vontade de fazer isso o dia inteiro".

Uma proposta de humor: "Um rabino, um padre e um psiquiatra saem para velejar...".

Uma proposta de afeto: "Preciso de um abraço", ou algo semelhante, porém frequentemente de uma maneira não verbal.

Uma proposta para apoio emocional: "Ainda não consigo entender por que não consegui aquela promoção".

Uma proposta para a autorrevelação: "Como era quando você saía para velejar com seu avô quando era criança?".

Os pesquisadores notaram que depois de cada uma dessas artimanhas, o parceiro que recebia a proposta respondia de uma entre três maneiras: "voltando-se para" o parceiro com um entusiasmo que variava de um grunhido de concordância à participação dedicada; "afastando-se", de um modo geral simplesmente não dando atenção ao comentário à pergunta; ou "voltando-se contra" ("por favor, estou tentando ler!").

A maneira como os casais reagiam a essas propostas emocionais revelavam muita coisa a respeito do futuro de cada casal. Embora pudessem parecer aparentemente inconsequentes, esses minúsculos comportamentos eram os melhores indicadores de como cada casal iria se sair a longo prazo. Em um acompanhamento realizado seis anos depois, os casais nos quais um dos dois parceiros tinha respondido com intimidade a apenas três de cada dez propostas já estavam divorciados, enquanto aqueles que tinham respondido com intimidade a nove de cada dez propostas ainda estavam casados.

No casamento, esses micromomentos de intimidade ou desprezo criam uma cultura na qual o relacionamento floresce ou definha. Os minúsculos comportamentos se realimentam de si mesmos e aumentam com o tempo, uma vez que cada interação se baseia na anterior, não importa quanto ela pareça trivial. Os momentos de egoísmo e raiva ou de generosidade e ternura de cada pessoa criam um ciclo de *feedback* que torna o relacionamento como um todo mais tóxico ou mais feliz à medida que vai prosseguindo.

No início da década de 1950, uma cantora chamada Kitty Kallen fez um grande sucesso com uma canção de amor não correspondido chamada "Little Things Mean a Lot" [As Pequenas Coisas Significam Muito, em tradução livre]. E ela estava certa. Ajustar as pequenas coisas pode causar um poderoso impacto quando fazer isso nos permite equilibrar nosso comportamento mais estreitamente com aquilo que realmente importa para nós.

A natureza promove evolução, não revolução. Estudos de muitas áreas diferentes demonstraram que pequenas mudanças ao longo do tempo podem aumentar substancialmente nossa capacidade de florescer. A maneira mais eficaz de transformar sua vida, portanto, não é pedir demissão do emprego e se mudar para um *ashram*, mas sim, parafraseando Theodore Roosevelt, fazer o que você pode, com o que você tem, onde você está. Cada pequeno ajuste pode não parecer muita coisa sozinho, mas pense em todos os ajustes como fotogramas de um filme. Se você alterar cada fotograma, um de cada vez, e juntá-los todos, acabará com um filme completamente diferente, um filme que conta uma história inteiramente diferente.

Ou então (continuando com a metáfora do barco usada anteriormente) se você já velejou, sabe que uma guinada de um ou dois graus pode mudar radicalmente o lugar aonde você vai parar do outro lado da baía. Imagine como o efeito seria muito maior se você estivesse velejando no oceano.

Quando nossa abordagem dos problemas é grandiosa demais ("preciso de uma nova carreira!"), encorajamos a frustração. Mas quando temos por meta pequenos ajustes ("vou conversar uma vez por semana com alguém de fora da minha área"), o custo do fracasso é bem pequeno. Quando sabemos que temos pouco a perder, nossos níveis de estresse diminuem e nossa confiança aumenta. Temos o sentimento de que "eu consigo lidar com isso", o que nos ajuda a tornar-nos ainda mais empenhados e criativos. E o que é igualmente importante, nós mobilizamos a necessidade humana fundamental de fazer progresso em direção a metas significativas.

Ao procurar os lugares certos para fazer essas minúsculas mudanças, existem três áreas gerais de oportunidade. Você pode ajustar suas convicções — ou o que os psicólogos chamam de *mindset* —, você pode ajustar suas motivações e você pode ajustar seus hábitos. Quando aprendemos como fazer pequenas mudanças em cada uma dessas áreas, nós nos preparamos para fazer uma mudança profunda e duradoura no rumo da nossa vida.

UMA NOVA PERSPECTIVA: AJUSTANDO NOSSO *MINDSET*

Alia Crum, professora de psicologia, conduziu um estudo no qual fez um minúsculo ajuste no *mindset* de 84 faxineiras de hotel. As mulheres esforçadas que Crum recrutou passavam muitas horas no emprego e, no final do seu turno, iam para casa cuidar da família. Elas não tinham tempo para ir à academia se exercitar e provavelmente comiam a alimentação americana típica, com cafeína e açúcar. A maioria tinha excesso de peso ou era acentuadamente obesa.

A ideia de Crum era elegantemente simples. E se ela apenas pedisse às faxineiras que pensassem de uma maneira diferente a respeito do seu trabalho? E se em vez de se sentirem culpadas por não se exercitarem regularmente o bastante, as faxineiras reconhecessem que as atividades que elas passavam grande parte do dia executando eram, na verdade, um exercício?

A não ser que você tenha tido realmente muita sorte na vida, provavelmente sabe como é cansativo limpar uma casa de cima até embaixo (motivo pelo qual poucos de nós efetivamente fazemos isso). Imagine, portanto, como deve ser exaustivo passar o dia se curvando, empurrando e levantando coisas, tirando o pó e passando o aspirador em cerca de quinze quartos e banheiros de hotel vários dias por semana. As faxineiras do hotel não encaravam seu trabalho como um exercício formal porque não estavam malhando na academia ou nadando de um lado para o outro em uma piscina. No entanto, na verdade, o esforço diário que faziam excedia em muito as recomendações do chefe da Saúde Pública dos Estados Unidos para uma vida saudável.

Crum dividiu as faxineiras em dois grupos. Embora os dois grupos tivessem recebido descrições dos benefícios do exercício, somente as que faziam parte de um dos grupos foram informadas de que atendiam às exigências diárias de exercício do chefe da Saúde Pública.

Do ponto de vista da intervenção, isso era tudo.

Quatro semanas depois, sem outras mudanças na vida das mulheres, aquelas no grupo "consciente" tinham apresentado uma queda na pressão sanguínea em comparação com as do grupo "inconsciente". Elas também tinham perdido alguns quilos e melhorado seus coeficientes de gordura corporal e de cintura para o quadril. O minúsculo ajuste no *mindset* tinha feito uma enorme diferença.

Quando comecei a estagiar como psicóloga clínica, trabalhei como terapeuta *trainee*, atendendo pacientes na clínica universitária em Melbourne, Austrália. Uma vez por semana, em média, eu discutia meus casos mais difíceis com Mike, um colega sênior e supervisor.

No início, os problemas dos meus pacientes pareciam tão complexos, e os recursos que eu tinha para resolvê-los, tão calamitosamente inadequados, que eu me sentia completamente impotente. Algumas das pessoas já vinham semanalmente à clínica havia anos, sem nenhuma melhora visível. Para ser sincera, após algumas semanas eu estava achando que tudo que estavam pedindo que eu fizesse era sem sentido e que eu não tinha a menor possibilidade de ajudar ninguém. Foi quando conheci Carlos e depois disso, fiquei *convencida* de que eu realmente não tinha mesmo a menor chance!

Aos 37 anos, Carlos estava desempregado havia nove anos e divorciado havia oito. Na nossa primeira consulta, pude sentir o cheiro de álcool no hálito dele.

"Sempre fui uma pessoa deprimida", ele me disse. Ele acreditava que alguma coisa dentro dele era defeituosa e se automedicava com álcool, o que piorava ainda mais os seus problemas.

"Não creio que eu possa ajudar esse homem", eu disse a Mike naquela noite. "Ele sofreu de depressão a vida inteira. Ele não tem nenhum apoio. É pouco provável que ele compareça sistematicamente à terapia e, mesmo que o faça, não vai parar de beber! Simplesmente não consigo ver como ele poderá mudar."

Mike sorriu e me disse que eu estava abordando os problemas de Carlos com um *"mindset* fixo".

Muitas pessoas já ouviram falar no conceito dos *mindsets* "fixos" em contraste com os *mindsets* "de crescimento" graças ao trabalho da psicóloga Carol Dweck de Stanford, e ao seu livro, apropriadamente intitulado *Mindset*. As pessoas com um *mindset* fixo seguem uma teoria de "entidade" do eu e acreditam que qualidades importantes como a inteligência e a personalidade são características fixas que não podem ser modificadas. As pessoas com um *mindset* de crescimento acreditam que essas qualidades básicas são "maleáveis" e podem ser aprimoradas por meio do aprendizado e do esforço. O fato de você ter um *mindset* fixo ou um *mindset* de crescimento pode diferir dependendo da qualidade em questão. Você pode ter um *mindstet* fixo no que diz respeito às suas habilidades matemáticas ("eu simplesmente sou péssimo com números") mas ter um *mindset* de crescimento quando se trata das suas habilidades sociais ("eu só preciso conhecer melhor meus colegas de trabalho").

Estudos mostram que essas convicções a respeito da mudança podem ter um profundo efeito no comportamento. As crianças que acreditam que sua inteligência é fixa têm um desempenho fraco nas matérias em que têm dificuldade em comparação com aquelas que acreditam que podem melhorar sua inteligência efetiva caso se esforcem bastante. Afinal de contas, aqueles que estão abertos à mudança e acreditam que podem se sair melhor — e que seus esforços fazem diferença — sentem que influenciam seu desempenho e mostram-se à altura do desafio. Desse modo, os reveses ou fracassos não os oprimem e eles perseveram, mesmo quando estão frustrados.

Sabemos também que o *mindset* pode ser desenvolvido e modificado. O pai ou a mãe que elogia a realização do filho dizendo: "Você estudou muito!" promove um *mindset* de crescimento. O pai ou a mãe que diz: "Que beleza o seu dez, filho! Você é um gênio!" promove um *mindset* fixo. Se uma criança passa a acreditar que o sucesso depende da inteligência inata e que essa inteligência é uma mercadoria fixa, então ela se torna mais propensa a achar que não há nada que possa fazer quando as coisas inevitavelmente ficam mais difíceis e ela enfrenta dificuldades em espanhol ou em introdução ao cálculo.

Dweck, contudo, assinala que é importante não confundir o significado de ter um *mindset* de crescimento com simplesmente trabalhar mais arduamente. Se uma criança passa horas e horas estudando, mas suas notas permanecem as mesmas e seu entendimento da matéria não melhora, está na hora de pensar em outras estratégias. Tampouco devem os pais simplesmente elogiar o esforço da criança e parar por aí. Se sua filha for reprovada em história, dizer "boa tentativa!" talvez a faça se sentir melhor, mas não irá ajudá-la a melhorar. No entanto, diz Dweck, "vamos falar a respeito do que você já tentou fazer e do que você pode tentar fazer agora" poderá ajudar.

Em um estudo recente, pesquisadores se perguntaram se conseguiriam melhorar o índice de sucesso de duzentos alunos de faculdades comunitárias que ainda não tinham dominado a matemática básica do ensino médio. Não é de causar surpresa que os alunos de faculdades comunitárias cuja competência em matemática não é satisfatória enfrentem muitos obstáculos ao tentar alcançar o nível adequado, especialmente se esperam se transferir para um curso de quatro anos. No entanto, colocá-los em um curso de reforço de matemática pode fazer com que eles sintam que não têm nenhuma esperança em melhorar na matéria.

No estudo, os pesquisadores enviaram para metade dos alunos um artigo que explicava que o cérebro das pessoas — até mesmo dos adultos — pode crescer e melhorar com a prática e depois pediram aos participantes que fizessem um resumo do que tinham lido. Em comparação com um grupo de controle a quem foi enviado um artigo diferente, os alunos que tinham recebido a mensagem de que seu cérebro era maleável abandonaram as aulas de matemática com uma frequência 50% menor e tiraram melhores notas, tudo por causa dessa minúscula mudança nos seus *mindsets*.

No caso do meu cliente Carlos, meu *mindset* era fixo. Eu não acreditava que pudesse ajudá-lo, tampouco que ele conseguisse concluir a terapia. Mike, meu supervisor, via as coisas de uma maneira diferente. Ele me ajudou a ajustar meu *mindset* de maneira a que eu encarasse a situação como uma oportunidade, e não como uma missão impossível. O mais importante é que ele me ajudou a me concentrar nos pequenos passos do processo (como nas habilidades que eu precisava para as diferentes fases do tratamento e em como desenvolver um verdadeiro relacionamento com Carlos), em vez de focalizar o resultado (o fato de eu ser um "sucesso" por ajudar a "curar" Carlos). Isso liberou meu pensamento e permitiu que eu desse uma orientação positiva ao meu conhecimento e à minha energia. Não raro, a mudança é encarada como um evento único que acontece depois, digamos, que estabelecemos uma resolução de ano-novo. Mas a mudança é um processo, não um evento. O foco nesse processo confere às pessoas o sentimento de que elas podem cometer erros, aprender com eles e ainda assim melhorar seu desempenho a longo prazo.

Embora as teorias de *mindset* estejam na maioria das vezes associadas à inteligência e ao sucesso acadêmico, o alcance delas situa-se bem além dessas áreas. Elas estão no âmago de como nos posicionamos no mundo como um todo. Elas podem até mesmo significar a diferença entre a vida e a morte.

Como você responderia ao que se segue?

VERDADEIRO OU FALSO?

1. Os velhos são indefesos.
2. À medida que eu envelhecer, as coisas na minha vida ficarão piores.
3. Tenho menos ânimo este ano do que eu tinha no ano passado.

Becca Levy, da Escola de Saúde Pública de Yale [Yale School of Public Health], está interessada em pesquisar as respostas dos participantes a perguntas como essas. Ela então acompanha essas pessoas por décadas, monitorando a saúde delas. As pessoas que respondem "verdadeiro" às perguntas anteriores — aquelas que encaram o envelhecimento como um declínio ou uma incapacidade inevitáveis — estão mais propensas, à medida que vão envelhecendo, a sofrer distúrbios que variam de doenças respiratórias à perda da audição e à morte prematura.

Em um dos estudos de Levy, por exemplo — e quase quarenta anos depois de lhes ter sido perguntado sobre suas convicções a respeito do envelhecimento —, aqueles com uma opinião negativa sobre o tema se mostraram duas vezes mais propensos a ter sofrido um derrame ou um infarto do que aqueles com uma opinião positiva. E eis o que é mais surpreendente: essa diferença substancial se sustentou mesmo *depois* de Levy levar em consideração fatores de risco conhecidos como a idade, o peso, a pressão arterial, problemas crônicos de saúde, o colesterol, o histórico familiar e o histórico de fumo. Assim sendo, não foram esses indicadores físicos no início do estudo, mas sim os *mindsets* dos entrevistados na época — *mindsets* a respeito de um futuro negativo definido — que realmente tiveram importância a longo prazo para a saúde desses participantes. Em uma análise diferente, Levy mostrou que as pessoas com opiniões negativas definidas a respeito do envelhecimento morrem cerca de 7,5 anos mais cedo do que aquelas abertas a um futuro positivo.

Não estou dizendo que certos aspectos negativos a respeito do envelhecimento não sejam legítimos. Não há nada particularmente divertido a respeito de ter as costas rígidas, joelhos que rangem e manchas marrons no dorso das mãos. Mas quando se trata da nossa mente e da nossa capacidade de lidar com situações, certamente muitas das nossas ideias a respeito do declínio estão associadas às nossas suposições. Quando você tinha 24 anos e não conseguia encontrar as chaves do carro, você talvez tenha pensado: "Nossa. Cheguei muito tarde ontem à noite". Ou apenas: "Estou com coisas demais na cabeça". Mas quando você tem 50 anos e não consegue encontrar essas mesmas chaves, você pode pensar: "Opa. Estou ficando velho". O fato é que as pessoas de 50 anos podem simplesmente também estar precisando lidar com coisas demais. E as de 80 anos também. Estudos mostram que, em média, as pessoas mais velhas têm mais satisfação na vida e cometem menos erros no trabalho em comparação com seus congêneres mais jovens e que vários aspectos do pensamento e da memória na verdade *melhoram* com a idade. No entanto, quando temos suposições negativas rígidas, temos a tendência de não levar nenhum desses fatos em consideração.

Nosso cérebro se interessa profundamente por aquilo em que acreditamos. Alguns milésimos de segundos antes de fazermos um único movimento voluntário, o cérebro se prepara disparando ondas elétricas. Somente depois disso ele envia sinais de ativação para os músculos necessários. Essa preparação para a ação — chamada de *potencial de prontidão* — está fora da nossa percepção consciente mas é ativada pela nossa intenção. O fato de termos um senso reduzido de nossa influência e de nossa eficiência enfraquece o "potencial de prontidão" no nosso cérebro.

Um senso do eu maleável é uma pedra angular da agilidade emocional. As pessoas que têm um *mindset* de crescimento e veem-se como agentes de suas próprias vidas mostram-se mais abertas a novas experiências, estão mais dispostas a correr riscos, são mais persistentes e demonstram ser mais resilientes ao se recuperarem dos insucessos. Elas mostram-se menos propensas a se conformarem negligentemente com os desejos e valores dos outros e mais propensas a serem criativas e empreendedoras. Tudo isso resulta em um melhor desempenho, seja entre os altos executivos, na P&D, em um curso de liderança em combate ou nos relacionamentos.

Os ajustes que ativam nosso senso do eu também podem causar um profundo efeito, até mesmo quando o ajuste é puramente gramatical. Em um estudo realizado antes de uma importante eleição, foi solicitado a eleitores aptos a votar que respondessem a perguntas em uma pesquisa de opinião nas quais a ideia de votar era transmitida ou como verbo — "Quão importante é para você *votar* na eleição de amanhã?" — ou como um substantivo. — "Quão importante é para você *ser um eleitor* na eleição de amanhã?". Na primeira versão, a ideia de votar foi apresentada apenas como mais uma atividade a ser ticada em uma lista de coisas a fazer em um dia atarefado. A segunda versão, contudo, posicionou a ideia de votar como uma oportunidade de a pessoa ser alguém de valor — "um eleitor". Essa única mudança na formulação da frase de "votar" para "ser um eleitor" aumentou a quantidade de votos oficialmente registrados em mais de 10%.

Todos temos qualidades pessoais e partes da nossa identidade que gostaríamos de poder mudar. Mas quando tentamos fazer mudanças e encontramos dificuldades, nós às vezes nos concentramos demais no que presumimos ser o nosso destino. Diremos: "Sou gordo. Sempre fui gordo e sempre serei gordo". Ou: "Simplesmente não sou criativo" ou até mesmo "eu sempre achei que quando crescesse ia ser médico ou contador".

O ajuste do seu *mindset* começa por você questionar as ideias a respeito de si mesmo e do mundo que podem parecer imutáveis — e que podem estar atuando contra o que é importante para você — e depois fazer a escolha dinâmica de se voltar para o aprendizado, a experimentação, o crescimento e a mudança, gradualmente.

UM DEDO APONTADO NA NOSSA DIREÇÃO OU UM CORAÇÃO DISPOSTO: AJUSTANDO NOSSAS MOTIVAÇÕES

Minha mãe é durona e evitou em minha infância e minha adolescência a típica sabedoria feminina tão frequentemente distribuída de uma geração para a outra. Ela nunca me disse para "me fazer de difícil" ou "nunca vestir branco depois do dia 1º de setembro".* Em vez disso, ela costumava me dizer: "Susan, você deve sempre, em todos os momentos, ter dinheiro suficiente para 'mandar seu chefe ou qualquer pessoa à merda'!".

Depois que meu pai faleceu, minha mãe teve que criar três filhos sozinha e passou anos simplesmente tentando sobreviver. Ela fez isso vendendo material de escritório para empresas — ela trabalhava por conta própria em uma função que detestava. Acordava às cinco horas da manhã para embrulhar pacotes de canetas, lápis e outras miudezas; entregava-os por toda a cidade de Joanesburgo; voltava para pegar ordens dos clientes e fazer a escrituração contábil; e depois desabava na cama à meia-noite, exausta. Ela conseguia fazer isso ao mesmo tempo que chorava a perda do meu pai, que era o amor da sua vida, ajudava a mim, meu irmão e minha irmã a lidar com a nossa perda e garantia que fôssemos alimentados, vestidos e educados.

Minha mãe compreendia por experiência própria como era horrível sentir que estamos aprisionados pelas nossas circunstâncias, ter que basear cada decisão no que *temos* que fazer em vez de no que *queremos* fazer, e ela queria me proteger de um destino semelhante. "Você precisa sempre ter dinheiro suficiente para dizer 'vá à merda!'", aconselhava. Desse modo, eu nunca teria que permanecer em um emprego

---

* Regra criada pela alta sociedade norte-americana depois da Guerra Civil, seguida também pela classe média (intensificada na década de 1950) e muito citada até hoje. A ideia era que nos meses de outono e inverno não se usa branco. (N. dos T.)

que eu detestasse ou em um relacionamento que não estivesse dando certo para mim por não ter os recursos financeiros necessários para tomar uma atitude.

Ao recomendar com insistência que eu criasse minha reserva monetária para poder mandar quem eu quisesse à merda, minha mãe não estava simplesmente distribuindo sólidas dicas financeiras pessoais. Ela também estava enfatizando a importância fundamental da autonomia, o poder motivador de ser capaz de fazer as coisas em função do nosso livre-arbítrio e da nossa vontade, e não por ser coagida por alguma força externa. Mobilizar nossa autonomia — o poder de *querer* em vez de *ter que* — é o segundo pré-requisito para ajustar seu caminho para uma mudança significativa.

Ted era um cliente meu que vivia em Londres e que, com o tempo, se tornou um bom amigo. Ele estava quase vinte quilos acima do peso e, como viajava muito a trabalho, tinha dificuldade em adotar uma rotina saudável. Depois de um longo voo, ele chegava ao hotel cansado, faminto e com saudades da família e buscava conforto em um *cheeseburger* e algumas cervejas. Depois, enquanto assistia à televisão, o tédio o levava a beliscar os *snacks* do frigobar. Sua mulher e seu médico viviam insistindo com ele para que perdesse peso e se exercitasse, mas de algum modo saber o que ele "tinha que fazer" nunca realmente o levou a fazê-lo.

Ted se casara tarde, e ele e a esposa não podiam ter filhos, de modo que adotaram um menino romeno chamado Alex. Alex ficara órfão muito pequeno e passara os primeiros anos de vida em circunstâncias realmente deploráveis. Ele fora mantido quase que exclusivamente dentro de um berço, o que o impedira de andar e explorar o ambiente. Raramente o pegavam no colo, tocavam nele ou falavam com ele, e era tão malnutrido que desenvolvera uma deficiência de aprendizado de longo prazo.

Apesar dessas dificuldades, Alex era um artista muito talentoso que expressava sua vida interior em desenhos e pinturas incrivelmente evocativos. Certo dia, quando Alex estava com 10 anos, ele desenhou uma imagem de si mesmo sozinho, desolado e abandonado. Ele intitulou o quadro de "O órfão". Ted não ficou surpreso com o tema do trabalho — Alex frequentemente retratava suas memórias do passado. No entanto Ted notou que dessa vez a figura na imagem não era um menino pequeno e sim um jovem adulto. Quando Ted questionou Alex a respeito do desenho, seu filho começou a chorar. Em meio a soluços, Alex explicou que "simplesmente sabia" que seu pai iria morrer nos anos seguintes por causa dos seus maus hábitos de saúde, deixando-o novamente sem um pai.

Ted me explicou mais tarde que, naquele momento, ele deixou imediatamente de sentir que "tinha que" mudar seus hábitos e passou a sentir que "queria" mudá-los. De repente, ficou intrinsecamente motivado a ficar saudável meramente por amor ao seu filho e pelo desejo de ver Alex crescer. Ted começou a fazer pequenas mudanças — pedindo salada em vez de batata frita nas refeições, ignorando a barra de chocolate do frigobar quando viajava e explorando cidades a pé em vez de usar o táxi sempre que possível — e essas mudanças trouxeram resultados com o tempo. Ele perdeu peso e não engordou de novo, e mesmo agora, quer esteja viajando ou não, ele se atém à sua rotina porque é o que deseja fazer.

Ao tentar colocar nossas ações mais em sincronia com o que realmente é importante para nós, podemos intensificar nossa disciplina e nossa força de vontade, mas — como a maioria de nós aprendeu a duras penas — isso raramente conduz aos melhores resultados. Você pode se obrigar a ir até a academia, mas com que frequência isso resulta em um excelente treinamento ou faz você de fato adotar uma rotina de exercícios? Ou você pode telefonar para seus parentes por se sentir obrigado a isso, mas com que frequência vocês têm uma conversa significativa? Quando nos envolvemos com alguma coisa dessa maneira — compelidos por um dedo apontado para nós e não por um coração disposto — acabamos em um cabo de guerra entre as boas intenções e uma execução menos do que exemplar, mesmo que os objetivos finais

— uma saúde melhor, um melhor relacionamento com a família — estejam supostamente em sincronia com nossos valores.

Há dois mil e quinhentos anos, Platão captou esse conflito interior com sua metáfora de uma carruagem sendo puxada por dois cavalos muito diferentes. Um dos cavalos era a paixão — nossos impulsos e anseios interiores —, e o outro, o intelecto — nossa mente moral, racional. Em outras palavras, Platão compreendia que estamos sendo constantemente puxados em duas direções opostas por aquilo que queremos fazer e pelo que sabemos que devemos fazer. Ele percebeu ser nossa função, na qualidade de cocheiro, domar e guiar os dois cavalos a fim de chegar aonde queremos estar.

Acontece que Platão não estava muito errado. A neuroimagiologia moderna afirma que sempre que o sistema impulsivo no nosso cérebro (a paixão), que busca recompensas, entra em conflito com nossos objetivos racionais, estabelecidos, o cérebro tenta — desculpem o jogo de palavras — puxar as rédeas. Digamos que você esteja tentando comer de uma maneira mais saudável. Você está em um restaurante e avista uma musse de chocolate de aparência deliciosa na bandeja de sobremesas. Isso desencadeia a atividade no seu núcleo *accumbens* (acumbente), uma área do cérebro associada ao prazer. Nossa, como você deseja aquela musse de chocolate. Mas não, você lembra a si mesmo. Você não pode comê-la. Enquanto você reúne a força necessária para se privar da sobremesa, seu giro frontal inferior, uma parte do cérebro associada ao autocontrole, entra em ação. Com essas duas áreas ativadas, nosso cérebro está literalmente lutando consigo mesmo enquanto tentamos tomar uma decisão a respeito de atacar ou nos abster.

Para tornar as coisas ainda mais complicadas, nossos instintos inferiores levam uma vantagem. Novamente, de acordo com a imagiologia do cérebro, quando nos vemos diante de uma escolha típica, atributos básicos como o sabor são processados, em média, cerca de 195 milésimos de segundo *antes* dos atributos da saúde. Em outras palavras, nosso cérebro está nos encorajando a fazer certas escolhas bem antes de a força de vontade ter até mesmo entrado em cena. Isso talvez explique por que, em um estudo, 74% das pessoas *disseram* que "em uma data futura" escolheriam uma fruta em vez de chocolate, mas, quando a fruta e o chocolate foram colocados diante delas, 70% pegaram o chocolate. Como essa é a maneira pela qual nosso cérebro efetivamente funciona — com o impulso primitivo falando mais alto do que o parecer bem fundamentado —, é altamente improvável que sua rígida professora interior apontando o dedo para você vá levá-lo aonde você deseja estar a longo prazo.

Por sorte, há um pequeno ajuste que podemos fazer que irá nos ajudar a contornar essa antiga competição entre os dois cavalos que puxam nossa carruagem. Assim como Ted, podemos posicionar nossas metas em função do que *queremos* fazer, em oposição ao que *temos que* fazer ou *deveríamos* fazer. Quando ajustamos nossa motivação dessa maneira, não temos que nos preocupar a respeito de que parte de nós prevalece — nossa paixão ou nosso intelecto — porque todo o nosso eu está trabalhando em harmonia.

As metas que envolvem *querer fazer* alguma coisa refletem o interesse e os valores genuínos de uma pessoa (os "porquês" delas). Perseguimos esse tipo de meta por causa do prazer pessoal (*interesse intrínseco*), por causa da importância inerente da meta (*interesse identificado*) ou porque a meta foi assimilada à nossa identidade básica (*interesse integrado*). Mas o mais importante é que essas metas são livremente escolhidas por nós.

As metas que envolvem *ter que fazer* alguma coisa, por outro lado, são impostas, frequentemente por um amigo ou parente irritante ("Você tem que perder essa barriga!") ou por nosso próprio senso de obrigação, com alguma narrativa interna ou meta externa, tipicamente relacionado com evitar a vergonha ("Meu Deus! Estou parecendo o dirigível da Goodyear! Não posso ir ao casamento vestida assim!").

Você pode escolher adotar uma alimentação mais saudável por causa de sentimentos de medo, vergonha ou ansiedade a respeito da sua aparência. Ou você pode escolher comer bem porque encara a boa saúde como uma qualidade intrinsecamente importante que o ajuda a se sentir bem e aproveitar a vida. Uma importante diferença entre esses dois tipos de motivos é que, embora as motivações do tipo *ter que fazer* possibilitem que você faça mudanças positivas durante um certo período, com o tempo essa determinação sucumbirá. Invariavelmente, haverá momentos em que o impulso passa na frente da intenção — e para isso bastam apenas 195 milésimos de segundo.

Estudos mostram, por exemplo, que duas pessoas com a mesma meta de perder três quilos olharão para aquela mesma porção de musse de chocolate de uma maneira muito diferente dependendo da motivação delas. A pessoa com uma motivação do tipo *faço porque quero* a considerará menos tentadora ("a sobremesa parece ótima, mas não estou com tanta vontade") e perceberá menos obstáculos no processo de se ater à meta ("há muitas outras opções, mais saudáveis, no cardápio"). Uma vez que tenha ajustado sua motivação, a pessoa deixa de sentir que está lutando contra forças irresistíveis.

A motivação do tipo faço porque quero está associada a uma menor atração automática pelos estímulos que irão derrubá-lo — o(a) ex-namorado(a), o brilho de um martini na bandeja de um garçom — e, em vez disso, puxa você na direção de comportamentos que realmente podem ajudá-lo a alcançar suas metas. A motivação do tipo faço porque sou obrigado, por outro lado, na verdade *reforça* a tentação porque faz com que você se sinta reprimido ou privado de alguma coisa. Desse modo, perseguir uma meta por motivos de obrigação pode, na verdade, enfraquecer seu autocontrole e torná-lo mais vulnerável a fazer o que você supostamente não deseja fazer.

Qualquer pessoa que já tenha convivido com uma criança de 6 anos sabe como ela pode ser teimosa se você insistir que ela tem que fazer alguma coisa, seja ir para a cama, escovar os dentes ou dizer olá para a tia Lola. Certa noite, Noah, meu filho, estava se queixando de que tinha que fazer seu dever de matemática embora, na verdade, ele adore matemática. Isso me proporcionou a perfeita oportunidade para o que no linguajar dos pais é chamado de momento instrutivo. "Você tem que fazer ou quer fazer?", perguntei. Ele sorriu e respondeu: "Eu quero!", e foi fazer o dever de casa.

Se a vida é uma série de pequenos momentos, cada um dos quais pode ser levemente ajustado, e se todos, combinados, podem resultar em uma mudança significativa, imagine quanto você poderia avançar empregando esse simples ajuste e encontrando o "quero fazer" escondido no "tenho que fazer". Uma vez mais, é aqui que saber o que realmente valorizamos se torna fundamental. Compreender o que queremos na realidade mais ampla nos ajuda a encontrar o desejo em circunstâncias nas quais, em outros contextos, poderíamos enxergar apenas uma obrigação.

Por exemplo, poderia ser fácil para mim dizer que "tenho que" trabalhar em outro belo domingo para terminar este livro. E se eu fosse escrever na biblioteca, poderia começar a me ressentir do fato de estar longe dos meus filhos e não estar aproveitando o sol. Embora eu pudesse realizar algum trabalho, eu não teria me dedicado a ele por inteiro. No entanto, se eu posicionar o trabalho como algo que "quero fazer", lembrando a mim mesma que ninguém me obrigou a escrever um livro e que ao fazer isso estou ajudando a espalhar a importante mensagem da agilidade emocional, meus sentimentos de alegria e energia são ativados. Ficarei aberta a novas ideias e interpretarei os comentários dos meus editores como colaborações em vez de críticas ou ordens. E no final do dia, provavelmente ainda estarei suficientemente energizada para apreciar alguns momentos com meu marido e as crianças antes de me recolher.

Todos caímos nessas armadilhas sutis de linguagem e pensamento: "Tenho que ser pai hoje o dia inteiro" ou "tenho que comparecer a outra reunião enfadonha". Quando fazemos isso, nos esquecemos de que nossas circunstâncias atuais são não raro resultado de escolhas anteriores que fizemos a serviço dos nossos valores: "Quero ser pai" ou "adoro meu trabalho e quero me destacar na minha função".

Quero deixar claro que não estou sugerindo que devemos todos simplesmente "pensar de uma maneira positiva" e desconsiderar as genuínas preocupações subjacentes. Se você não conseguir encontrar um "quero fazer" em alguma faceta particular da sua vida, isso poderá ser um sinal de que uma mudança é apropriada. Se você entrou na sua área porque queria fazer diferença no mundo mas sua empresa está mais concentrada no resultado final, talvez esteja na hora de mudar de emprego. Ou se você se deu conta de que seu parceiro ou sua parceira não é a pessoa que você imaginou que ela fosse, você talvez precise procurar um novo relacionamento. Encontrar um "quero fazer" não é forçar qualquer escolha particular e sim tornar mais fácil escolher coisas que conduzam à vida que você deseja.

CONSTRUÍDO PARA DURAR: AJUSTANDO NOSSOS HÁBITOS

Mesmo que tenhamos adotado um *mindset* de crescimento e mesmo que estejamos em sintonia com nossas motivações do tipo "quero fazer" mais sinceras e intrínsecas, existe a chance de que nossos esforços acabem indo parar no sótão das boas intenções, ao lado daquela bicicleta ergométrica ou da dispendiosa centrífuga que usamos duas vezes, se tanto. A única maneira pela qual podemos realmente ter certeza de que as mudanças que fazemos são duradouras é transformar o comportamento intencional que escolhemos conscientemente naquele velho bicho-papão: um hábito.

Começamos este livro com os mais diferentes tipos de advertências a respeito das armadilhas das reações automáticas do Sistema 1, os comportamentos no piloto automático que adotamos quando não estamos vivendo a vida intencionalmente. Mas também reconhecemos como os hábitos podem ser poderosos, tendo como evidência disso a dificuldade que com frequência sentimos para abandoná-los. Segue-se, portanto, que se quisermos orientar nosso comportamento para nossos valores — se quisermos atingir o nível de classe superior da agilidade emocional — devemos transformar nossos comportamentos *intencionais* em hábitos, tornando-os profundamente arraigados a ponto de não termos mais que ser "intencionais" a respeito deles.

A beleza dos hábitos deliberadamente cultivados em sincronia com nossos valores e das motivações do tipo "quero fazer" associadas é que eles podem persistir ao longo do tempo praticamente sem nenhum esforço adicional, nos bons e nos maus dias, quando estamos realmente prestando atenção e quando não estamos. Por mais estressados que estejamos de manhã, sempre nos lembramos de escovar os dentes quando acordamos e de colocar o cinto de segurança assim que entramos no carro. A capacidade de formar hábitos conectados com valores não apenas torna nossas boas intenções duradouras como também deixa nossos recursos mentais livres para outras tarefas.

Por sorte, os cientistas descobriram alguns novos segredos para ajudar a tornar mais fácil o processo de criar hábitos. No best-seller *Nudge*, o economista Richard Thaler e o professor de direito Cass Sunstein mostram como influenciar o comportamento de outras pessoas por meio de escolhas cuidadosamente projetadas, ou do que eles chamam de "arquitetura da escolha". Você não pode obrigar todo mundo a se tornar um doador de órgãos, por exemplo, mas você não precisa fazer isso. Tudo o que precisa fazer é configurar a escolha de maneira que seja mais fácil para a pessoa se tornar um doador do que não ser um. Na Alemanha, você precisa explicitamente consentir em se tornar um doador de órgãos ticando um quadrado num questionário do programa de doações de órgãos. Como resultado, o índice de doações na Alemanha é de 12%. Em contrapartida, na Áustria, país vizinho da Alemanha, presume-se que o cidadão seja um doador de órgãos a não ser que ele deliberadamente opte *por sair* do programa. Lá, o índice de doação de órgãos é de quase 100%.

Podemos não ser capazes de mudar nosso comportamento simplesmente ticando um quadrado, mas mesmo assim podemos aplicar o conceito da arquitetura da escolha à nossa vida. Ao fazer isso, nos preparamos para criar os bons hábitos que nos conduzirão para mais perto das nossas metas.

O hábito é definido como uma reação automática desencadeada externamente diante de um contexto frequentemente encontrado. Encontramos todos os dias dezenas, ou até mesmo centenas desses contextos familiares, e geralmente reagimos a eles de maneira automática e inconsciente. Mas quando encaramos intencionalmente essas situações, buscando oportunidades para agir de acordo com nossos valores, podemos usá-las para ativar hábitos melhores. Vamos examinar algumas possíveis intenções baseadas em valores, os contextos nos quais você tem a opção de seguir ou não esses valores e os minúsculos ajustes que você pode colocar em prática.

Intenção: Você quer usar melhor o seu tempo quando estiver viajando a trabalho.

Contexto: Quarto de hotel.

Ponto de escolha: Ligar a televisão assim que entrar no quarto ou deixá-la desligada?

Intenção: Você deseja manter vivo o romance no seu casamento.

Contexto: Uma noite em casa.

Ponto de escolha: Resmungar um cumprimento quando seu cônjuge entrar em casa e voltar a fazer o que estava fazendo ou se levantar e se envolver emocionalmente com ele?

Intenção: Você deseja aproveitar o tempo limitado que tem com seus filhos.

Contexto: Uma manhã em casa.

Ponto de escolha: Checar o e-mail logo que acordar ou passar algum tempo de pijama brincando com seu filho mais novo?

Se você geralmente liga a televisão, resmunga um cumprimento ou checa o e-mail assim que acorda, mudar esses comportamentos provavelmente exigirá de início algum esforço. No entanto, logo as novas escolhas se tornarão arraigadas, possibilitando que seu cérebro inconsciente o oriente para onde você precisa ir.

Em uma série de estudos com mais de 9 mil pessoas que viajam diariamente para o trabalho, pesquisadores colocaram dois letreiros diferentes em uma estação de trem. Um deles estava escrito em uma linguagem do tipo querer fazer dirigida ao desejo de autonomia daquelas pessoas: "Que tal usar a escada?". O outro letreiro estava escrito na linguagem do tipo ter que fazer que dava ordens às pessoas: "Use a escada".

Quando os letreiros foram colocados a uma certa distância do ponto de decisão "escada" ou "escada rolante", o que dava às pessoas tempo suficiente para que deliberassem sobre o seu comportamento, o letreiro "Que tal usar a escada" teve um impacto maior. As pessoas que leram esse letreiro até mesmo escolheram usar a escada em um ponto de decisão subsequente no qual não havia nenhum letreiro. Desse modo, a mensagem que promovia a autonomia — a que possibilitava que elas quisessem subir a escada em vez de serem obrigadas a isso — resultou em um comportamento mais duradouro.

No entanto, em uma guinada interessante, quando os letreiros foram colocados exatamente no ponto de decisão "escada" ou "escada rolante", as pessoas se mostraram mais inclinadas a obedecer ao comando "Use a escada". A conexão com motivações do tipo querer fazer é fundamental quando se trata de criar uma mudança efetiva. Mas quando estamos com falta de tempo (ou cansados, de mau humor ou com fome), saber exatamente o que precisamos fazer — em outras palavras, tirar a escolha ativa da escolha — é imensamente útil. Nesse caso, novamente, vemos o poder da reação automática — dos hábitos — em ação.

As imagens por ressonância magnética funcional (fMRI) mostram que a exposição a sinais que associamos a recompensas — comida apetitosa, dinheiro, sexo, cigarros para os fumantes, coisas ligadas às drogas para os viciados — ativa as áreas de recompensa do cérebro, as estruturas e os sistemas que impelem as pessoas a buscar o prazer que está prontamente disponível. Se limitarmos a exposição, se limitarmos a tentação, tornamos a vida mais fácil para o "cérebro executivo", a parte que integra o cognitivo e o emocional para chegar a uma linha de ação apropriada.

No estilo de Thaler e Sunstein, eis alguns outros ajustes que você pode fazer para alterar a arquitetura das suas escolhas.

1. O óbvio: modifique seu ambiente para que, quando você estiver com fome, cansado, estressado ou apressado, a escolha mais em sintonia com seus valores também seja a mais fácil.

Digamos que você deseje perder alguns quilos. As pesquisas mostram que as pessoas tendem a comer de 90% a 97% do que está no seu prato, independentemente do tamanho do prato. Assim sendo, use pratos menores. Baseado nessa matemática, um prato 10% menor deverá reduzir o consumo de comida em 10%.

Você se lembra do estudo que citei anteriormente a respeito de como a maioria das pessoas *afirma* que escolheria fruta em vez de chocolate, mas na verdade não toma essa decisão saudável quando tanto a fruta quanto o chocolate estão diante delas? Faça um favor para o seu eu futuro na próxima vez que for ao supermercado, fazendo um estoque de alimentos saudáveis e evitando os que não são. Dessa maneira, quando você se vir tentado a se empanturrar de *cookies* mais tarde em casa, você terá configurado seu ambiente de maneira a promover a escolha mais saudável — não haverá *cookies* que possam seduzi-lo. Depois de algum tempo, você poderá descobrir que comer nozes ou uma maçã lhe proporciona toda a satisfação de que você precisa, e você não mais ansiará por aqueles doces gordurosos que tanto apreciava.

As pesquisas também mostram que as pessoas tendem a beliscar quando estão entediadas e que quase todas as pessoas estão entediadas, na maior parte do tempo, quando assistem à televisão. Desse modo, remova a droga de entrada e cancele a assinatura da TV a cabo. Em vez disso, envolva-se com um livro que realmente o interesse. Resolva charadas. Desenterre aquela guitarra havaiana que você comprou por um capricho e aprenda alguns acordes. Organize todas aquelas caixas de sapato com fotos da família nos álbuns com capa de couro que você sempre sonhou em colocar nas suas prateleiras.

As plantas e os animais ficam praticamente presos ao ambiente em que vivem, mas nossos grandes cérebros permitem que influenciemos nossos ambientes, em vez de apenas nos deixar sermos influenciados por eles. Isso oferece a oportunidade de você criar o espaço entre o impulso e a ação de viver o tipo de vida que você realmente deseja viver. Se há algum outro comportamento ou hábito que você gostaria de mudar, pense no que pode estar atrapalhando você. Provavelmente existe um pequeno ajuste que você pode fazer para lidar com isso.

2. A adição: adicione um novo comportamento a um hábito existente

Estudos mostram que, quando os participantes escolhem uma nova ação específica para adicionar a um hábito existente — adicionar alguma fruta todas as vezes que eu comer minha granola diária —, eles têm um sucesso significativo ao transferir essa nova ação para um comportamento habitual.

Digamos que você valorize ter mais tempo de qualidade com seus filhos, mas sempre acaba mexendo no seu *smartphone* quando está com eles em vez de estar presente. Você pode dizer a si mesmo: "Não vou mexer no meu telefone" mas, se ele está com você, o impulso de "dar só uma olhadinha" estará lutando contra sua intenção.

Talvez você já tenha o hábito de colocar suas chaves em uma gaveta ou tigela assim que entra em casa. Crie o novo hábito de guardar seu celular no mesmo lugar em que coloca as chaves. E desligue-o.

Você deseja criar oportunidades para ter mais tempo face a face com sua equipe no trabalho? Torne a sua pausa para o café do meio da tarde uma atividade de grupo e use-a como um tempo de conexão de qualidade.

Você torna mais fácil a criação de um novo comportamento se adicioná-lo a um hábito já existente, o que significa que você não precisa fazer um grande ajuste na sua rotina.

3. O pré-compromisso: anteveja os obstáculos e prepare-se para eles com estratégias do tipo "se-então".

Digamos que você teve uma briga com seu namorado e quer amenizar a situação. Você sabe que ambos têm a tendência de perder a calma quando as coisas ficam tensas, mas gritar um com o outro deixa vocês dois infelizes, e você às vezes diz coisas das quais se arrepende depois. Você quer resolver a situação, não continuar a fazer como fazia no passado.

Com frequência, nos permitimos ser enredados por situações ou reações desagradáveis como essa mesmo quando podemos antevê-las. E embora possamos querer mudar, não conseguimos fazer isso quando nos vemos confrontados por esses gatilhos emocionais. Mas a agilidade emocional possibilita que você dê um passo atrás e encare esses momentos como oportunidades para assumir consigo mesmo compromissos baseados em valores. Antes mesmo de falar com seu namorado, você pode se comprometer com a ideia de que *se* ele trouxer à baila o Assunto Explosivo X, *então* você o ouvirá com a mente aberta.

Do mesmo modo, você pode saber que quando o despertador tocar às cinco da manhã você ficará tentado a se virar e apertar o botão soneca em vez de se levantar para ir correr. Assim sendo, na véspera, à noite, diga a si mesmo que se você se sentir tentado a dormir mais, então você imediatamente vai se arrastar para fora da cama não importa quanto se sinta cansado porque, por mais irritado que você possa ficar durante alguns minutos, você se sentirá mil vezes melhor mais tarde por ter começado o dia com um pouco de exercício. Até mesmo um cérebro tonto de sono se lembrará desse compromisso *se-então*, e quanto mais você se levantar para se exercitar mais fácil isso se tornará, até que finalmente será um hábito.

4. O curso de obstáculos: contrabalance uma visão positiva com ideias de possíveis desafios.

Discutimos anteriormente como o pensamento positivo pode bloquear a agilidade emocional. Mudar os hábitos é um bom exemplo.

Pesquisadores pediram a algumas mulheres em um programa de redução de peso que imaginassem que tinham concluído o programa com um novo corpo, mais esguio. Pediram às participantes de um segundo grupo que imaginassem situações nas quais poderiam se sentir tentadas a trapacear na dieta. Um ano depois, as mulheres que tinham imaginado uma perda de peso transformadora haviam perdido *menos* quilos do que aquelas que tinham sido obrigadas a pensar de uma maneira realista sobre o processo.

Estudos semelhantes em vários países examinaram pessoas com um vasto leque de metas — estudantes universitários que queriam namorar, pacientes que se submeteram à cirurgia de substituição do quadril com esperança de se recuperar totalmente, alunos de pós-graduação que procuravam emprego, crianças que desejavam ter boas notas na escola e assim por diante. Em todos os casos os resultados foram os mesmos. Imaginar que realizamos suavemente nossos sonhos não ajuda. Na realidade atrapalha, por enganar nosso cérebro e levá-lo a acreditar que já alcançamos a meta. Basicamente, essas fantasias positivas deixam o gás sair da garrafa, dissipando a energia que precisamos para permanecermos motivados e realmente seguir em frente até o fim.

Aqueles que alcançaram os melhores resultados fizeram isso por meio de uma combinação de otimismo e realismo. É importante acreditar que você pode atingir a sua meta, mas você também precisa prestar atenção aos obstáculos que têm mais probabilidade de atrapalhar. Isso se chama *contraste mental*.

Em um estudo recente sobre alimentação saudável e exercício, as pessoas que praticaram esse contraste mental estavam se exercitando duas vezes mais por semana e comendo uma quantidade consideravelmente maior de hortaliças quatro meses depois do que aquelas do grupo de controle. O contraste mental comprovadamente ajuda as pessoas a se recuperarem mais rápido da dor crônica nas costas, a encontrar mais satisfação nos relacionamentos, a obter melhores notas e a lidar melhor com o estresse no trabalho.

Ao imaginar o futuro ao mesmo tempo que avalia com clareza a realidade presente, você estabelece uma ligação entre os dois. Isso cria um trajeto mental que inclui tanto os obstáculos quanto seus planos para superá-los. Esse trajeto pode conduzi-lo de onde você está agora para onde você deseja estar. E esse é um caminho adequado para a mudança.

A mente que é aberta para o crescimento e a mudança é um eixo sobre o qual valores e metas podem adquirir vida e serem realizados. Nomear a si mesmo o agente da sua vida proporciona um tremendo empoderamento — assumir o controle do seu próprio desenvolvimento, de sua carreira, seu espírito criativo, seu trabalho e suas conexões.

Ajustar o *mindset*, a motivação e os hábitos envolve voltar o coração para a fluidez do mundo em vez de fincar os pés na estabilidade dele. Significa adotar um divertido senso de curiosidade, experimentação e suposições a serviço da vida. É colocar de lado ideias a respeito "do que você irá se tornar" (resultados, metas e consequências) e se envolver livremente com o processo e a jornada, aceitando a vida de momento em momento, de hábito em hábito, e um passo de cada vez.

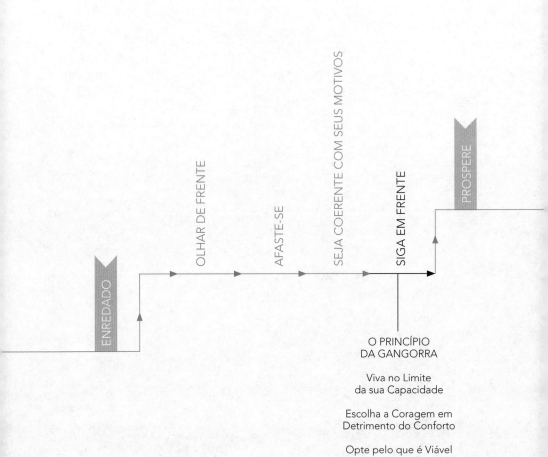

▶ CAPÍTULO 8

SIGA EM FRENTE

O PRINCÍPIO DA GANGORRA

Um amigo meu — vou chamá-lo de George — ficou curioso certo dia quando percebeu que seu filho de 4 anos tinha ficado no banheiro um tempo suficiente para que as coisas se tornassem, no linguajar de um velho filme de caubói, "quietas... quietas demais".

George bateu na porta do banheiro e, ao abri-la logo a seguir, encontrou George Jr. de pé sobre um banco, na frente da pia. George relatou mais tarde que o tempo começou a avançar lentamente enquanto ele absorvia a cena. Primeiro, reparou em uma coisa branca espalhada por toda parte — na pia, no espelho, no chão e em todo o rosto do filho. Depois, viu uma coisa vermelha — em menor quantidade, mas também amplamente distribuída — na pia, no espelho e no queixo do menino, fluindo de um corte logo abaixo de sua boca.

Querendo imitar o pai, George Jr. estivera tentando se barbear e, embora tivesse usado um aparelho de barbear seguro com cabo de plástico, fizera um lamentável movimento lateral com a lâmina. Por sorte, o corte não foi grave (os ferimentos no rosto tendem a sangrar mais do que seria de se esperar em relação ao seu tamanho) e o único efeito duradouro foi o fato de o menino ter aprendido uma lição valiosa, embora dolorosa e assustadora.

Essa história é um lembrete (desastroso) de que os seres humanos são criaturas naturalmente curiosas com um desejo inerente de aprender e crescer. Assim como George Jr., todos ansiamos por sermos competentes e aumentamos nossas competências experimentando coisas novas, embora, às vezes, possamos agir prematuramente ou com um excesso de autoconfiança. Em teoria, os desafios que enfrentamos e as competências que nos esforçamos para desenvolver nos ajudarão a chegar mais perto da vida que intimamente desejamos.

Quando estamos na pré-escola, ficamos ansiosos para enfrentar o desafio e dominar a habilidade de amarrar o cordão dos nossos sapatos, e esse momento importante na vida pode ser bastante emocionante tanto para as crianças quanto para os pais. No entanto, depois de algum tempo — na realidade, com enorme rapidez — a competência leva à complacência. Uma vez que você passa a atar o cordão dos sapatos com facilidade, você não tem muito o que celebrar cada vez que os amarra pela manhã.

Como vimos no último capítulo, esse tipo de competência rotineira não é necessariamente algo ruim. Quando transformamos tarefas que um dia foram novas para nós em hábitos, liberamos energia mental. Como também vimos, transformar em hábitos comportamentos que deliberadamente escolhemos e que estão associados aos nossos valores é um aspecto importante da agilidade emocional.

Em certas áreas da vida, no entanto, existe algo que pode ser definido como ser "competente demais". Quando passamos a fazer bem demais uma determinada coisa, podemos rapidamente ser conduzidos inconscientemente de volta para o piloto automático, reforçando não apenas o comportamento rígido, mas também o desligamento, a ausência de crescimento e o tédio — em resumo, paramos de prosperar.

De uma maneira ou de outra, todos já experimentamos esse tipo de *excesso de competência*. Você é excessivamente competente no seu trabalho quando seria capaz de fazê-lo de olhos fechados, quando já sabe o que o dia lhe trará ou quando não está mais vivendo uma expansão nas suas habilidades ou no senso de possibilidade. Você é excessivamente competente no casamento quando sabe exatamente qual vai ser a opinião da sua mulher a respeito do filme ou quando é melhor você pedir logo o jantar do seu marido porque sabe exatamente o que ele vai escolher do cardápio. Acontece nas famílias quando você é capaz de prever com exatidão como será a conversa na mesa durante o jantar de Ação de Graças ("por favor não faça com que o tio Lou comece a falar de política!"). Acontece a você como pai ou mãe quando pergunta ao seu filho adolescente: "Como foi hoje na escola?" sem levantar os olhos do celular e ele responde: "Foi bem" sem levantar os olhos do dele. Não existe desafio, alegria ou descoberta quando tudo é reduzido à rotina, quando todos os aspectos da vida foram demarcados e subdivididos, quando são tão insípidos e previsíveis, talvez até mesmo tão confortáveis, quanto os subúrbios do Sun Belt.*

Da mesma forma, tampouco é bom o oposto da competência excessiva, o *desafio excessivo*. Quando estamos lidando ao mesmo tempo com tantas complexidades que nem o Super-Homem e a Mulher-Maravilha juntos conseguiriam dar conta mesmo que trabalhassem turnos dobrados, ou quando estamos pisando em ovos em um relacionamento imprevisível, podemos ficar estressados de maneiras que inibam nossa capacidade de sermos criativos, de sermos apropriadamente responsivos e de prosperar. Para permanecermos emocionalmente ágeis, precisamos encontrar o equilíbrio entre a competência excessiva de um lado e o desafio excessivo do outro. Esse é o princípio da gangorra.

No *playground*, a gangorra pressupõe o equilíbrio. Quando você está em um dos lados, você precisa de alguma resistência do outro para não despencar repentinamente (e dolorosamente) com o traseiro no chão. Ao mesmo tempo, se houver um peso excessivo do outro lado você ficará pendurado lá em cima.

Na vida, o princípio da gangorra significa encontrar o toma lá dá cá, o lugar no qual a competência e o conforto do que é familiar coexistem em uma espécie de tensão criativa com a emoção e até mesmo o

---

* Os estados do sul dos Estados Unidos, da Flórida à Califórnia. (N. dos T.)

estresse do desconhecido. Chegamos a essa zona de desenvolvimento ideal de uma maneira muito específica: quando *vivemos no limite da nossa capacidade*, um lugar no qual não somos excessivamente competentes ou complacentes, mas tampouco estamos envolvidos com um número tão grande de coisas a ponto de ficarmos esmagados.

Nós nos deslocamos em direção ao limite da nossa capacidade quando avançamos progressivamente além do nível da nossa competência e do nosso conforto. Idealmente, os avanços são do tipo dos pequenos ajustes incrementais que discutimos no Capítulo 7.

Nos nossos relacionamentos, na nossa vida criativa, no nosso desenvolvimento pessoal e no trabalho, podemos promover esse avanço de duas maneiras — expandindo a nossa *amplitude* (*o que* fazemos: as habilidades que adquirimos, os assuntos sobre os quais falamos, as possibilidades que exploramos) e a nossa *profundidade* (*quanto* somos competentes no que fazemos: a qualidade da nossa atenção, o nosso nível de envolvimento com o mundo). O timoneiro quer manter as velas ajustadas e nunca orçadas; no caso dos jogadores de tênis, é sempre mais divertido e gratificante enfrentar alguém que jogue ligeiramente melhor do que eles.

Mas também precisamos ficar atentos a como nos expandimos e por quê — devemos escolher a amplitude e a profundidade de acordo com o que realmente importa para nós em vez de adicioná-las de uma maneira arbitrária, simplesmente porque podemos ou porque sentimos uma pressão para ser o melhor, o mais inteligente ou o mais incrível. Lembre-se de que estamos falando a respeito de construir a vida que você deseja, e não de estar ocupado apenas com o objetivo de estar ocupado ou de criar para si mesmo uma lista maior de coisas que você "deve" fazer.

A MALDIÇÃO DO CONFORTO

A ideia de alcançar a nossa zona pessoal de otimização soa bastante atraente. É como a fala de Tony Robbins imediatamente antes de caminharmos sobre brasas ou a música de incentivo que você ouve na sua formatura do ensino médio. Certamente ambos se conectam com o impulso da nossa criança interior de 4 anos de aprender e crescer. Por que então ficamos tantas vezes imobilizados, com um dos lados da nossa gangorra lá em cima e outro enterrado na lama?

A maior razão é o medo. Assim como estamos condicionados para explorar, também estamos programados para permanecer em segurança, e nosso cérebro confunde segurança com conforto, um conforto que pode nos fazer ficar enredados. Se alguma coisa parece confortável — como em *familiar, acessível* e *coerente* — nosso cérebro sinaliza que estamos muito bem onde estamos, muito obrigado. E se alguma coisa parece nova, difícil ou ligeiramente incoerente, o medo entra em ação. Embora o medo surja nas mais diferentes formas e tamanhos, e às vezes apareça disfarçado (como procrastinação, perfeição, bloqueio, insegurança ou desculpas), ele só fala uma palavra: "não", como em "não, eu só vou estragar tudo", "não, não conheço ninguém que vai estar lá", "não, isso vai ficar horrível em mim" e "não, obrigada; não vou dançar esta música".

Esse "não" tem suas origens na evolução. No seu nível mais básico — além de ficar paralisado no lugar, com medo — o comportamento animal consiste de duas opções: aproximar-se ou evitar. Há milhões de anos, se um dos nossos ancestrais hominídeos visse alguma coisa que se parecesse com comida ou uma oportunidade de acasalamento, ele se aproximava dela. Se parecesse encrenca, ele a evitava. Correr e se esconder!

Com o tempo, a evolução começou a favorecer certos pré-*Homo sapiens* cujo cérebro de tamanho avantajado os levou, no decurso de um desenvolvimento saudável e normal, a aproximarem-se de todos os tipos de experiências novas sem nenhum motivo especial. Assim como George Jr. com o aparelho de barbear, as crianças dessas espécies podiam ser destemidas — a não ser quando submetidas à tensão, ocasião em que a evolução tomava medidas para que a outra metade da antiga dicotomia entrasse em ação, e essas criaturas normalmente curiosas passavam a evitar então qualquer coisa que fosse, mesmo que levemente, fora do comum, até mesmo a vovó, até que ela ficasse por perto durante algum tempo e talvez servisse um pouco de suco de maçã.

Mesmo nos dia de hoje, as crianças refugiam-se nos seus animais de pelúcia surrados e fedorentos quando estão com medo ou sentem desconforto. Quase todas as pessoas vestem um velho casaco de moletom ou buscam refúgio em um lugar favorito quando estão tristes, cansadas ou sob pressão.

Estudos mostram que quando fazemos avaliações sobre risco, demonstramos uma inclinação pelo que é familiar. Por exemplo, as pessoas partem do princípio de que as tecnologias, os investimentos e as atividades de lazer são menos arriscados ou difíceis quanto mais familiares eles parecem, mesmo quando os fatos levam a acreditar em outra coisa. Isso ajuda a explicar por que as pessoas podem ter um medo terrível de voar quando as estatísticas provam que elas correm um risco muito maior de morrer em um acidente de carro. Para a maioria das pessoas, andar de carro é uma atividade familiar, do dia a dia, ao passo que a viagem de avião é relativamente incomum ou pouco familiar.

A acessibilidade — o grau em que uma coisa é fácil de ser compreendida — é outro substituto no nosso cérebro para segurança e conforto. Em um estudo, os participantes receberam duas séries das mesmas instruções para a mesma tarefa. Uma das séries de instruções estava impressa em uma fonte de fácil leitura, ao passo que a outra estava em uma fonte que requeria um pouco de esforço. Foi solicitado aos participantes que estimassem o tempo que seria necessário para que completassem a tarefa descrita. Quando eles leram as instruções impressas na fonte mais acessível, calcularam que a tarefa levaria cerca de oito minutos, mas quando leram exatamente as mesmas instruções na letra que era menos amigável estimaram que levariam quase duas vezes esse tempo para concluir a tarefa.

A nossa predisposição para o familiar e acessível pode até mesmo influenciar o que aceitamos como verdade: atribuímos mais credibilidade a opiniões que parecem ser amplamente aceitas. O problema é que não somos muito competentes em monitorar com que frequência ouvimos algo ou de quem ouvimos. Isso significa que, se uma ideia simplista (facilmente acessível) for repetida com uma frequência suficiente e não a estivermos escutando com um ouvido crítico, podemos aceitá-la como verdadeira, mesmo que a fonte seja apenas um fanático (ou uma mãe ou um pai crítico) repetindo sem parar as mesmas ideias.

A *maldição do conforto* — recuar ao que é familiar e acessível — não teria tanta importância se o único lugar em que ela o guiasse fosse no corredor do supermercado, fazendo-o passar sem olhar pelos alimentos exóticos pouco familiares, cujo nome é difícil de pronunciar, e levando-o diretamente para a sua marca favorita de manteiga de amendoim. No entanto, o impacto dessa maldição é muito mais insidioso e abrangente. Pode conduzir a erros que nos fazem desperdiçar tempo e nos impedem de chegar aonde queremos ir — algumas vezes literalmente.

Imagine que você está atrasado para um compromisso importante e que o trânsito no seu trajeto habitual está congestionado. Você sabe que pode cortar caminho por algumas ruas laterais, mas só trafegou por ali uma ou duas vezes. Quando estamos sob pressão e realmente temos que chegar na hora para onde vamos, as pesquisas mostram que nos mostramos mais propensos a permanecer com o demônio que conhecemos — a rua conhecida, embora ela esteja congestionada — do que tentar o atalho pouco familiar, garantindo assim que, quase com certeza, vamos chegar atrasados. Da mesma maneira, o estresse de ouvir seu médico lhe dizer que você precisa perder peso, baixar o colesterol e se exercitar mais pode na verdade aumentar o atrativo confortante daquelas rosquinhas recheadas tão familiares.

A neuroimagiologia confirma as maneiras como reagimos ao desconforto da incerteza. Quando enfrentamos riscos conhecidos — digamos, uma aposta, com probabilidades que podem ser calculadas — ocorre um aumento de atividade nas áreas de recompensa do cérebro, especialmente o estriato. Mas quando temos que fazer uma aposta sem ter nada quantificável ou familiar em que nos apoiar, nosso cérebro exibe um aumento de atividade na amígdala, uma área associada ao medo.

Em um determinado estudo, uma pequena quantidade de incerteza deixou os participantes menos dispostos a fazer uma pequena aposta. Por estranho que pareça, não se tratava do risco de ganharem ou perderem, mas sim de *quanto* eles iriam ganhar. Embora correr o risco fosse certamente lucrativo, a falta de clareza foi suficiente para fazer com que 40% dos participantes optassem por não fazer a aposta. Em qualquer ocasião que haja lacunas no nosso conhecimento, o medo as preenche — um medo que ofusca a possibilidade de um ganho.

A COERÊNCIA DAS MÁS DECISÕES

A sutileza e a complexidade do fator medo aumentam quanto mais a insegurança e a solidão entram em cena. Isso acontece porque os seres humanos evoluíram como uma espécie social que sempre precisou fazer parte da família ou do grupo para sobreviver. Isso significa que, até mesmo hoje em dia, sentir que estamos isolados da nossa tribo ainda é imensamente assustador.

O cérebro maior e mais sofisticado que nos faz explorar como parte da nossa natureza evoluiu basicamente porque possibilitou que um primata nada impressionante controlasse uma estrutura social maior e mais complexa. O maior poder cerebral nos tornou mais capazes de julgar a confiabilidade e a fidelidade além da consanguinidade, permitindo, desse modo, que passássemos a ser mais competentes em criar e manter coalizões que possibilitaram que a espécie mirrada, porém mais inteligente (aquela que resultou na nossa), superasse competitivamente as espécies mais fortes e vigorosas, porém mais estúpidas e menos cooperativas (que resultaram nos chimpanzés e gorilas).

Com o tempo, esse órgão destinado a "entender" o ambiente social se tornou tão sofisticado que começou a tentar compreender tudo. Os primatas com cérebros avantajados desenvolveram uma percepção da passagem do tempo e da trajetória da sua própria vida e começaram a querer explicar não apenas o seu lugar na estrutura social, mas também o seu lugar no universo. Eles se tornaram autoconscientes, possuindo algo chamado consciência, e com ela veio o livre-arbítrio, a empatia, um senso moral e até mesmo a veneração religiosa.

Mas toda essa percepção consciente exigiu que o grande cérebro executasse mais uma tarefa muito importante, que era propiciar uma imagem coerente da torrente de informações normalmente confusa disponibilizada por meio dos portais dos nossos sentidos e da sutileza então recém-desenvolvida das nossas percepções.

Administrar a conexão social é fundamental para nossa sobrevivência porque ainda dependemos da nossa família e de nossa tribo, de amigos e entes queridos para o nosso bem-estar. No entanto, por mais estranho que possa parecer, nos momentos decisivos, a coerência parece ser a nossa principal prioridade mental e emocional.

Preciso da coerência proporcionada pelo meu cérebro cognitivo para me lembrar de que hoje sou a mesma pessoa que eu era ontem, que um dia eu vou morrer e que, entre agora e a hora da minha morte (se eu durar um tempo suficiente), vou envelhecer, de modo que seria sensato me planejar para isso e aproveitar ao máximo o tempo que eu tenho. É a coerência mental que me ajuda a compreender que o som do bebê chorando no quarto ao lado é importante e merece minha atenção, mas que o zunido irritante da geladeira pode ser desconsiderado. Sem coerência, seríamos como esquizofrênicos, incapazes de filtrar os estímulos à nossa volta e respondendo a percepções sem importância ou que sequer podem se encaixar na realidade externa.

A coerência — assim como a familiaridade e a acessibilidade — é um substituto grosseiro do nosso cérebro para "seguro", *mesmo* quando o desejo de coerência nos leva a agir contra nosso interesse. Por exemplo, numerosos estudos demonstraram que as pessoas que têm um baixo conceito a respeito de si mesmas preferem interagir com outras que também veem a si mesmas dessa maneira. E você pode ficar pasmo ao saber que as pessoas com uma baixa autoestima tendem a largar o emprego com mais frequência quando seu salário *aumenta* com o tempo. Na cabeça delas, o fato de serem apreciadas e recompensadas não parece coerente. Mais logicamente, os trabalhadores com uma autoestima mais saudável tendem a deixar o emprego mais cedo quando não recebem aumentos adequados. Para essas pessoas, não faz sentido *deixar de obter* a recompensa que elas sentem que merecem.

É o conforto que sentimos naquilo que é familiar e coerente que nos leva a continuar a enxergar a nós mesmos baseados em como nos víamos quando éramos crianças. A maneira como éramos tratados na infância é então usada por nós, quando adultos, para predizer como seremos vistos e recebidos hoje e igualmente para prever como *merecemos* ser tratados, mesmo quando isso é depreciativo e autolimitante. Do mesmo modo, as informações que desafiam essas opiniões familiares e, portanto, "coerentes", podem parecer perigosas e desorientadoras, mesmo quando a não confirmação dessas opiniões irradia uma luz nova e positiva.

O medo do sucesso, ou até mesmo o medo de ser razoavelmente bem-sucedido, pode conduzir à autossabotagem, o que inclui ter um desempenho aquém do esperado na escola ser indolente ou arruinar um relacionamento sob outros aspectos saudável porque não "o merecemos". Podemos nos enfraquecer a serviço da coerência quando permanecemos em um emprego sem perspectiva de progresso, nos deixamos arrastar de volta para um conflito emocional em família ou, em circunstâncias radicais, quando aceitamos de volta um cônjuge que praticou algum tipo de abuso contra nós.

Como se buscar o conforto da coerência não fosse suficientemente prejudicial, às vezes isso conspira com a atração ainda mais básica da gratificação imediata, também conhecida como "conforto do momento".

Imagine um rapaz recém-formado na faculdade chamado Scott que sempre foi o "palhaço da turma", sempre com tiradas espirituosas — e obtendo atenção por isso — desde que aprendeu a combinar duas palavras. Scott acaba de começar a trabalhar em um novo emprego em uma cidade onde não conhece ninguém, e a transição não está sendo fácil. Assim sendo, ele recorre à sua abordagem testada e comprovada de palhaço da turma para quebrar o gelo, soltando uma piada a respeito dos seus colegas sempre que a oportunidade se apresenta. Algumas pessoas o acham divertido, mas muitas outras ficam contrariadas com o seu sarcasmo. Ao mesmo tempo que está se esforçando para se encaixar no grupo, Scott está se afastando dos seus colegas de escritório. Ele compreende o que está acontecendo e sabe que deveria adotar uma abordagem diferente, mas, na sua condição solitária e isolada, é difícil desistir dos pequenos sucessos de afirmação — ou pelo menos de atenção — que recebe quando faz com que alguns dos seus colegas deem risadinhas. Grande parte delas podem ser estranhas, mas mesmo assim são risadas, o que sempre foi a sua droga preferida.

Por definição, a gratificação imediata nos faz sentir bem muito mais rápido do que os pequenos ajustes e o trabalho disciplinado e constante que podem efetivamente nos conduzir a uma posição vantajosa. Você talvez já tenha ouvido falar nos estudos em que camundongos de laboratório têm acesso a duas alavancas, uma que entrega uma bolinha de comida e outra, uma dose de cocaína. Por mais famintos que fiquem, os camundongos continuam a empurrar a alavanca da cocaína até morrer de inanição. Eis a lição para os camundongos e para os homens (e as mulheres): as emoções fáceis (e até mesmo o aconchego agradável) podem encerrar custos elevados.

Um *sundae* com cobertura de chocolate pode fazer você se sentir bem *neste momento*. É óbvio que ele também pode fazer você sentir remorso daqui a mais ou menos vinte minutos. Harmonizar suas ações com seus valores e ficar mais saudável ao perder três quilos não é tão intensamente agradável quanto o "barato" do açúcar do sorvete coberto de chocolate, mas pode conduzir a uma satisfação que dura muito mais tempo.

Essas reações de autossabotagem não são o que escolhemos fazer; elas são o que fomos condicionados a fazer e que continuaremos a fazer até que nos desenredemos do voo em direção ao familiar e encontremos a agilidade para bloquear o piloto automático, olhar de frente, afastar-nos e assumirmos o controle da nossa vida. É dessa maneira que somos capazes de abraçar continuamente os desafios que nos permitem vicejar.

Para muitas pessoas, a identidade familiar e confortante que as enreda, especialmente nos momentos de estresse, é um remanescente de tempos longínquos. O astro do beisebol no ensino médio e a rainha da beleza da música "Glory Days", de Bruce Springsteen, me vêm à mente como exemplos perfeitos. Mas o caminho emocionalmente mais ágil envolve abandonar as aspirações "velhas e bolorentas", que eram uma definição muito estreita e talvez ingênua do eu, e trabalhar para fortalecer o significado resultante de ações que personificam os valores mais maduros e apropriados para o aqui e agora. Quando você tem três filhos que precisam ir para a faculdade, está na hora de encaixotar os dias de glória, guardá-los no sótão e explorar alguma coisa nova.

ESCOLHENDO O DESAFIO

No *best-seller Good to Great* [Empresas Feitas para Vencer], Jim Collins diz o seguinte: "O bom é o inimigo do notável". Eu discordo. Creio que o ato de evitar é o inimigo do notável. O ato de evitar — particularmente evitar o desconforto — é até mesmo o inimigo do bom. É o inimigo do crescimento e da mudança que conduzem ao florescimento.

Quando dizemos: "Não quero falhar", "não quero me envergonhar", "não quero me magoar", estamos expressando o que eu chamo de *metas de pessoas mortas*. Isso porque as únicas pessoas que nunca sentem desconforto por terem se comportado como idiotas estão — exatamente o que você pensou — mortas. O mesmo se aplica às pessoas que não mudam ou não amadurecem. Até onde eu sei, as únicas pessoas que nunca se sentem magoadas, vulneráveis, zangadas, ansiosas, deprimidas, estressadas ou qualquer outra das emoções desagradáveis que acontecem quando enfrentamos desafios são aquelas que não estão mais entre nós. Sem dúvida, os mortos não incomodam suas famílias ou seus colegas de trabalho, não causam problemas nem falam quando não é sua vez. Mas você deseja mesmo que os mortos sejam seus modelos de vida?

Há um velho ditado que diz que se você fizer o que sempre fez obterá o que sempre obteve. No entanto, na verdade essa afirmação pode ser excessivamente otimista. Pense na executiva que trabalha oitenta horas por semana há vinte anos no mesmo cargo de nível médio da mesma empresa e dá consigo competindo por um novo emprego contra pessoas que têm a metade da sua idade depois de ter sido demitida porque sua empresa promoveu um corte de pessoal. Ou pense na esposa ou no marido dedicada(o) que passa anos se arrastando fielmente em um casamento monótono apenas para voltar um dia para casa e encontrar no quarto um armário semivazio e um bilhete no travesseiro.

Para permanecermos realmente vivos, precisamos escolher a coragem em detrimento do conforto para poder continuar a crescer, subir e desafiar a nós mesmos. E isso significa não nos determos achando que chegamos ao céu quando estamos apenas sentados no patamar mais próximo. No entanto, de acordo com o princípio da gangorra, também não queremos ficar excessivamente envolvidos por adotar metas irrealistas ou por achar que podemos chegar ao nosso cume pessoal em um ímpeto de esforço repentino.

Talvez o melhor termo para descrever o que é viver no limite da nossa capacidade, vicejando e florescendo, sendo desafiados, porém sem ficarmos excessivamente envolvidos, seja simplesmente "envolvidos". E uma parte importante de estarmos envolvidos reside em sermos seletivos nos nossos compromissos, o que significa aceitar os desafios que realmente interessam e que emergem de uma conscientização dos seus valores mais profundos.

No início do século XVII, Pierre de Fermat era um eminente juiz na cidade de Toulouse, no sul da França. Mas, embora o direito fosse sua carreira, a matemática era sua paixão.

Em um dia invernal de 1637, enquanto Fermat estava lendo um antigo texto grego chamado *Arithmetica*, ele rabiscou uma anotação na margem: "É impossível separar qualquer potência maior do que a segunda em duas potências iguais. Descobri uma demonstração verdadeiramente maravilhosa dessa proposição que esta margem é estreita demais para conter"*.

Bem, obrigada, Pierre. Isso é o que se chama despertar a curiosidade.

A notícia dessa prova intrigante para esse bizarro teorema matemático começou a circular e, já no século XIX, várias academias estavam oferecendo prêmios a qualquer pessoa que conseguisse encontrar a solução. Aqueles que seriam considerados os primeiros *nerds*, vindos de toda parte, tentaram encontrar a demonstração, mas sem sucesso. O último teorema de Fermat permanecia ardiloso.

Foi então que, em 1963, um estudante britânico de 10 anos chamado Andrew Wiles topou com o problema em um livro na biblioteca. Imediatamente, jurou resolvê-lo. Trinta anos depois, em 1993, Wiles anunciou que havia encontrado a demonstração. Infelizmente, alguém encontrou uma falha sutil nos seus cálculos, de modo que ele voltou a estudar o problema durante mais um ano, reconstruindo sua demonstração até que ela ficou perfeita. Por fim, quase quatro séculos depois de Fermat ter rabiscado pela primeira vez sua provocação na margem do *Arithmetica*, o maior enigma da matemática foi resolvido.

Quando lhe perguntaram por que tantas pessoas, inclusive ele mesmo, tinham se empenhado tanto em resolver o que, afinal, se resumia a um jogo mental abstrato, Wiles respondeu: "Os matemáticos puros simplesmente adoram tentar resolver problemas não resolvidos — eles adoram um desafio". Em outras palavras, o que estimulou Wiles não foi a esperança do sucesso ou da glória, mas simplesmente uma profunda curiosidade intelectual pela beleza da matemática.

Esse é o mesmo tipo de curiosidade que levou nossos antigos ancestrais a deixar a floresta tropical, explorar as pradarias, descobrir a agricultura e fundar cidades e, com o tempo, migrar através do plane-

---

* Uma descrição mais exata é: "Descobri que $x^n + y^n$ não é igual a z^n em que n é maior do que 2. Eu explicaria agora como descobri isso, mas não há espaço suficiente na margem deste livro para que eu possa fazê-lo."

ta. É por isso que a nossa espécie está aterrissando sondas em Marte enquanto nossos primos genéticos, os chimpanzés, ainda estão procurando o almoço escavando cupins para fora dos seus montículos com gravetos.

É claro que a curiosidade que conduzirá ao tipo certo de desafio, persistência e sucesso será diferente para cada pessoa. Uma tarefa que me faria arrancar os cabelos pode ser muito fácil para você. Algo que fascina alguém como Wiles pode ser entediante para você ou para mim. E embora seu colega possa estar satisfeito em ser um gerente de nível médio, você pode não se considerar um sucesso enquanto não for dono de quarteirões de propriedades em Manhattan com o seu nome moldado em ouro afixado nelas. Algumas pessoas poderão precisar de uma corrida do tipo Ironman para se sentirem energizadas, mas para outras andar em volta do quarteirão sem ficar sem fôlego pode ser o nível certo de desafio no momento.

Independentemente do que possamos escolher enfrentar, o truque é permanecermos envolvidos para alcançar o equilíbrio correto entre o desafio e a competência.

O SEGREDO É PERMANECER ENVOLVIDO

Na década de 1880, durante o apogeu do código Morse, dois pesquisadores da Universidade de Indiana, William Lowe Bryan e Noble Harter, queriam descobrir o que fazia um telegrafista comum se tornar excelente.

Eles monitoraram durante um ano as velocidades dos operadores de telégrafo e, com base nessas informações, desenharam um gráfico. Eles descobriram que quanto mais um telegrafista praticava, mais rápido ele se tornava.

Nenhuma surpresa nessa constatação.

Na verdade, quando conduzo seminários, peço às vezes aos participantes para que façam o desenho de um conceito semelhante — o efeito que eles acham que a prática tem sobre suas habilidades. Eles geralmente esboçam algo semelhante ao gráfico de Bryan e Harter, que é assim:

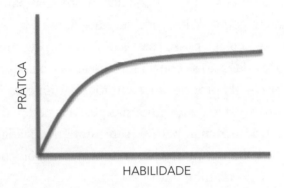

A maioria das pessoas acredita que, depois de algum tempo, a prática passa a ter menos importância e que seu domínio de uma habilidade particular começa a se estabilizar. No entanto, embora isso seja verdade com relação à maioria das pessoas, Bryan e Harter descobriram que os gráficos dos melhores operadores se pareciam mais com a seguinte figura:

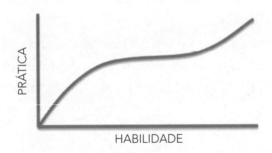

A maioria — 75% — dos operadores desistiam de praticar seriamente depois que alcançavam o que presumiam ser o seu nível máximo de habilidade. A partir daí, eles se acomodavam no patamar. No entanto, 25% eram capazes de ir além do patamar e começar a melhorar de novo. Qual era a diferença entre os telegrafistas que continuavam a melhorar e aqueles que paravam?

Os que iam além do patamar abraçavam o desafio. Eles assumiam novas metas e tentavam superar novos objetivos sem nenhum outro incentivo além da mesma alegria com o crescimento pessoal que nos leva a aprender a amarrar o cordão dos sapatos ou escrever uma demonstração para o último teorema de Fermat.

No livro *Outliers* [Fora de Série], Malcolm Gladwell popularizou a ideia de que são necessárias dez mil horas para romper um patamar e realmente dominar uma habilidade. No entanto, o consenso entre os psicólogos e especialistas em aprendizado é que o domínio não é tanto uma questão do tempo investido e sim da *qualidade* do investimento. O investimento de qualidade requer o "aprendizado árduo", uma forma de prática atenta que envolve lidar continuamente com desafios que estão um pouco além do nosso alcance.

E a prova está na massa cinzenta. Nas últimas décadas, pesquisadores popularizaram a ideia da *neuroplasticidade*, que defende que o cérebro não fica "imobilizado" em algum ponto no início da infância, continuando, em vez disso, a produzir novas células. A descoberta mais sutil, contudo, é que a maioria dessas células repostas morre. O que impede a morte das novas células — e na realidade conecta os neoneurônios em sinapses e os integra à arquitetura e ao potencial do cérebro — são as experiências de aprendizado árduo. Nosso cérebro não cresce se simplesmente passarmos dez mil horas tocando "Stairway to Heaven" na guitarra (Deus me livre) ou se simplesmente repetirmos os passos bem ensaiados de uma cirurgia da vesícula biliar (partindo do princípio de que temos as credenciais necessárias e um paciente disposto). O aprendizado árduo significa um envolvimento atento que continua a expandir os limites e aumentar a sofisticação do nosso conhecimento e da nossa experiência.

Quase todas as pessoas se envolvem com o aprendizado árduo quando se dedicam a algo novo. Entretanto, quando atingimos um nível aceitável de desempenho — ser capaz de acompanhar nossos companheiros de golfe ou parceiros de corrida, ou dominar a música "Hot Cross Buns" no carrilhão para a banda da escola —, quase todos nós relaxamos em uma espécie de automatismo que representa os confortos do patamar.

Você se lembra de quando aprendeu a dirigir? Antes de se sentar pela primeira vez atrás do volante, você estava *inconscientemente não qualificado* no sentido de que você não sabia o que era que você não sabia. Depois, quando se inscreveu na autoescola, você se tornou *conscientemente não qualificado* quando compreendeu quanto você tinha que aprender ("Espera aí! Você está me dizendo que tenho que aprender a fazer baliza?!).

É nessa receptividade à nova experiência que o aprendizado árduo entra em ação. Uma vez que isso acontece, você pode então se tornar *conscientemente qualificado* enquanto percorre a lista de acompanhamento no manual do motorista: afivelar o cinto de segurança, ajustar cuidadosamente o assento, verificar os espelhos e engrenar o carro antes de dar a partida. E embora você possa entrar em pânico na primeira vez que tiver que entrar numa rodovia, você logo domina essa situação depois de algumas tentativas.

No entanto, não muito tempo depois de tirar a carteira de motorista, a *qualificação inconsciente* assume o controle. Você simplesmente entra no carro e sai dirigindo, não raro chegando em casa sem saber muito bem como chegou lá. É quando você está nessa fase do piloto automático que você está, essencialmente, estacionado em um patamar.

Quando você está conscientemente não qualificado ou conscientemente qualificado, você ainda está dentro da zona de desenvolvimento ideal porque está aberto a receber mais conhecimento. Você pode ser um iniciante, e portanto estar um pouco inseguro, mas pelo menos tem uma mente de iniciante, que inclui o desejo de crescer e a disposição de aprender.

Você talvez também esteja um pouco estressado — o que não é algo ruim. Já faz décadas que aprendemos que o estresse é o inimigo psicológico número um, um assassino do bem-estar que deve ser evitado a todo custo. O estresse de fato tem seu aspecto negativo. Do ponto de vista bioquímico, o estresse crônico pode causar um estrago nos nossos sistemas, alimentando a inflamação que contribui para as doenças do coração e o câncer, além de comprometer a imunidade às infecções.

Mas a quantidade adequada de estresse — com envolvimento, mas não um envolvimento excessivo — pode ser um excelente motivador. Por mais perturbador que seja às vezes, é o estresse que nos mantém seguindo em frente. É ao olhar o placar e ver que estão perdendo — que estão perdendo mas não por uma diferença muito grande — que os jogadores exaustos do time em desvantagem sentem-se estimulados e alcançam a vitória nos dois últimos minutos. É o estresse de um prazo final — apertado, mas não apertado demais — que fomenta a criatividade e a motivação necessárias para terminar o projeto.

O estresse também é um dado básico se você quiser fazer mais na vida do que apenas mudar os canais no controle remoto. Ele é um complemento natural e esperado do desafio, bem como do aprendizado e do florescimento que o acompanha. Você não pode escalar o Monte Everest sem fazer um grande esforço e correr muitos riscos. O mesmo é verdade com relação a criar uma criança bem ajustada, permanecer em um casamento feliz durante cinquenta anos ou correr uma maratona. Ninguém jamais chegou a qualquer lugar importante sem estresse e desconforto.

DEIXANDO O PATAMAR

Então, como podemos aplicar o que acabamos de aprender aos nossos esforços para deixar o patamar?

ESCOLHA A CORAGEM EM DETRIMENTO DO CONFORTO

Confundir segurança com o familiar, o acessível e o coerente limita nossas opções (a porta que você conhece porque entrou por ela não é necessariamente a saída mais segura no caso de uma emergência). Para continuar a crescer, você precisa estar aberto ao que não é familiar e até mesmo ao desconfortável. E aproximar-se das suas emoções desconfortáveis possibilita que você aprenda com elas.

ESCOLHA O QUE É VIÁVEL

Deixar o patamar significa desenvolver a sua plena capacidade de viver durante toda a sua vida. O supremo teste decisivo para qualquer ação deve ser o seguinte: ela vai me levar para mais perto de ser a pessoa que desejo ser? Mas você também precisa exercer bom senso e passar pelo dia de amanhã, pela próxima semana.

A escolha *viável* é aquela apropriada para quaisquer limitações de curto prazo que você enfrente, mas que *também* o leva para mais perto da vida que você deseja viver com o tempo. Abandonar um casamento nem sempre faz sentido, mas morder o lábio e evitar conversas difíceis, deixando que a angústia e os mal-entendidos persistam também não faz. A solução corajosa também é a mais viável: tenha a conversa desconfortável e trate do que é real.

PROSSIGA, CONTINUE A CRESCER

Florescer significa expandir tanto a amplitude do que você faz quanto a profundidade ou a habilidade com a qual você quer fazer isso. Quanto à amplitude, pergunte a si mesmo: "O que tenho feito ultimamente que me assusta? Quando foi a última vez que tentei alguma coisa e falhei?". Se não conseguir pensar em nada, você provavelmente está evitando demais os riscos.

Quanto à profundidade, quando foi a última vez que você se sentiu vulnerável porque estava realmente investindo toda a sua paixão e colocando-a de fato em risco, talvez na criatividade em seu emprego, ou quem sabe em um relacionamento? Você realmente conhece as pessoas à sua volta ou você recorre a conversas sem importância para limitar qualquer coisa profunda e real? Se você fosse morrer esta noite, o que você mais se arrependeria de não ter dito?

DETERMINAÇÃO *VERSUS* DESISTÊNCIA

Mesmo que escolhamos a coragem em detrimento do conforto e nos dediquemos à vida no limite da nossa capacidade, a agilidade emocional nem sempre é uma questão de avançar a todo vapor, amaldiçoando todos os torpedos e tentando alcançar seus objetivos a qualquer custo. Se você estiver fazendo escolhas genuinamente em sintonia com seus valores, poderá haver uma ocasião em que a única coisa inteligente a dizer seja "basta!".

Os ingleses são famosos pela sua impassibilidade e por colocar frases como *Keep Calm and Carry On* (Mantenha a Calma e Siga em Frente) nas camisetas para turistas. É uma maneira refinada de dizer "quando as coisas ficam difíceis, os durões seguem em frente".

Nos Estados Unidos, temos a tendência de expressar o mesmo sentimento por meio da virtude limítrofe da determinação. Até mesmo nossa frase favorita para as camisetas, "O Sonho Americano", insinua que podemos realizar qualquer coisa que decidirmos desde que evitemos chamar a atenção, com um olho no prêmio, o outro no resultado final, o nariz no esmeril, o ombro no arado e assim por diante.

A determinação incorpora — mas não é o mesmo que — a resiliência, a ambição e o autocontrole. Angela Duckworth, psicóloga e pesquisadora da Universidade da Pensilvânia, define a determinação como *paixão* e *persistência* constantes e ininterruptas na tentativa de atingir uma meta no decorrer de um intervalo de tempo muito prolongado, sem nenhum interesse particular por recompensas ou reconhecimento ao longo do caminho. A resiliência envolve superar a adversidade; a ambição, em algum nível, sugere um desejo de riqueza, fama e/ou poder; o autocontrole pode ajudá-lo a resistir à tentação, mas isso não significa necessariamente que você esteja perseguindo persistentemente uma meta a longo prazo.

A determinação é um caso especial que, de acordo com a pesquisa de Duckworth, é um importante indicador do sucesso a longo prazo. Os professores que são determinados permanecem na profissão por mais tempo e são mais eficientes do que aqueles que não o são. Os estudantes que são determinados têm mais chances de se formar. Os homens determinados permanecem mais tempo nos casamentos (uma constatação que, curiosamente, não se aplica às mulheres).

A agilidade emocional pode nos ajudar a desenvolver determinação, uma vez que possibilita que nos desenredemos de emoções e pensamentos difíceis, lidemos com os reveses e identifiquemos nossos valores de modo a avançar em direção a uma meta de longo prazo que valha a pena ser perseguida. Mas ela também possibilita que abandonemos essas metas no momento em que elas deixem de ser úteis para nós.

Estabelecemos anteriormente que um indício de que você está sendo enredado é o fato de suas emoções o estarem motivando de maneiras que não estão em sintonia com seus valores. Embora a parte da paixão seja importante para a determinação, ela só é saudável quando você está no controle da paixão, em vez de deixar que ela o controle. A paixão que se torna uma obsessão a ponto de obscurecer outras importantes atividades da vida não vai ajudá-lo a prosperar.

Você pode perseverar — trabalhando arduamente em um projeto ou uma tarefa, e possivelmente até mesmo extraindo disso um sentimento de realização —, mas todo esse esforço e essa determinação simplesmente não estão sendo úteis se não estiverem a serviço das suas metas de vida.

Embora o trabalho de Duckworth explique a importância da sintonia de valores, o uso popular equipara a determinação a uma atitude de perseverar até o fim, e aqueles que deixam de seguir em frente independentemente do que aconteça são rotulados de fracos, preguiçosos ou até mesmo de covardes. No entanto, a agilidade emocional deixa espaço para a decisão ponderada de desistir de uma coisa que não esteja mais sendo útil para nós, o que pode ser muito bom. Quantas vidas foram desperdiçadas por filhos que seguiram obstinadamente os passos dos pais, perseguiram os sonhos dos pais, embora esses passos e sonhos conduzissem a direções que não continham nenhum atrativo intrínseco para os filhos dedicados? E nem me fale de todas as filhas que reprimiram seus próprios desejos para poder cuidar da casa e do conforto dos seus pais, porque essa era simplesmente a maneira determinada de fazer as coisas. Quantas decisões políticas resultaram de uma determinação equivocada? Durante a Guerra do Vietnã, a determinação de caubói do Presidente Johnson, expressada como sua recusa em "ser o primeiro presidente americano a perder uma guerra", fez com que ele seguisse em frente, embora tivesse admitido em particular, já em 1965, que era impossível vencer a guerra. Consta que Dylann Roof, o atirador responsável pelo massacre de nove pessoas na Igreja Metodista Africana Episcopal Emanuel, na Carolina do Sul, em 2015, teria dito que quase não levou adiante seu plano de assassinato em massa porque as pessoas da congregação eram muito amáveis. Mas no final acabou realizando a chacina porque tinha que "concluir sua missão". Esse é um caso chocante e profundamente triste de uma "determinação" que deu errado.

Para o restante de nós, persistir em metas irrealistas ou prejudiciais, movidas com frequência por emoções não examinadas, é o pior tipo possível de rigidez, conduzindo a todas as espécies de aflições e oportunidades perdidas. Muitas pessoas investem anos na busca de escolhas insatisfatórias ou irrealistas porque têm medo de admitir que estão erradas ou que seus valores evoluíram, e, quando a realidade as obriga a mudar de rumo, outros navios já zarparam. Lamentavelmente, pode ser que o romance no qual você vem trabalhando arduamente simplesmente não esteja dando certo e precise ser posto de lado para que você possa se dedicar a outras buscas. Pode ser que, embora você sempre tenha representado o papel principal nos musicais do ensino médio, você ainda não tenha nível para estrear na Broadway. Ou talvez você tenha percebido que seu relacionamento amoroso não é adequado para você, mas reluta em rompê-lo porque já investiu muitos anos de sua vida nele.

Talvez sua ambição não tenha sido irrealista — é possível que você tenha apenas escolhido uma tarefa muito difícil e desafiante. Talvez você tenha até conseguido ingressar na companhia de balé ou obter o emprego fascinante no banco de investimento que você sempre desejou. No entanto, depois de algum tempo, a empolgação esmoreceu e a vida que você está vivendo permanece realmente cruel. Entretanto, esperar tempo demais para enfrentar a crua realidade pode ter um custo elevado, uma vez que as portas para outras oportunidades continuam a se fechar. Às vezes, a coisa realmente corajosa a fazer é dizer: "Simplesmente não posso mais fazer isso comigo mesmo".

Sem dúvida, devemos ser determinados, mas não obtusos. A resposta mais ágil e adaptativa a uma meta inalcançável é ajustar a meta, o que acarreta desligar-nos da meta inatingível e depois envolver-nos com uma alternativa.

Essas são decisões difíceis de tomar, às vezes assustadoras, e é fácil sentir-se um frouxo se você estiver enredado na ideia de que a determinação é uma qualidade que deve ser valorizada acima de todas as outras. Mas, na verdade, fazer uma escolha lógica e sincera não encerra nenhuma vergonha e sim uma grande virtude. Em vez de encarar essas transições como uma desistência, olhe para elas como seguir em frente. Você está se permitindo evoluir e crescer junto com suas circunstâncias, escolhendo um novo caminho que está repleto de possibilidades. Essa decisão está cheia de graça e dignidade.

Então, como você pode saber quando deve ser determinado e quando deve desistir? Como agir com essa graça e dignidade?

Em algumas carreiras — de desportista, de modelo — a resposta é clara porque essas áreas atribuem uma vantagem enorme à juventude. Mas e se você for um músico que vive de bicos e tem dificuldade em ganhar a vida? Ou um acadêmico que precisa se contentar com cargos de ensino adjuntos? Ou, mesmo que você talvez esteja no emprego dos seus sonhos no momento, você enxergar redução de despesas em toda parte porque toda a sua indústria está em declínio? E se você for um empresário que acaba de fechar a sua terceira *startup*? Ou se não estivermos falando a respeito de um emprego? E se sua decisão de permanecer determinado ou desistir for a respeito de uma amizade que está realmente deixando-o infeliz?

Há muitas histórias a respeito de pessoas que se mantiveram firmes na situação e, por fim, conseguiram avançar, mas existe um número bem maior a respeito de pessoas que perseveraram e continuaram até o fim sem nenhuma perspectiva de progresso. Então, como saber se você deve ajustar suas metas e se afastar ou dar mais uma chance ao seu empreendimento?

Ao tentar equilibrar a equação "determinação *versus* desistência", o economista Stephen J. Dubner compara duas coisas: o custo passado e o custo de oportunidade. O custo passado diz respeito a qualquer investimento — dinheiro, tempo, energia — que você já tenha feito no seu empreendimento que faça com que você relute em simplesmente abandoná-lo. O custo de oportunidade é do que você está desistindo por persistir na escolha que você fez. Afinal de contas, cada centavo ou minuto adicional que você continue a canalizar para esse projeto, emprego ou relacionamento é um centavo ou minuto que você não poderá dedicar a algum outro projeto, emprego ou relacionamento, possivelmente mais satisfatório. Se você conseguir dar um passo atrás e parar de se atormentar com os custos passados, poderá avaliar melhor se vale a pena investir mais tempo e dinheiro na mesma atividade.

A verdadeira resposta para se você deve persistir ou jogar a toalha só pode advir do autoconhecimento que está na base da agilidade emocional. Você precisa simplesmente olhar de frente, se afastar e seguir em frente, descobrindo e depois perseguindo suas metas e seus valores mais profundos.

Se você se vir diante de uma decisão de determinação ou desistência, eis algumas coisas que você pode perguntar a si mesmo:

No todo, eu me sinto feliz ou satisfeito com o que estou fazendo?
Isto reflete o que é importante para mim, para meus valores?
Isto se inspira nos meus pontos fortes?
Se eu for totalmente sincero comigo mesmo, acredito que eu (ou esta situação) possa ser realmente um sucesso?
De que oportunidades terei que desistir se eu persistir nisso?
Estou sendo determinado ou estou sendo obtuso?

Ao invocar o princípio da gangorra, estou usando um equipamento de *playground* para ilustrar a ideia do equilíbrio, o ponto central no qual o desafio e o domínio estão em um estado de tensão criativa. Certamente não o estou usando para sugerir que nossa meta na vida deva ser apenas balançar de um lado para outro no mesmo lugar.

A agilidade emocional consiste em dar prosseguimento à vida. Envolve avançar em direção a metas claras, desafiantes, porém alcançáveis, que você persegue não porque ache que tem que as perseguir ou porque lhe disseram para fazer isso, mas porque é o que você quer, porque elas são importantes para você.

Quando você continua a ir atrás de novos conhecimentos e experiências mais ricas, quando você segue seu coração e suas respostas sinceras às perguntas que são importantes para você, você descobre que não está imobilizado em uma gangorra. Em vez disso, você está ganhando altura, abrindo não apenas a sua mente, mas também o seu mundo.

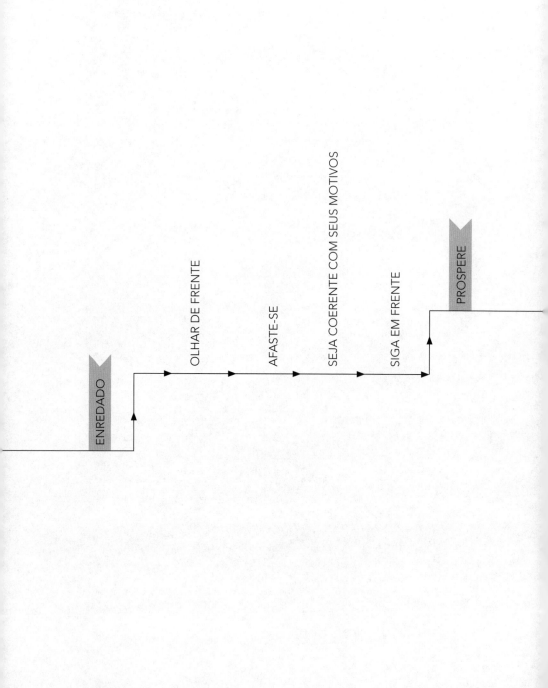

▶ **CAPÍTULO 9**

A AGILIDADE EMOCIONAL NO TRABALHO

Conheci Erin em um programa de treinamento que conduzi para executivas. Ela tinha um belo penteado, estava vestida com um conjunto de cardigã e suéter e usava brincos de pérola. Olhei para ela e pensei: "Aí está uma mulher bem resolvida".

À medida que o dia foi passando, as participantes do programa começaram a falar a respeito da pressão que sentiam no trabalho e do malabarismo que tinham que fazer para administrar a vida pessoal e a vida profissional. Para minha surpresa, Erin, que antes parecera tão serena, irrompeu em lágrimas. "Estou em uma situação que não consigo aguentar!", deixou escapar.

Erin explicou que tinha três filhos, todos com menos de 5 anos, e trabalhava quatro dias na semana para poder passar mais tempo com eles. Ela organizara esse plano com seu empregador, mas nem sempre as coisas funcionavam com a perfeição que ela esperara. Uma semana antes, seu chefe tinha programado um importante telefonema para seu dia de folga, e Erin sentiu que não tinha outra escolha senão concordar em aceitá-lo. Mas como não queria que seu chefe ouvisse o barulho das crianças, ela conduziu essa conversa de negócios superimportante, de noventa minutos... agachada no chão do seu *closet*.

Enquanto ela narrava essa história, as outras mulheres no grupo mostravam-se solidárias, com acenos de cabeça e murmúrios. Elas reconheciam que o comportamento de Erin era ao mesmo tempo muito triste e histericamente engraçado. Todas essas mulheres sentiam-se da mesma maneira — aprisionadas em *closets* escuros, tentando agradar a todos e, no final, tornando-se profundamente infelizes.

Erin estava aprisionada, mas não apenas dentro do seu *closet*. Ela também estava enredada na ideia de ser a funcionária perfeita, disponível 24 horas por dia não importa o que mais estivesse acontecendo. Preocupada com a possibilidade de nunca ser levada a sério se deixasse transparecer muita coisa a respeito da sua vida familiar, ela dissimulara essa parte superimportante da sua identidade e dos seus valores: seu papel de mãe profundamente envolvida.

Por ironia do destino, eu conhecia bem o chefe dela — um homem encantador, mas um tanto desorganizado, que se esforçava para ficar de olho, o tempo todo, nas atividades dos mais de trinta membros da sua equipe. Achei que ele ficaria profundamente atormentado diante da ideia dessa jovem mãe sentindo que precisava dar esse telefonema de negócios dentro do *closet* — sobretudo em um dia no qual ela não deveria estar trabalhando!

Depois de compartilhar seus sentimentos conosco, ela decidiu avançar em direção ao seu desconforto, a serviço dos seus valores, e falar francamente com seu chefe. Ela explicou para ele o que acontecera e a pressão que havia sentido quando ele telefonou (embora não creio que ela tenha revelado a localização exata do seu escritório improvisado em casa).

Encarar seus sentimentos — desespero e ressentimento diante do esforço para equilibrar as exigências da vida com a sua grande necessidade de ser a "funcionária perfeita" — possibilitou que ela se distanciasse o suficiente desses ganchos para enxergá-los pelo que eles eram (sentimentos, não o destino). Isso também permitiu que ela fosse coerente com seus motivos em uma conversa muito aberta e sincera a respeito das expectativas do seu chefe e suas próprias aspirações, durante a qual ela deixou claro que valorizava muito o desenvolvimento intelectual que seu trabalho lhe proporcionava, mas que também valorizava o tempo que passava com os filhos. E ela disse que naquele quinto dia da semana, embora estivesse sem dúvida disponível para verdadeiras emergências, ela iria normalmente, e sem qualquer constrangimento, ficar em casa e ser mãe.

Ao expressar sua completa verdade emocional para seu chefe, Erin foi capaz de eliminar uma enorme fonte de conflito e ansiedade. Seu trabalho se beneficiou com o relacionamento recém-esclarecido que ela agora tinha com seu local de trabalho, seus filhos se beneficiaram por ter a total atenção da mãe quando ela estava com eles e Erin teve uma boa noite de sono pela primeira vez em vários meses.

Sabemos agora que essa realização e esse florescimento na sua vida pessoal não resulta de você fazer o que outras pessoas dizem que é certo para você, e sim de você sintonizar mais o que faz a cada minuto com os seus valores mais profundos. O mesmo é verdade com relação ao trabalho. Embora seja comum aceitar certas restrições em troca do pagamento do salário, emprego não é servidão e empregados não são bens móveis. Com a prática, você pode usar as técnicas da agilidade emocional para moldar sua vida profissional em vez de ser moldado por ela.

ENREDADO NO TRABALHO

A sabedoria empresarial predominante nos dias de hoje é a de que pensamentos e sentimentos perturbadores não têm lugar no escritório e que os funcionários, particularmente os líderes, devem ser impassíveis ou eternamente otimistas. Eles precisam projetar segurança e sufocar quaisquer emoções intensas que possam estar borbulhando dentro deles, especialmente as negativas. No entanto, como vimos, isso vai de encontro à biologia básica. Por mais competentes que sejam no que fazem, todos os seres humanos saudáveis têm um fluxo interior de pensamentos e sentimentos que abarca a crítica, a dúvida e o medo. Isso é apenas o cérebro humano fazendo seu trabalho, tentando encontrar significado no mundo, antever e resolver problemas e evitar possíveis armadilhas.

Também é por isso que, no trabalho, possíveis ganchos projetam-se em todas as direções para as quais nos voltamos. O trabalho aproveita e integra as nossas convicções ocultas, nosso conceito do eu, nosso senso de competição e cooperação e todas as experiências de vida que precederam aquele primeiro dia no emprego. Nós nos adaptávamos com facilidade quando crianças ou nos sentíamos excluídos? Nossos pais tinham expectativas irrealistas com relação a nós? Ainda esperamos demais, ou de menos, de nós mesmos? Sentimos confiança no nosso valor pessoal e orgulho dos nossos talentos e ideias ou tentamos debilitá-los?

Até mesmo quando o foco externo é em indicadores e em análises, em planilhas e decisões frias e racionais, o escritório é na verdade um palco no qual todas essas questões emocionais são representadas — estejamos ou não conscientes delas. No trabalho, especialmente em condições extremas, recorremos com frequência às nossas velhas histórias a respeito de quem acreditamos ser. Essas velhas narrativas empoeiradas podem de fato nos enredar nos momentos decisivos, como quando recebemos (ou fazemos) um *feedback* negativo, quando nos sentimos pressionados a aceitar mais trabalho ou a trabalhar mais rápido, quando precisamos lidar com supervisores ou colegas de trabalho que têm uma personalidade mais forte, quando sentimos que não somos valorizados, quando o equilíbrio entre o nosso trabalho e a nossa vida está inadequado ou quando — acho que você entendeu o que quero dizer. A lista é longa.

Para progredir na carreira, precisamos atualizar essas narrativas da mesma maneira como atualizamos nosso currículo. E assim como, depois que saímos da faculdade, não colocamos mais no nosso currículo os estágios que fizemos durante as férias de verão, algumas coisas muito antigas precisam simplesmente ser deixadas para trás.

No Capítulo 1, mencionei que o crescente ritmo e a crescente complexidade da vida tornaram a agilidade emocional uma necessidade cada vez mais urgente. O mundo dos negócios existe na vanguarda absoluta dessas mudanças: a globalização, as inovações tecnológicas, a instabilidade geopolítica, as revisões regulatórias e as mudanças demográficas tornam o trabalho imprevisível. Os pré-requisitos para os cargos podem mudar a cada três ou quatro meses; as metas do trimestre anterior se tornam irrelevantes; ocorrem demissões, consolidações e transformações organizacionais. Pode ser uma batalha bastante dura mesmo sem nossas emoções fugindo ao controle.

Nesse ambiente, agora mais do que nunca, a eficiência no trabalho exige que sejamos capazes de examinar atentamente nossos planos, o que inclui antever como nossas decisões irão afetar outros aspectos da empresa ou do projeto, e fazer os ajustes necessários. Precisamos da resiliência necessária para lidar com as únicas constantes de cada dia — a ambiguidade e a mudança. Também precisamos das habilidades interpessoais para sermos capazes de recorrer ao poder do grupo para sugerir novas ideias e perspectivas, bem como para obter resultados.

Infelizmente, as mesmas forças de velocidade e mudança que exigem flexibilidade conspiram para nos manter rígidos. Recebemos tantas informações e temos tantas decisões a tomar, que podemos usar automaticamente o primeiro palpite que nos vier à cabeça, que geralmente envolve um raciocínio simplista, que não considera as muitas facetas presentes na questão. E com pouco tempo para interagir, reduzimos com frequência nossos relacionamentos a transações. Com trezentos e-mails na caixa de entrada esperando para serem respondidos, podemos facilmente enviar uma "resposta rápida automática" para o nosso colega, sem em nenhum momento pensar em perguntar como vai o filho dele que está com câncer.

O resultado de toda essa louca atividade é a dispersão, a tomada prematura de decisões e as soluções simplistas — também conhecido como pessoas inteligentes agindo como idiotas — sem mencionar o estresse, a tensão emocional, o pânico, a culpa e a falsa esperança de que, de algum modo, a tecnologia e as multitarefas fornecerão a solução (isso não vai acontecer).

GANCHOS INDIVIDUAIS

Conheci há alguns anos uma mulher chamada Livia, que trabalhava para um dos meus clientes corporativos. Ela era inteligente, ambiciosa, altamente competente e popular entre seus colegas e superiores. Na realidade, nas minhas reuniões com a equipe executiva da empresa, tomei conhecimento de que ela havia sido selecionada para uma promoção magnífica, que iria mudar sua vida. No entanto, seu cargo futuro fazia parte de uma grande reestruturação corporativa que ainda era secreta, de modo que ela não tinha a menor ideia das coisas incríveis que estavam reservadas para ela (um acordo de confidencialidade me impediu de contar as boas-novas para Livia).

O que ela sabia era que alguma coisa estava acontecendo e instintivamente não gostou disso. Os diretores executivos pareciam estar tratando-a de uma maneira diferente. Uma ou duas vezes ela sentira que eles tinham parado de falar quando ela entrou na sala. Ao longo dos meses seguintes, à medida que rumores de uma gigantesca reorganização se espalhava pelo escritório, Livia deixou que esses indícios muito sutis de que "alguma coisa está acontecendo" a convencessem de que estava prestes a ser demitida. Sua interpretação completamente errada da situação — se "alguma coisa estava acontecendo", essa coisa tinha que ser ruim — fez com que ela entrasse em pânico. Ela começou a fazer comentários negativos a respeito de todas as mudanças propostas e parou de contribuir com suas ideias. Nessa época me ausentei em uma licença-maternidade e, quando voltei, a sala de Livia estava vazia. Ela tinha sido demitida.

O lapso de Livia foi deixar que o gancho da insegurança a impedisse de dar seguimento ao valor mais profundo que ela levava para seu trabalho: o desejo de contribuir. Mesmo que sua interpretação ligeiramente paranoica da situação fosse correta, a abordagem emocionalmente mais ágil teria sido dizer o seguinte: "Ok, eu talvez vá ser mandada embora. Mas que se dane, vou sair de cabeça erguida, fazendo um trabalho do qual eu possa me orgulhar". Ou, melhor ainda, no primeiro indício de mal-estar, ela poderia ter marcado uma reunião com seu chefe na qual se abrisse e dissesse: "Estou sentindo estranhas vibrações. Você pode me ajudar a entender o que está acontecendo?".

Outro cliente, Al, estava se contorcendo preso em vários ganchos. Inteligente e audacioso, formado por uma importante escola de negócios, ele também era pai orgulhoso de duas crianças. Al veio me procurar quando perdeu uma promoção que, com base no seu talento e trabalho árduo, deveria ter sido sua.

Al me contou que prometera a si mesmo que não seria o tipo de pai ausente, que estava o tempo todo no escritório, como seu pai havia sido. Seu compromisso com essa promessa ficara mais forte depois que seu segundo filho nasceu com necessidades especiais. A complexidade da sua situação familiar levou Al a tomar o que ele encarou como uma decisão quase salomônica, que, num gesto louvável, se baseou nos seus mais profundos valores: ele decidiu que conservaria toda a sua energia compassiva e emocional para sua vida em família. No trabalho, ele seria só trabalho, dedicando-se às suas tarefas e concluindo tudo que fosse necessário, para poder voltar para casa e se dedicar às pessoas que ele amava e que mais precisavam dele. Como resultado, ele não tinha tempo no escritório para bate-papos informais ou, por sinal, para desenvolver qualquer tipo de relacionamento. Ele se considerava focado e eficiente, mas seus colegas o viam como robótico, ríspido e carente de empatia. Foi por esse motivo que ele não obteve a promoção.

Ironicamente, Al deixara que um velho gancho — a dor da indisponibilidade do seu pai — o afastasse da meta que ele mais valorizava, que era estar realmente presente para seus filhos. Afinal, cuidar dos seus familiares não requeria apenas a sua presença em casa; requeria também que ele se empenhasse na carreira e fosse bem-sucedido para poder cuidar deles financeiramente.

Tanto Livia quanto Al tinham tudo que é necessário para ter sucesso — exceto a agilidade emocional que todos precisamos para rolar com as ondas de choque. Essa agilidade começa com a decisão de nos desenredarmos dos pensamentos, sentimentos e padrões que não nos servem e de sintonizarmos nossas ações do dia a dia com nossos valores e aspirações de longo prazo.

Existem aproximadamente tantas maneiras de ficar enredado no trabalho quanto existem pessoas trabalhando. Não raro, quando estou fazendo *coaching*, vejo executivos que ficam enredados com "a tarefa". Eles vão para reuniões com uma lista de verificação de itens a serem realizados, interagindo principalmente com os membros da equipe a respeito de um item específico da lista de coisas a fazer ("Raphael, preciso do relatório de marketing até o meio-dia"), e não como seres humanos com um objetivo comum ("alguém tem ideias a respeito de como tornar este projeto mais eficiente?") ou um porquê compartilhado ("como podemos entregar algo excelente para o cliente — algo de que estejamos realmente orgulhosos?"). Se um colega não parece estar executando a tarefa que lhe foi atribuída, o executivo se coloca na defensiva ou fica agressivo. Ou então ele se fixa nas minúcias da tarefa ("precisamos fechar este dossiê às 14h45 em ponto hoje, impreterivelmente") e não se conecta com as necessidades, os pensamentos ou desejos mais amplos da equipe — deixando de parabenizá-los por um trabalho bem feito, por exemplo. Ou então, na hora de fazer o *feedback*, ele adota uma abordagem puramente voltada para a tarefa: "Seus resultados caíram neste trimestre" em vez de "estou vendo que seus resultados caíram. Que problemas você está tendo e como podemos trabalhar juntos para melhorá-los?".

Em contrapartida, os executivos emocionalmente ágeis conseguem se afastar do seu microfoco. Eles sabem que os detalhes são importantes, mas também sabem como elevar seu pensamento e planejamento da *tarefa* para o *objetivo*. Antes de uma reunião, o líder emocionalmente ágil poderá perguntar a si mesmo: "Qual é a meta (compartilhada) desta reunião?", "como eu gostaria que os membros da minha equipe estejam se sentindo quando a reunião terminar?" e "como o meu *feedback* os ajudará a alcançar os seus objetivos?".

Outro gancho surpreendentemente predominante no local de trabalho é, por estranho que pareça, a dedicação excessiva. Décadas atrás, geralmente o emprego era basicamente encarado como uma maneira de colocar comida na mesa e certamente apenas como um dos aspectos da vida, que incluía clubes sociais, *hobbies* e talvez uma igreja ou um templo. Hoje em dia, para muitos de nós, o dia de trabalho é mais longo, o local de trabalho se tornou nosso principal escoadouro social e nossa carreira se tornou inextricavelmente ligada ao nosso senso do eu. Nesse meio-tempo, também somos bombardeados pela mensagem de que as pessoas podem e devem encontrar "propósito" no seu trabalho. Embora seja verdade que o trabalho tem o potencial de enriquecer nosso bem-estar psicológico, está mais fácil do que nunca perder toda a perspectiva e o sentido de proporção.

A dedicação excessiva pode se manifestar quando proclamamos defensivamente nossa "capacidade", tendo sempre que ter a resposta, ou não sendo capaz de admitir um erro. Sob o ponto de vista interpessoal, ela pode se manifestar quando você pisa nos calos dos seus colegas, quando se envolve excessivamente em questões que não são da sua conta ou quando deixa que as irritações e idiossincrasias de outras pessoas ocupem espaço demais na sua cabeça (ou nas suas conversas).

Para alguém que esteja enredado, "se dedicar menos" pode soar como negligência, mas não é. Na verdade, é uma forma de se afastar e deixar para lá que nos deixa abertos para muitas outras dimensões da vida, ao mesmo tempo que possibilita que trabalhemos com mais eficácia a serviço das coisas que verdadeiramente valorizamos.

GANCHOS DE GRUPO

A maioria de nós trabalha em equipes, o que significa que nossos ganchos não estão limitados àqueles derivados das nossas narrativas ou preocupações pessoais; eles podem facilmente incluir narrativas a respeito dos nossos colegas. Sem ao menos nos darmos conta, fazemos julgamentos a respeito dos pontos fracos e fortes deles e de quanto eles são — ou não são — dedicados ou talentosos.

A simples verdade é que é muito fácil entender as pessoas de uma maneira totalmente errada. Não raro, isso resulta de tendenciosidades que não admitiríamos nem mesmo em um milhão de anos. Para piorar as coisas, os seres humanos são tendenciosos com relação à sua própria objetividade, de modo que frequentemente, para início de conversa, não temos a menor ideia de que somos tendenciosos.

Em um estudo, foi pedido aos participantes (homens e mulheres) que avaliassem um candidato (Michael) e uma candidata (Michelle) para o cargo de chefe de polícia. Depois de serem informados sobre o perfil dos dois candidatos, foi perguntado se consideravam mais importante que o candidato bem-sucedido fosse uma pessoa com experiência nas ruas ou que tivesse uma instrução formal. Os participantes escolheram repetidamente como mais importante a qualidade que tivesse sido atribuída ao candidato do sexo masculino. Se o homem que estava se candidatando ao emprego tivesse sido descrito como experiente nas ruas, os participantes diziam que era mais importante que o chefe de polícia tivesse experiência nas ruas. Se o homem tivesse sido descrito como tendo uma boa instrução formal, os participantes diziam que essa característica era a mais importante. Eles não apenas exibiram sistematicamente esse preconceito de gênero como também desconheciam por completo que tinham esse preconceito.

Em outro experimento foi pedido aos participantes que apostassem em um jogo contra o mesmo oponente, que estava ou bem-vestido e confiante ou malvestido e desajeitado (os pesquisadores divertidamente chamaram essas condições de "elegante" e "idiota". Quem disse que os cientistas não se divertem?). Quando os resultados foram registrados, foi constatado que os participantes tinham apostado muito mais agressivamente contra o idiota sem graça, embora o jogo — que envolvia escolher cartas aleatórias em um baralho — se baseasse inteiramente no acaso. Os participantes olharam para o cara perdedor desajeitado e malvestido do outro lado da mesa e suas tendenciosidades entraram imediatamente em ação, dizendo-lhes que eles eram melhores do que o idiota e que, contrariando toda a lógica, sua superioridade, de alguma maneira, iria possibilitar que eles ganhassem, mesmo em um jogo de azar.

Em um artigo para a *Harvard Business Review*, escrevi a respeito de "Jack", um gerente sênior que trabalhava em uma das empresas para a qual presto consultoria. Seus colegas de trabalho sempre tinham considerado Jack uma boa pessoa. No entanto, um dia ele anunciou que iria interromper um grande projeto, e seus subordinados, desapontados, mudaram repentinamente de tom. Na cabeça deles, Jack não era mais o cara legal com quem todo mundo batia papo nas festas. Ele era uma cobra falsa, egoísta e com aversão ao risco, exatamente como todos os outros superiores.

É fácil demais ficarmos enredados na ideia — conhecida como viés da correspondência — de que o comportamento de outra pessoa pode ser atribuído a *características* fixas de personalidade como a falsidade ou a aversão ao risco. Em contrapartida, geralmente minimizamos nosso mau comportamento, explicando-o como uma reação às *circunstâncias* ("O que eu poderia fazer? Eu estava sendo pressionado!"). Daniel Gilbert, psicólogo de Harvard, atribui quatro causas básicas ao viés da correspondência:

1. CARECEMOS DE UMA CONSCIENTIZAÇÃO PLENA DA SITUAÇÃO.

No exemplo de Jack, o Matador de Projetos, sua equipe simplesmente não sabia toda a história a respeito da decisão do seu chefe, inclusive quanto ele pode ter resistido à ideia ou quanto os chefes dele podem ter insistido para que ele tomasse aquela decisão.

2. TEMOS EXPECTATIVAS IRREALISTAS.

Mesmo que os colegas de Jack entendessem que ele estava entre a cruz e a espada, eles poderiam ter dito para si mesmos: "Que idiota — eu nunca teria cedido dessa maneira".

3. **FAZEMOS AVALIAÇÕES DE COMPORTAMENTO EXAGERADAS.**

Os membros da equipe dele têm mais probabilidade de interpretar o leve sorriso de Jack como um sorriso sádico malicioso de prazer por destruir os sonhos e ambições dos seus colegas do que como um sorriso autêntico.

4. **DEIXAMOS DE CORRIGIR NOSSAS SUPOSIÇÕES INICIAIS.**

Mesmo que seus desapontados colegas de equipe tomem mais conhecimento, com o tempo, das circunstâncias por trás da decisão que Jack tomou, eles talvez nunca venham a alterar sua opinião sobre ele.

Na realidade, nem as suposições positivas que os colegas de Jack faziam quando gostavam dele nem as conclusões negativas a que chegaram depois que ele fez algo que não os agradou eram completas ou mesmo particularmente bem-informadas. A verdade é que eles nada sabiam a respeito de Jack. Só quando praticamos a agilidade emocional somos capazes de mudar as perspectivas e envolver-nos com uma contínua investigação, uma descoberta e um entendimento ampliado das pessoas e situações que encontramos.

GRUPOS ENREDADOS

Às vezes não é apenas uma pessoa que está enredada no mundo colaborativo do trabalho; é a equipe toda.

Em março de 2005, Elaine Bromiley foi para o hospital fazer uma pequena cirurgia. Ela sofria de sinusite, e os médicos iam endireitar a parte de dentro do seu nariz para aliviar o problema. Seu marido, Martin, despediu-se da esposa e foi fazer as compras semanais com os dois filhos do casal.

Várias horas depois, Martin recebeu um telefonema: haviam ocorrido dificuldades para manter as vias respiratórias de Elaine desobstruídas durante a anestesia e ela não estava acordando de forma adequada. Seus níveis de oxigênio tinham despencado e ela estava sendo transferida para a UTI. Quando Martin chegou ao hospital, encontrou a mulher em coma. Alguns dias depois, ele permitiu que os médicos desligassem os aparelhos que a mantinham viva.

Uma investigação mostrou que as vias respiratórias de Elaine haviam sofrido um colapso pouco depois do início do procedimento. Seguindo a prática médica padrão, o anestesista tentou fornecer oxigênio a ela usando um respirador. Ele pediu ajuda, o que fez com que outro anestesista e um cirurgião fossem até o local. Eles tentaram então colocar um tubo nas vias respiratórias de Elaine — para "entubá-la" — sem obter sucesso.

Um paciente pode sobreviver sem oxigênio durante mais ou menos dez minutos antes de sofrer um dano cerebral irreversível. Sendo assim, em uma situação de vida ou morte "em que é impossível usar um respirador ou entubar", a regra básica é parar de tentar inserir um tubo respiratório e procurar, em vez disso, uma maneira direta de levar oxigênio para as vias respiratórias do paciente. Isso é feito na maioria dos casos por meio de uma incisão de emergência através do pescoço, diretamente na faringe ou na traqueia. Os três médicos na sala de cirurgia tinham juntos um total de sessenta anos de experiência. Conheciam as diretrizes e, no entanto, continuaram a tentar inserir o tubo, vezes sem conta. Quando os médicos finalmente colocaram o tubo, mais de 25 minutos já tinham se passado, e era tarde demais.

Enquanto os médicos estavam fazendo as tentativas de entubação, uma das enfermeiras que viu claramente o que estava acontecendo ofereceu a eles um *kit* de traqueostomia, mas, ela foi dispensada. Outra enfermeira reservou uma cama na UTI, mas, quando a expressão dos médicos pareceu sugerir que ela estava reagindo com exagero, ela cancelou a reserva.

Como foi possível que algo tão horrível acontecesse em uma cirurgia rotineira como essa? Uma mulher de 37 anos saudável vai para um hospital moderno, com uma equipe experiente, para se submeter a um pequeno procedimento e acaba morta? Eis a resposta, em uma só palavra: rigidez. Os médicos vivenciaram a estreiteza mental: a falta de conscientização da situação e um estreitamento do contexto fizeram com que eles não dessem um passo atrás para processar o que estava acontecendo e poder mudar do plano A para o plano B.

As enfermeiras da sala de cirurgia disseram mais tarde que ficaram surpresas com o fato de nenhum dos médicos ter realizado uma traqueostomia, mas sentiram que não poderiam se manifestar. Partiram do princípio de que os médicos seriam tendenciosos contra o fato de uma enfermeira assumir o comando em um momento tão decisivo. No entanto, ao ter essa atitude, elas revelaram sua própria tendenciosidade contra os médicos.

Embora os resultados não sejam sempre tão trágicos, esse tipo de gancho de grupo acontece o tempo todo no local de trabalho. É o mesmo tipo de rigidez que levou Erin, nossa executiva com um belo penteado do início do capítulo, a dar um telefonema dentro do *closet*. E é essa mesma rigidez que pode impelir toda a equipe de desenvolvimento de projetos a levar adiante um produto que consideram fabuloso — apesar de as informações de mercado prognosticarem claramente que ele será um fracasso. A diferença no caso de Elaine Bromiley é que a decisão equivocada resultou na desoladora perda de uma vida.

Você sem dúvida já participou de uma reunião na qual reprimiu sua dúvida ou discordância porque não estava disposto a apresentar uma perspectiva ou abordagem diferente ou por sentir que não poderia fazer isso. É arriscado e assustador ser a única pessoa a expressar uma opinião divergente ou impopular. Mas se você não estiver disposto a encarar o difícil sentimento de pertencer à minoria, você nunca será ouvido. As pessoas podem ficar em silêncio de uma maneira construtiva — como quando você decide se desligar de uma discussão que simplesmente não é importante ou quando se abstém de dizer a um colega que você acha que a ideia improvisada dele é absurda. No entanto, embora a ideia de que todos em uma equipe precisam estar do mesmo lado seja confortante, com demasiada frequência ela conduz a fiascos de pensamento de grupo em vez de conduzir à agilidade organizacional.

INDÍCIOS DE QUE VOCÊ ESTÁ ENREDADO NO TRABALHO

Você não consegue desistir da ideia de "estar certo" mesmo quando existe uma linha de ação obviamente melhor.

Você permanece em silêncio quando sabe que alguma coisa está errada.

Você se ocupa de pequenas tarefas sem considerar o quadro global.

Você se torna apático.

Você só se oferece como voluntário para as missões ou tarefas menos difíceis.

Você faz comentários sarcásticos a respeito de colegas de trabalho ou projetos.

Você se apoia em suposições ou estereótipos a respeito dos seus colegas.

Você não está assumindo o controle do desenvolvimento da sua carreira.

OLHAR DE FRENTE O TRABALHO

Olhar de frente o escritório significa, na verdade, abrir espaço para seus pensamentos e emoções, rotulá-los e enxergá-los pelo que são: informações em vez de fatos ou diretivas. É isso que possibilita que nos afastemos para criar uma distância entre nós e nossos processos mentais e obter perspectiva em relação a eles, o que então enfraquece seu poder sobre nós.

Apenas um percentual relativamente pequeno de pessoas tem um emprego no qual vivenciam o medo rotineiramente; eu estou me referindo ao medo de perder a vida, como quando o navio está afundando, a mina está desmoronando ou você está encurralado por seis traficantes com o dedo no gatilho. No entanto, quase todos aqueles que têm um emprego estão familiarizados com o primo químico do medo, o estresse — o efeito do frio no estômago daquele antigo instinto de lutar ou fugir, só que agora aplicado a um relatório de orçamento do terceiro trimestre, um cliente detestável, uma conversa que nos deixa apreensivos ou uma ameaça de demissões iminentes. No Capítulo 1, falamos sobre o tipo de medo que se manifesta como um prolongado gotejamento de hormônios causadores de ansiedade (em contraste com o fluxo repentino de adrenalina de *"Aaaa!* Uma cobra!"). Os psicólogos chamam isso de *estresse alostático* ou *carga alostática*, e quanto mais o vivenciamos com o tempo, mais física e emocionalmente exaustos ficamos.

Quando você está em um ambiente de grupo no trabalho (o que quer dizer, na maior parte do tempo) no qual todas as outras pessoas estão estressadas (o que quer dizer, na maior parte do tempo), todos contribuem para a carga alostática dos outros por intermédio de outro processo que descrevemos anteriormente, conhecido como *contágio*. No local de trabalho típico, o estresse começa a pairar em nuvens opressivas no ar sobre o cubículo de todas as pessoas, espalhando-se também por toda parte. E, assim como o fumo passivo, o estresse passivo pode causar um efeito profundo em todos que estão na sua vizinhança.

Em um estudo, foi solicitado a um grupo de enfermeiras que mantivessem um registro diário da sua disposição de ânimo, das inconveniências do trabalho e do clima emocional geral da equipe. Os registros, que abrangeram um período de três semanas, mostraram que a disposição de ânimo de qualquer uma das enfermeiras em qualquer dia considerado, fosse ela boa ou ruim, era significativamente prevista pelas disposições de ânimo das outras enfermeiras da equipe. O mais impressionante é que esse contágio emocional ocorria mesmo quando os ânimos que estavam agindo sobre o grupo não tinham nenhuma relação com questões do trabalho e mesmo que as enfermeiras estivessem passando apenas algumas horas do dia de trabalho umas com as outras. Com o tempo, essas disposições de ânimo contagiantes podem se espalhar por uma organização, contribuindo para a cultura do local de trabalho como um todo.

Outro estudo sugere que até mesmo apenas *ver* uma pessoa estressada pode aumentar o estresse do próprio observador. Os participantes observaram através de um espelho unilateral um estranho executar difíceis tarefas de aritmética e fazer uma entrevista muito intensa. Os pesquisadores mediram um grande aumento no cortisol — um hormônio liberado durante os momentos de estresse — em quase um terço dos espectadores. Cerca de um quarto dos espectadores tiveram a mesma reação enquanto assistiam a um vídeo do evento estressante.

E embora o estresse possa ser mortal, constatou-se que ficar estressado a respeito do estresse (os pensamentos do Tipo 2, do Capítulo 3) é o *verdadeiro* assassino. Em um estudo com quase 30 mil entrevistados, as pessoas que haviam experimentado muito estresse, mas que não se preocupavam com a possibilidade de o estresse as estar prejudicando, apresentaram a mesma probabilidade dos outros entrevistados de morrer no decorrer dos oito anos seguintes. Mas as pessoas que tinham sofrido muito estresse *e* que acreditavam que o estresse as estava prejudicando se mostraram 40% mais passíveis de morrer.

A verdade mais básica a ser lembrada é que o estresse não é totalmente mau. Ter prazos finais e expectativas faz com que permaneçamos responsáveis e atentos. Em um nível mais existencial, uma certa quantidade de pressão simplesmente faz parte da vida, o que torna "me livrar do meu estresse" uma dessas metas de pessoas mortas que mencionamos anteriormente.

A moral da história, a mensagem para levar para casa trazida para você pela agilidade emocional, é a seguinte: negar o estresse, reprimi-lo ou remoê-lo é contraproducente. É impossível evitar o estresse, mas o que *podemos* fazer é ajustar nosso relacionamento com o estresse. Ele não precisa nos possuir. Nós podemos possuí-lo.

Em vez de ficarmos obcecados a respeito do estresse e considerá-lo um tormento que está destruindo nossa vida, o primeiro passo é simplesmente aceitar que ele existe: encará-lo, reconhecendo que ele não irá embora tão cedo.

O segundo passo, essencialmente importante, é compreender que "estressado" não é *quem* você é. Quando você diz "sou estressado", você combina todo o seu eu (eu sou = minha totalidade) com a emoção. Isso pode soar meticuloso demais, mas a própria frase funde toda a sua identidade com esse sentimento de estresse. Isso é, em parte, o que torna a experiência tão sufocante. No Capítulo 5, sugeri que invocar um sentimento pelo que ele é (um sentimento) e um pensamento pelo que é (um pensamento) pode ser um método rápido e imensamente poderoso para você se afastar: "Estou notando... que estou sentindo estresse". Isso cria no mesmo instante um espaço entre você e o sentimento.

Mas essa medida requer uma rotulação adequada para ser eficaz. Você poderá perceber que o que você está chamando de "estresse" é, na verdade, exaustão porque você assumiu responsabilidades demais ou frustração com uma equipe que não está trabalhando bem em conjunto.

Quando você considera a função (como em: "Qual é a função?") desse sentimento, avalie o que ele está tentando ensiná-lo. Ele pode estar sinalizando que você precisa falar com os membros da sua equipe ou pedir a um supervisor que organize uma divisão mais equitativa do trabalho. Ou talvez o sentimento seja apenas o preço do bilhete — um aspecto não tão agradável de um emprego que você aprecia sob outros aspectos devido ao crescimento e ao desafio que ele proporciona. Por outro lado, a lição pode ser que você já se cansou dessa loucura e está pronto para se mudar, digamos, para Portland, Oregon, para começar a fabricar queijo artesanal (apenas não se iluda pensando que o setor de queijos seja inteiramente desprovido de estresse, nem que esteja competindo com um punhado de pessoas descoladas por aquele perfeito sobrado ensolarado. Ainda assim, para você, esses tipos de estressores podem valer o resultado final).

O PORQUÊ DO TRABALHO

Marienthal, uma pequena e atrativa cidade com ruas bem cuidadas cercadas por encantadoras colinas verdejantes, está situada ao sul de Viena, a uma curta viagem de trem de distância. Em 1830, um moinho de algodão foi construído lá, e a cidade foi o principal empregador da região durante um século. O negócio foi à falência durante a Grande Depressão da década de 1930, e cerca de três quartos dos trabalhadores da cidade perderam o emprego.

No entanto, pouco antes de o moinho fechar, a Áustria tornara o seguro-desemprego obrigatório para todos os cidadãos. O seguro iria substituir uma parte significativa dos salários perdidos dos habitantes de Marienthal, mas havia um senão. Para estarem aptos a receber a ajuda, os trabalhadores demitidos eram proibidos de aceitar trabalhos remunerados de qualquer tipo, mesmo informais. Relatos do período descrevem como um cidadão perdeu os benefícios do seguro-desemprego por tocar gaita na calçada em troca de gorjetas.

De 1930 a 1933, pesquisadores da Universidade de Graz observaram uma mudança impressionante nos habitantes locais. Com o tempo, toda a cidade tornou-se letárgica. As pessoas que caminhavam pararam de andar. As que faziam caminhadas na natureza deixaram de fazê-las. Cochilar tornou-se a principal atividade. Os homens deixaram de usar relógios porque a hora não tinha mais importância, e as esposas se queixavam de que os maridos estavam sempre atrasados para o jantar, embora não tivessem outro lugar para ir.

Os habitantes da cidade nem mesmo ocupavam seu novo tempo de lazer com a leitura, a pintura ou outras diversões artísticas ou intelectuais. Na realidade, ao longo dos três anos do estudo, a biblioteca da cidade presenciou uma queda de 50% no número médio de livros retirados. O fato de não poderem trabalhar pareceu deixar os moradores de Marienthal desmotivados a ponto de não se interessarem por *nada*.

Como já mostrei anteriormente, o trabalho oferece bem mais do que um vale-refeição. Ele pode nos conferir um sentimento de identidade e propósito, bem como uma estrutura ao redor da qual organizamos nossas outras atividades e interesses. O trabalho também pode proporcionar substanciais benefícios para a saúde mental. A menos que substituam o emprego por novas atividades envolventes, os trabalhadores aposentados correm o risco de sofrer um acelerado declínio cognitivo.

É claro que a remuneração é parte do que as pessoas esperam do trabalho, mas minha própria pesquisa demonstrou que a remuneração está longe de ser o único aspecto do emprego que propicia satisfação e incentivo. Em um recente estudo da Ernst & Young, uma corporação internacional de serviços profissionais, examinei o que chamei de "lugares quentes" — unidades de negócios nas quais os funcionários estavam excepcionalmente dedicados, o que quer dizer que eles se sentiam capazes de dar o melhor de si ao trabalho. Esses lugares quentes também estavam apresentando um desempenho excepcional em indicadores como receitas e reputação — mas não eram esses indicadores que estavam motivando a dedicação. Mais exatamente, era a dedicação das pessoas que *predizia* esses resultados excepcionais. Ficamos curiosos. O que era responsável por esses níveis tão altos de dedicação nos lugares quentes e que estava conduzindo a esse sucesso extraordinário para eles e para as empresas? O que descobri na minha pesquisa foi que apenas 4% dos entrevistados mencionaram sua remuneração como um motivador. Em vez disso, eles destacaram o seu sentimento de conexão com suas equipes, o desafio do trabalho, o fato de serem realmente vistos como pessoas e se sentirem empoderados nas suas funções.

O TRABALHO EMOCIONAL

Comecei a trabalhar aos 14 anos, mas meu primeiro "emprego de verdade" depois da faculdade foi como redatora técnica em uma empresa de treinamentos na Nova Zelândia. Até esse momento eu realmente não tinha pensando muito a respeito do que queria fazer com a minha vida, mas logo me dei conta de que redação técnica não era o que eu desejava. Eu simplesmente detestava aquele emprego. Todos os dias eu saía na hora do almoço com outra jovem que também trabalhava lá e desabafávamos, falando mal dos nossos colegas, das nossas tarefas, da nossa chefe e praticamente de tudo mais. Depois, voltávamos para o escritório e nos comportávamos como se tudo estivesse maravilhoso.

Passar a hora do almoço ruminando as coisas junto com a minha colega e depois voltar para o escritório e me fingir de boazinha não fazia com que eu me sentisse melhor nem ajudava muito o meu desempenho no trabalho. A verdade é que eu precisava olhar de frente minha frustração e minha desafeição e examinar o que as estava alimentando: a falta crônica de desafio. Em seguida, eu precisava me afastar desses sentimentos para desenvolver uma perspectiva mais ampla que me ajudaria a dar passos em direção ao que era mais construtivo. Eu precisava fazer o melhor trabalho possível, desenvolver todas as habilidades e os contatos que eu pudesse e usar esse emprego enfadonho para me ajudar a aprender mais a respeito do que eu realmente queria fazer. Em última análise, em vez de usar minha energia para me lastimar, eu precisava usá-la melhor e procurar um novo emprego!

É claro que todo emprego, seja ele cultivar palmeiras ou vender napalm, envolve um trabalho físico ou intelectual, ou ambos. Mas todo emprego também envolve o que os psicólogos chamam de *trabalho emocional*, a energia empregada em manter a fachada pública exigida em qualquer emprego e, na verdade, em praticamente toda interação humana. Se você está no mundo do trabalho, sem dúvida já riu educadamente de uma piada que não achou nem um pouco engraçada porque foi seu chefe quem a contou. Você provavelmente já exibiu uma expressão alegre em alguma atividade quando tudo o que queria na verdade era estar em casa, na cama, lendo um bom livro. Até certo ponto, o trabalho emocional diz respeito ao que chamamos ser educado, ou sobreviver. Todos fazemos isso, geralmente é inofensivo, e é socialmente mais inteligente, digamos, sorrir para sua anfitriã e elogiá-la pelo (detestável) *coq au vin* (galo ao vinho) do que colocá-lo na boca e depois o aspirar no prato.

Entretanto, no trabalho, quanto mais você falsifica suas emoções, ou *representa superficialmente*, mais a sua situação piora. Uma incongruência grande demais entre a maneira como você realmente se sente e a maneira como você finge estar se sentindo se torna um fardo tão grande que conduz ao esgotamento e a todos os tipos de consequências negativas relacionadas a ele no trabalho, tanto para você quanto para a organização, em parte porque isso é terrivelmente exaustivo.

É desnecessário dizer que, como qualquer pessoa que já teve um dia ruim no trabalho sabe, o que acontece no trabalho também pode se infiltrar na sua vida pessoal. Se você passou o dia fingindo estar empolgado porque o seu colega recebeu o grande projeto que você achava que já era seu ou dando a impressão de estar alerta em uma reunião de três horas sem sentido que o impediu de fazer o seu trabalho de verdade, você está sujeito a ir para casa soltando fumaça. Você talvez tenha vontade de ir à academia ou desfrutar um jantar descontraído, mas está tão desgastado por causa do seu desempenho do dia digno de um Oscar e tão desconectado do seu eu essencial, que não consegue reunir forças para fazer nenhuma das duas coisas.

Você pode pressupor que as pessoas na indústria hoteleira passam bastante tempo em um inferno de representação superficial ("Claro, senhor. Pedimos desculpas porque seu jantar chegou três minutos atrasado, senhor". "Sem dúvida, senhora. Ficaremos encantados em lhe enviar um robe mais macio"). E, de fato, um estudo procurou empregados de hotel para avaliar os efeitos da repressão de sentimentos no trabalho e o conflito conjugal em casa. Como esperavam, descobriram que os cônjuges dos gerentes de hotel que mais representavam superficialmente tinham esperança de que seus parceiros conseguissem um emprego diferente como uma maneira de resgatar a vida familiar deles.

No entanto, na verdade, a facilidade — e autenticidade — com que os funcionários dos hotéis são capazes de demonstrar hospitalidade e atenção depende, em grande parte, dos valores que eles levam para o trabalho. Se uma pessoa trabalha na área por acaso ou porque queria morar em Madri ou nas Maldivas, ela poderá estar carregando um fardo alostático pesado demais, curvando-se sob o estresse de uma constante representação superficial. No entanto, contudo, se essa pessoa estiver sendo coerente com seus motivos, uma vez que adora encantar de fato os hóspedes e garantir que eles apreciem de verdade sua permanência no hotel, então ela não está, de modo algum, representando superficialmente.

Para tomar decisões que se harmonizem com a maneira como você deseja viver e ter o trabalho e a carreira que você deseja seguir, você precisa estar em contato com as coisas que importam para você para que possa usá-las como indicadores. Às vezes ficamos tão "ocupados" que nos esquecemos de ouvir a pulsação do nosso porquê. Sem a ajuda orientadora de saber o que realmente importa para você, é muito fácil passar horas, talvez até mesmo anos, reorganizando documentos, navegando na internet, lendo e-mails inúteis, batendo papo furado na sala do cafezinho e sentindo-se monstruosamente irrealizado. É sendo coerente com seus motivos no trabalho — agindo de acordo com o que importa para você — que você se torna mais interessado e capaz de ter um desempenho no auge das suas habilidades.

No caso de muitas pessoas, como aqueles funcionários de hotel que não precisam fingir, uma grande parte do "porquê" do trabalho é a conexão humana. Em um estudo israelense, os radiologistas a quem foram mostradas fotos dos pacientes cujos exames eles estavam analisando não apenas sentiram mais empatia pelos pacientes como também passaram mais tempo escrevendo seus relatórios. Por causa dessas mudanças, eles também fizeram diagnósticos 46% mais precisos. Além disso, todos concordaram posteriormente que gostavam bem mais de trabalhar com as fotos anexadas às fichas dos pacientes do que sem elas.

PEGUE ESTE EMPREGO E AJUSTE-O

Em um mundo perfeito, todos teríamos um emprego no qual estaríamos em um constante estado de fluxo, com o peso uniformemente distribuído na nossa gangorra entre o desafio e a competência, o tempo todo salvando a humanidade e almoçando com pessoas glamourosas, além de ganhar zilhões.

No mundo real, empregos como esse são difíceis de conseguir, e mesmo se um emprego desses estiver aguardando por nós e que estejamos focados nele como um raio da morte, é bem provável que tenhamos que começar alguns degraus abaixo. Se você está ocupado tentando entender as coisas — como meu eu mais jovem, quando eu trabalhava com redação técnica —, você talvez tenha que experimentar diferentes atividades antes de decidir qual escada você realmente quer tentar subir.

Sendo assim, o que você faz quando sabe que o emprego dos seus sonhos está em algum lugar no alto da escada ou lá fora no horizonte longínquo, mas que por uma série de razões previsíveis — dinheiro, o momento adequado, localização, economia — você ainda precisa manter o emprego que tem no momento? Você olha de frente para o que está sentindo ("estou entediado"), se afasta e cria uma distância entre você e seus ganchos ("não posso fazer melhor do que isto"), examina o que é importante para você e suas motivações do tipo eu quero fazer ("apesar disso, meus colegas de trabalho são ótimos") e depois você começa a ajustar a sua situação: você toma medidas viáveis e que lhe serão úteis a longo prazo por aproximá-lo de uma vida dinâmica e interessante.

Ajustar o emprego, também conhecido como *modelar o emprego*, envolve examinar criativamente as circunstâncias do seu trabalho e descobrir maneiras de reconfigurar sua situação para torná-la mais envolvente e satisfatória. Os funcionários que tentam modelar o emprego acabam com frequência mais satisfeitos com sua vida profissional, alcançam níveis mais elevados de desempenho nas suas organizações e relatam uma maior resiliência pessoal.

O primeiro passo para modelar o emprego é prestar atenção a quais atividades — no trabalho ou fora dele — mais o atraem. Talvez você não ocupe um cargo de gerência no escritório, mas adora ser o treinador do time do seu filho nos fins de semana. Você pode começar um programa de *mentoring* no escritório no qual você ofereça orientação para funcionários mais jovens ou instituir na empresa um Dia de Levar seu Filho para o Trabalho? Ou talvez você tenha notado que, embora esteja no departamento de vendas, você tem constantemente ideias de marketing — algumas das quais foram efetivamente bem recebidas e implementadas por outros departamentos da companhia. Você poderia pedir para comparecer às reuniões semanais de estratégia do departamento de marketing? Poderia se oferecer para apresentar sua perspectiva de vendas para ajudar no processo? Existe um treinamento militar básico que diz: "Nunca se ofereça como voluntário" — a ideia é que se um recruta levantar a mão quando um superior disser "preciso de um voluntário", ele ficará condenado a fazer uma coisa desagradável, como limpar os banheiros (sem dúvida, o corolário disso é que se você não se oferecer como voluntário, é provável que seja simplesmente obrigado a fazer o que não quer). No entanto, no caso de desenvolver uma carreira civil, ser voluntário é uma excelente maneira de mudar os limites da sua função.

Você também pode praticar o princípio de modelar seu emprego modificando a natureza ou a extensão das suas interações com outras pessoas. Você talvez tenha novos imigrantes no chão de fábrica. Vá conversar com eles. Você pode criar um programa de Inglês como Segunda Língua. Você talvez possa obter a perspectiva cultural deles sobre a linha de produtos atual da sua empresa e usar essa perspectiva para diversificar os lançamentos da companhia.

Você também pode mudar a maneira como vê o que você faz por intermédio da decisão de modelar o emprego. É possível que você tenha recebido recentemente uma grande promoção, mas agora, em vez de fazer o trabalho que você adora, está tendo que cuidar da parte administrativa. Você se tornou apenas outro burocrata? Bem, isso depende do que você considera importante. Se você valoriza ser um professor e mentor, um líder que ajuda as pessoas a realizarem seu potencial e melhorarem suas vidas, então você pode ser muito criativo ao administrar pessoas.

Jean tinha o tipo de emprego degradante que ninguém jamais sonha em ter quando criança — ela trabalhava em uma linha de montagem numa fábrica de equipamentos médicos. Sua função era operar um perfurador em miniatura que fazia minúsculas aberturas nos tubos delgados que os especialistas em câncer utilizam para aplicar drogas medicamentosas diretamente nos tumores. Se um dos orifícios fosse apenas parcialmente perfurado, a aba de plástico que permanecia no local poderia impedir que o remédio contra o câncer fosse ministrado de maneira adequada ou, o que era ainda pior, poderia se soltar dentro do paciente e causar um dano a ele.

Em cada dia de trabalho, durante vinte e oito anos, Jean passou oito horas perfurando orifício após orifício em tubos estreitos de plástico. E durante esses mesmos vinte e oito anos, Jean mantinha ao seu lado, na sua área de trabalho, um pote no qual colocava cada aba descartada. Ela sabia que cada uma daquelas coisinhas não era apenas um pedaço de plástico; era uma vida que fora potencialmente salva. Esse pote ajudou Jean a encontrar significado em algo que, de outra forma, poderia ter sido o trabalho mais profundamente monótono do mundo. Ela tinha apenas que olhar para o pote para compreender a importância do que fazia. Essa era a sua versão das fotos daqueles pacientes anexadas às fichas dos radiologistas.

É claro que modelar o emprego tem seus limites. Você não pode simplesmente parar de executar a tarefa para a qual foi contratado enquanto experimenta diferentes opções de carreira. E é possível que sua empresa não tenha os recursos para ajudá-lo a implementar suas ideias grandiosas, por mais notáveis que elas sejam. Por isso que é importante ser aberto com relação ao processo. Para obter apoio para suas ideias de modelar o emprego, você precisa se concentrar em maneiras de obter o que deseja e também criar valor para a organização. Você também tem que ganhar a confiança dos outros, especialmente do seu supervisor, e depois dirigir seus esforços para as pessoas que estejam mais propensas a ajudá-lo. O seu gerente pode até mesmo ser capaz de ajudá-lo a identificar oportunidades de redistribuir tarefas de maneiras complementares. Afinal de contas, a tarefa que você considera terrível pode ser a oportunidade dos sonhos do seu colega, ou vice-versa.

Mas nenhuma tentativa de modelar o emprego o ajudará a criar o trabalho perfeito (mesmo que tal coisa existisse) se você estiver começando em uma função totalmente errada para você. Modelar o emprego nunca me faria feliz, por exemplo, como redatora técnica, por mais que eu ajustasse a minha situação. Motivo pelo qual, uma vez mais, é superimportante encarar todas as suas emoções e aprender tanto com as negativas quanto com as positivas. Ao sermos emocionalmente ágeis, podemos usar o emprego errado para obter a perspectiva, as habilidades e as conexões necessárias para chegar ao emprego certo. Nesse meio-tempo, podemos usar a agilidade emocional para aproveitar ao máximo, todos os dias, o emprego que temos agora. É assim que garantimos que não estamos apenas ganhando a vida, mas também realmente vivendo.

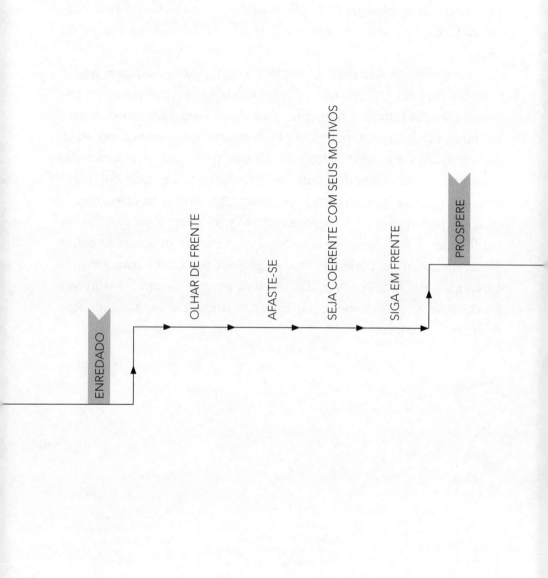

▶ **CAPÍTULO 10**

CRIANDO FILHOS EMOCIONALMENTE ÁGEIS

Os pais de hoje são provavelmente os mais bem-informados e conscienciosos da história. Talvez seja porque temos menos filhos do que as gerações anteriores. É possível que a tendência seja reforçada pelo mesmo impulso de entendedor que popularizou as cervejas artesanais e as hortaliças de origem local e com a procedência completamente verificada.

Seja qual for a razão, à medida que o capitalismo se tornou global e o mundo se tornou bem mais competitivo, deixamos de acreditar que o sucesso dos nossos filhos possa ser entregue ao acaso. Em uma economia na qual os que representam aquele 1% no topo da pirâmide podem usufruir um luxo inacreditável, os 20% na base mal conseguem comer e os que estão no meio têm que se arrastar como caranguejos dentro de um barril, os pais modernos adotaram uma abordagem mais protetora com relação à infância, ponderando muito bem cada decisão no sentido de colocar seus filhos na melhor faculdade possível e, no final, no tipo de carreira que poderá talvez possibilitar a eles uma vida satisfatória.

Ao mesmo tempo, nosso foco coletivo na autoestima se expandiu. É uma reação bem-intencionada aos estilos mais frios e autoritários de criação dos filhos do passado, que tinham muitos efeitos colaterais psicologicamente prejudiciais. Mas nas nossas tentativas de criar nossos filhos para que sejam mais capazes e confiantes, estamos agora excessivamente afinados com a ideia de protegê-los de quaisquer experiências adversas que tememos que possam abalar a psique deles. Em uma interpretação errônea das teorias de "reconhecer o esforço e não o resultado" de Dweck, as crianças são com frequência recompensadas por simplesmente tentar — recebem um dez pelo esforço ou uma medalha apenas por olhar de frente.

Infelizmente, esses esforços subestimam a capacidade da criança de aprender e crescer com base na experiência e podem ter uma série de consequências imprevistas que são, não raro, o exato oposto do que esperávamos obter. Antes de qualquer coisa, o foco na realização promove um conceito de sucesso muito limitado — ou seja, conseguir um determinado tipo de emprego que, presumivelmente, possibilitará que a criança tenha um certo nível de renda. Mas esse foco limitado em caminhos predefinidos em direção à realização é ainda mais incerto porque pressupõe um mundo estático, quando, de acordo com as projeções, 65% das crianças que hoje estão cursando as cinco primeiras séries do ensino fundamental podem acabar trabalhando com algo que ainda não foi nem mesmo inventado, e já existem amplas evidências dessa tendência. As dez principais ocupações nos Estados Unidos em 2010 não existiam em 2004, e o ritmo da inovação só fez aumentar a partir de então.

Para tornar as coisas ainda piores, existe hoje um crescente grupo de jovens nos *campi* das universidades que fizeram tudo certo no ensino médio, tiraram notas magníficas no SAT,* ingressaram em universidades sofisticadas e consideram o trabalho acadêmico muito fácil, mas que estão completamente desconcertados com a vida. Não têm a menor ideia de como lidar com um colega de quarto desleixado, com o desinteresse amoroso por parte de alguém por quem se enamoram ou, ainda, com pais controladores e superprotetores que aparecem para visitas não planejadas ("surpresa!") e entram constantemente em contato para saber como andam as coisas.

---

* Sigla de Scholastic Assessment Test. (N. dos T.)

No livro *How to Raise an Adult* [Como criar um adulto], Julie Lythcott-Haims, uma ex-vice-reitora associada da Universidade de Stanford, chama esses jovens de "existencialmente impotentes". Ela cita estudos que mostram que eles frequentemente têm taxas de depressão e ansiedade comparáveis às dos delinquentes juvenis encarcerados, são menos abertos a novas ideias e estão menos satisfeitos com a vida.

Outra consequência imprevista da superproteção dos pais é que os filhos podem crescer achando que o amor dos seus pais está condicionado a eles se comportarem de uma determinada maneira. Isso conduz à *autoestima contingente*, a convicção de que o seu valor precisa ser conquistado. A autoestima contingente pode se manifestar na jovem que sempre foi elogiada pela sua aparência e desenvolve um transtorno alimentar. Mas ela também pode ser visível no estudante com desempenho excepcional que estuda arduamente, tira notas excelentes, é eleito presidente da turma — e talvez ingresse em uma das melhores faculdades —, mas que desmorona quando se dá mal em um exame. Ou no atleta que treina todos os dias e se torna um *quarterback* famoso, mas tem um bloqueio quando falha em um lance importante na final do campeonato.

Até mesmo pais que nunca chegaram ao ponto de serem invasivos ou controladores desejam que seus filhos tenham uma vida saudável, produtiva e bem-sucedida — o que torna difícil para qualquer pai ou mãe, especialmente quando o caminho fica um pouco acidentado, deixar de interferir e empurrar o filho na trajetória que considera a melhor.

No entanto, por mais que você se esforce para garantir que seus filhos serão bem-sucedidos, felizes e seguros, pode estar certo de que surgirão tentações e que a mudança é inevitável. Você não pode prever — tampouco eles podem — o pequeno acidente na estrada, a nota ruim em uma prova de matemática, a festa em que todo mundo está se embebedando de cerveja ou o colega CDF que passa de uma hora para outra a se interessar por roubar nas lojas. Tampouco você pode garantir que matricular um filho em um curso de mandarim ou de codificação irá garantir que ele será aceito na universidade que escolher ou que no futuro terá um emprego estável e gratificante.

Na nossa era competitiva e imprevisível, uma das melhores coisas que os pais podem fazer para ajudar os filhos a prosperar é ensinar a eles as habilidades descritas neste livro. A agilidade emocional é como uma vacina que ajuda a imunizar as crianças contra serem esmagadas pelos momentos desagradáveis que a vida sem dúvida tem reservados para eles. Isso não dará uma completa imunidade às crianças, mas as ajudará a desenvolver a flexibilidade e a resiliência que elas precisam para florescer, mesmo nos tempos difíceis.

ARRISQUE

No verão em que meu filho Noah estava com 5 anos, nós dois éramos clientes assíduos da piscina da cidade. Ele invariavelmente topava com amigos lá, e eles passavam as tardes brincando na água e se divertindo de todas as maneiras que o calor proporciona e que fazem o tempo voar. Mas havia uma atividade que fazia o tempo parar, pelo menos para Noah. Sempre que pensava em saltar do trampolim, ele ficava paralisado. Todos os seus colegas saltavam, e ele queria desesperadamente fazer o mesmo, mas ficava apavorado demais para tentar. Ele os observava e permanecia fixo no lugar, esmagado por um medo que era maior do que seu desejo de participar em algo que ele claramente percebia que era muito divertido.

Todos temos esses momentos nos quais achamos que poderíamos tentar alguma coisa nova, mas simplesmente não conseguimos superar nosso medo. No caso das crianças, contudo, enfrentar experiências assustadoras é especialmente desafiante porque elas têm um histórico limitado de efetivamente dar esses saltos (no caso de Noah, tanto figurativa quanto literalmente). Elas ainda não tiveram tempo para construir um suprimento de resultados reforçadores — "Já fiz esse tipo de coisa antes e não morri" — de modo que são facilmente enredadas pela reação do piloto automático que as refreia, e elas ficam paralisadas.

A vida é cheia de trampolins e outros precipícios, mas, como vimos ao longo desta discussão sobre agilidade emocional, dar o salto *não* consiste em desconsiderar, corrigir, combater ou controlar o medo — ou qualquer outra coisa que você possa estar vivenciando. Mais exatamente, consiste em aceitar e observar com atenção todas as suas emoções e os seus pensamentos, encarando até mesmo o mais poderoso deles com compaixão e curiosidade e depois escolhendo a coragem em detrimento do conforto, a fim de fazer o que quer que você tenha determinado que é mais importante para você. Repetindo, coragem não é ausência de medo. Coragem é caminhar no medo — ou, no caso de Noah, mergulhar no medo.

Sem dúvida, o medo de uma criança provoca com frequência o próprio medo do medo do pai ou da mãe. Temos medo do que a relutância dos nossos filhos em abraçar uma experiência irá significar para o desenvolvimento deles (ou, Deus me livre, do que ele reflete a respeito das nossas habilidades para criar os filhos). Nós nos preocupamos com o que essa relutância poderá custar aos nossos filhos e filhas. Queremos que nossos filhos vicejem e, como podemos, com tanta frequência, ver o caminho à frente para eles, tentamos empurrá-los nessa direção, partindo do princípio de que, ao fazer isso, nossos filhos compreenderão que fosse qual fosse o objeto da sua relutância, ele não era realmente tão ruim. No entanto, como já sabemos a esta altura, a agilidade emocional não consiste em fazer as coisas porque você sente que *deveria* fazer ou porque outra pessoa quer que você faça. Mais exatamente, ela consiste em você ser capaz de fazer suas próprias escolhas intencionais a respeito de como se comportar. E isso também se aplica às crianças.

Quando Noah ficou paralisado — literal e metaforicamente — na beira do trampolim, eu poderia ter imposto minha vontade a ele, dizendo-lhe o que eu já sabia: que se ele fosse em frente e saltasse, ficaria bem e mais feliz. Ou poderia ter tentado minimizar suas genuínas preocupações, dizendo-lhe: "Não seja bobo. Veja como seus amigos estão se divertindo. Você quer perder tudo isso!?".

Em vez disso, fui capaz de começar uma conversa com Noah que continuamos mais tarde em casa. Depois que ele reconheceu que estava com medo, conversamos a respeito de como ele poderia se sentir se pulasse (empolgado e orgulhoso); de como ele poderia se sentir se não pulasse (aliviado em um certo nível porém desapontado consigo mesmo); e, criticamente, de como ele poderia ir em frente, apesar do medo que sentia, e pular, porque isso era importante para ele.

Em outras palavras, primeiro eu o incentivei a encarar o medo: a evolução nos tornou cautelosos com relação à altitude por uma razão, e não há nenhuma vergonha em precisar de tempo para nos ajustarmos à ideia anti-intuitiva de que dar um salto de um metro de altura sobre quatro metros de água clorada é uma coisa razoável a fazer.

O simples fato de reconhecer o que estava sentindo alterou o relacionamento de Noah com seu medo, possibilitando então que ele se afastasse — criando uma distância serena entre a emoção e o que ele queria realizar. Isso significou se distanciar tanto dos efeitos físicos desse medo — o aumento repentino do cortisol, a frequência cardíaca acelerada, a hiperventilação — quanto das narrativas de insegurança que poderiam já tê-lo enredado nessa tenra idade.

A partir daí nós examinamos o seu porquê, ou as razões pelas quais ele de fato desejava dar aquele salto: divertimento, empolgação, camaradagem. Ao longo do caminho, tentei assegurar a ele que a escolha de pular ou não pular era só *dele*. Apesar de qualquer pressão que ele possa ter sofrido dos colegas, aquele salto certamente não era uma coisa que ele tinha quer fazer, mas poderia vir a ser uma coisa que ele iria querer fazer.

Noah e eu afastamos o foco do resultado — fosse ele o sucesso (*cair na água*) ou uma meia-volta seguida de uma descida pela escada com os joelhos trêmulos — e o dirigimos para o processo: uma habilidade que ele desejava aprender e que poderia ser desmembrada em pequenos passos. Primeiro dia: subir até o alto da escada. Segundo dia: caminhar até a beira do trampolim. Terceiro dia: lá vou eu!

Mas no dia seguinte, pouco depois de chegarmos à piscina, Noah simplesmente deu um salto com impulso — sem trepidação, tremor ou passinhos receosos. E depois ele repetiu a façanha vezes sem conta, com infinitas variações, entre elas a bala de canhão, transformando o princípio da gangorra no princípio do salto elevado enquanto se divertia a valer ao mesmo tempo que pressionava os limites da sua zona de conforto a tarde inteira.

Como ele previra durante a nossa conversa, ele ficou superorgulhoso de si mesmo — algo que pude ver cada vez que ele acenava para mim, sorrindo feliz. Discutir o seu medo não o tinha tornado menos receoso, nem examinar o seu "porquê" mudou sua motivação. Ele sempre *quisera* pular, mas enquanto não tinha se desenredado da narrativa "não consigo fazer isso", não tinha sido capaz de se envolver completamente com o forte desejo intrínseco que estivera presente o tempo todo.

É claro que a maior lição que Noah aprendeu não foi a respeito de mergulhar ou não mergulhar. Ao reconhecer suas emoções — e no entanto se distanciar delas e se conectar com o seu porquê — ele aprendeu como se desenredar e prosseguir apesar do seu medo.

Quando guiamos nossos filhos por esses passos básicos em direção à agilidade emocional, damos a eles uma ferramenta para a vida inteira. Todas as vezes que eles dão um salto — não de imprudência ou de fé cega, mas com vontade e os olhos bem abertos apesar do medo — eles praticam caminhar no medo, uma habilidade que os ajudará mais tarde na vida a enfrentar uma série de outros desafios, muito mais importantes.

LIDERANDO PELO EXEMPLO

Quando pergunto aos pais qual é o maior desejo deles para seus filhos, a maioria responde: "Quero apenas que eles sejam felizes". No entanto, para ser verdadeiramente feliz, a pessoa precisa saber simplesmente "existir", e com isso quero dizer estar efetivamente consigo mesma — centrada, amável, curiosa e não frágil — em um mundo em transformação. Todos sabemos que o amor e a estrutura ajudam a preparar uma criança para relacionamentos dedicados e uma carreira bem-sucedida, mas a agilidade emocional oferece um conjunto de habilidades que pode converter o amor e a estrutura em um bem-estar permanente. Para os pais, a agilidade emocional fornece um conjunto de habilidades para ajudar seu filho a aprender a prosperar.

Muitos dos estudos que documentam o valor de ajudar as crianças a aprender as habilidades de olhar de frente, se afastar, ser coerente com seus motivos e seguir em frente foram realizados ao longo de intervalos de tempo suficientemente longos para acompanhar o desenvolvimento de resiliência, moralidade, força de vontade, saúde, estabilidade psicológica e sucesso nos relacionamentos até bem depois do início da idade adulta. Felizmente, algumas dessas conclusões começaram a se introduzir na cultura popular. Um exemplo notável é a animação *Divertida Mente*, que examina as várias emoções de uma menina, em constante transformação, e mostra como até mesmo as emoções difíceis, como a tristeza, desempenham um papel importante na formação de quem somos.

Se você for pai ou mãe, a maneira mais eficiente de ensinar a agilidade emocional aos seus filhos é praticá-la você mesmo. Isso pode ser difícil quando sua filha estiver gritando "eu te odeio!" a plenos pulmões, ou quando seu filho chegar em casa soluçando depois de um mau dia na escola. Mas esses momentos, na verdade, lhe oferecem uma oportunidade ainda mais valiosa de exibir agilidade emocional. Você exibe habilidades essenciais quando se afasta das suas emoções e responde calma e afetuosamente, procurando compreender por que seu filho está se sentindo como está, em vez de se apressar em responder aos seus próprios sentimentos.

Tenho um ph.D. nessa área, mas acredite, por várias vezes não apenas me deixei dominar pelas minhas emoções como também fiz com que a história fosse *a meu respeito*. Quando Noah era bebê, eu o levei ao pediatra para que ele tomasse a primeira série de vacinas. Lá estava Noah, no seu tranquilo casulo de existência e em paz com o mundo, mas no momento em que a primeira agulha foi inserida nele, ele começou a berrar. Para uma mãe novata como eu, seu olhar de indignação parecia dizer: "Eu confiei em você! Como você pôde fazer isso comigo?". Eu queria confortá-lo e corri para dizer exatamente o que a maioria dos pais dizem nesses momentos: "Está tudo bem! Está tudo bem!".

Noah continuou a chorar, e a enfermeira continuou a fazer o seu trabalho, mas, enquanto o fazia, ela se voltou para mim e disse algo que nunca esquecerei: "Não, não está tudo bem. Mas *vai ficar* tudo bem".

Ela estava absolutamente certa. Como fui tola ao dizer a uma pessoa, mesmo sendo um bebê que acabara de ser levado para uma sala fria e entregue a uma mulher desconhecida que estava agora enfiando agulhas nele e deixando-o aterrorizado, que estava tudo *bem*! Eu estava desprezando os sentimentos muito claros e imediatos de Noah, embora pré-verbais, negando a realidade muito dolorosa da sua experiência. Em essência, eu estava dizendo a ele que a reprimisse!

Quando Anthony, meu marido, chegou em casa, Noah já tinha superado havia muito tempo o seu protesto antivacinação. Eu, por outro lado, estivera me criticando amargamente durante horas: eu passara anos estudando as emoções. Eu deveria saber das coisas! Por outro lado, pondo de lado todo o meu trabalho profissional, eu era uma mãe novata, essa era a primeira vez que eu vira meu filho tão angustiado e, por mais ineficiente que eu tivesse sido, eu só queria confortá-lo.

Assim que Anthony entrou em casa, eu lhe contei toda a história.

"Você consegue acreditar... Noah estava chorando, e eu disse: 'Está tudo bem. Está tudo bem!'"

Anthony, que é um tipo de médico muito prático, mas também *muito* engraçado, olhou para mim enquanto eu despejava a minha história. Por um momento, ele permaneceu completamente em silêncio, mas depois um sorriso divertido tomou conta do seu rosto, e ele respondeu: "Está tudo bem, Sue. Está tudo bem".

VEJO VOCÊ, VEJO A MIM

Ao ser emocionalmente ágil, você ajudará seus filhos a aprender as mesmas habilidades. Você pode no entanto dar outros passos mais proativos.

Você se lembra das *regras de exibição* do Capítulo 3? São as lições que ensinamos aos nossos filhos a respeito do que é e do que não é uma resposta emocional apropriada a qualquer situação considerada. Nos casos extremos, uma regra de exibição pode se manifestar por meio de uma ordem como "Coragem! Levante a cabeça! Homens não choram", o que sinaliza para a criança que emoções desagradáveis são sinais de fraqueza e devem ser evitadas.

Em casos menos óbvios, podemos tentar descartar a frustração ou a tristeza da criança: "Oh, ela está apenas cansada", "Ela está com fome" ou "É apenas uma fase". Outras vezes, suavizamos a aflição dela: "Oh, querida, você sabe que não está realmente se sentindo assim" ou "Está tudo bem. Está tudo bem" (sim, sou culpada!). Mesmo quando essas mensagens são ditas com amor, elas podem ser contraproducentes.

Também podemos cair na armadilha de tentar consertar o que quer que esteja errado. Nossa filha chega em casa e diz: "Ninguém quer brincar comigo", e podemos retrucar de pronto: "Não se preocupe, vou brincar com você" ou começarmos imediatamente a entrar em contato com os pais das "meninas malvadas" para organizar encontros para elas brincarem ou para atenuar as coisas. Essas são maneiras perfeitamente naturais e compreensíveis pelas quais tentamos remediar a tristeza de uma pessoa que amamos. No entanto, embora esse tipo de reação possa resolver o problema imediato, ela priva a criança da oportunidade extremamente importante de refletir sobre seus sentimentos desagradáveis — de olhar de frente, se afastar e aprender com essas situações do mundo real que às vezes são dolorosas. Ela também inadvertidamente sinaliza para a criança o seguinte: "Não confio na sua capacidade de resolver problemas". Por outro lado, quando você leva o tempo necessário deixando que seu filho reconheça seus sentimentos e garantindo a ele que essas emoções são normais e saudáveis, você o ajudará o bastante a desenvolver as ferramentas de que ele precisará para se tornar um adulto produtivo e emocionalmente ágil.

O maior grupo étnico da África do Sul, os zulus, se cumprimentam dizendo "Sawubona", que se traduz literalmente como "Eu vejo você". O que está sendo insinuado é que ao ver você, ou ao perceber você, eu na verdade faço você surgir. Adoro esse sentimento porque ele condensa perfeitamente o primeiro passo, e um dos mais básicos, do ensino da agilidade emocional. Ao simplesmente deixar que nossos filhos saibam que os percebemos completamente e sem julgá-los, sinalizamos que aceitamos e confirmamos a experiência emocional deles. Como uma bonificação adicional, nós efetivamente os ajudamos a ficar mais calmos quando fazemos isso porque as crianças frequentemente exibem uma redução da intensidade emocional quando o pai ou a mãe estão emocionalmente presentes. Sendo assim, apesar do nosso anseio por consertar as coisas, de fazer com que tudo fique melhor o mais rápido possível, ficamos em melhor situação simplesmente fazendo uma pausa e escutando, mostrando aos nossos filhos por meio do exemplo como criar esse espaço entre o estímulo e a resposta.

Quando uma criança sente que é completamente percebida e reconhecida por aqueles que a cercam, é pouco provável que ela não se sinta amada e segura. Estou certa de que todos já vimos crianças bem pequenas, entre mais ou menos 1 e 3 anos de idade, se afastarem para explorar alguma coisa nova, mas de vez em quando olharem para trás para se certificar de que a pessoa que cuida dela ainda está presente, o tempo todo acreditando que ela estará. É essa sensação de segurança — que os psicólogos chamam de *apego seguro* — que está no âmago da capacidade de qualquer criança de avançar corajosamente em direção ao mundo maior. O apego seguro é o estabilizador da vida emocional da criança até o final do ensino fundamental e da adolescência, e depois até a formação dos seus relacionamentos adultos.

A sensação de apego seguro da criança — essa ideia de que *eu, em toda a minha glória, bem como em toda a minha sordidez e imperfeição, sou amada e aceita* — possibilita não apenas que ela corra riscos no mundo, mas também que corra riscos com suas próprias emoções. Por saber que não será desqualificada, rejeitada, punida ou humilhada por sentir o que quer que sinta, ela pode sentir tristeza, felicidade ou raiva e descobrir como gerenciar ou responder a cada uma dessas emoções, uma por uma.

A criança que se sente livre para vivenciar a amplitude completa de emoções sem medo de punição ou necessidade de autocensura aprende três lições fundamentais:

As emoções passam. Elas são transitórias. Não há nada na experiência mental que *exija* uma ação.

As emoções não são assustadoras. Não importa quanto um sentimento particular pareça grande ou mau, sou maior do que ele.

As emoções são mestras. Elas contêm informações que podem me ajudar a descobrir o que importa para mim — e para os outros.

Só para esclarecer, embora criar filhos emocionalmente ágeis requeira que você reconheça e aceite os sentimentos deles sem reprovação, isso *não* significa que você precise tolerar acessos de raiva ou um comportamento irracional. Você pode deixar que as crianças saibam que os sentimentos delas são reais e tão importantes quanto os de qualquer outra pessoa — "Estou vendo que você está realmente irritado com sua irmãzinha. E entendo que, neste momento, você quer dá-la de presente para outra pessoa" — sem sugerir que todo sentimento deve dar origem a uma ação. É aqui que entra o afastamento. Ao ajudar seu filho a rotular a emoção, obter perspectiva e colocar uma distância entre o impulso e a ação, você está reforçando a ideia de que, embora ele não precise reprimir seus sentimentos, às vezes ele precisará refrear seu comportamento.

Além disso, esse tipo de reação compassiva e, no entanto, levemente distante pode ser desafiante quando seu filho pequeno está deitado de bruços no corredor do supermercado, gritando e chutando, ou quando sua filha adolescente acaba de sair pela janela do quarto dela e desaparecer na garupa de uma motocicleta com o garoto chamado Petersen. Mas, tanto para os pais quanto para a criança, é a parte de olhar de frente que lança a base para o afastamento — o desenredar que impede que nossas emoções mais vigorosas nos dominem.

COMO PENSAR, NÃO O QUE PENSAR

Perguntei recentemente à minha mãe se ela se lembrava da história que contei anteriormente, quando tentei fugir de casa e acabei dando voltas no quarteirão horas a fio. Ela riu — é claro que se lembrava. Depois, ela me contou uma coisa que eu não sabia: enquanto eu dava todas aquelas voltas, ela na verdade estava me seguindo, meio quarteirão atrás de mim. Afinal de contas, eu só tinha 5 anos, e ela não ia, de jeito nenhum, deixar que eu vagasse pelas ruas perigosas sozinha.

Minha mãe teve o mérito de não tentar minimizar meu descontentamento (o que poderia ter me ensinado a me reprimir), tampouco tentou corrigir as coisas procurando me apaziguar. Em vez disso, ela me deixou viver com o que eu estava sentindo e até mesmo permitiu que eu exercesse meu livre-arbítrio, por mais equivocado que ele fosse. Entretanto, ela manteve o tempo todo a sua corda de proteção e apego (invisível) certificando-se de que eu estava em segurança e pronta para intervir no caso de uma ameaça. Em outras palavras, ela me manteve fisicamente segura mas me deu o presente da autonomia emocional.

A autonomia é um elemento básico da prosperidade a longo prazo e é fundamental para o desenvolvimento moral das crianças. Autonomia significa autogovernança, ou governo pelo eu, e, do ponto de vista psicológico, a pessoa autônoma vive de acordo com as escolhas que ela própria faz. No entanto, autonomia é diferente da mera independência. O grito "Você não manda em mim! Vou ficar fora de casa a noite toda se eu quiser!" de um adolescente soa muito independente, mas um comportamento não é autônomo se for condicionado pela pressão dos colegas, por maus hábitos, compulsões ou emoções caóticas. As ações verdadeiramente autônomas são aquelas que reconhecemos e endossamos plenamente com nosso eu mais profundo, sem nenhuma coerção, seja ela externa ou dos nossos próprios impulsos incontrolados. A adolescente que sempre volta para casa porque tem medo de ser punida ou porque se sente culpada por estar sendo desleal com seus pais não está agindo autonomamente, assim como também não está o adolescente que não respeita a hora de voltar para casa determinada como um ato de rebelião. Ao contrário, a adolescente que age com autonomia, nesse exemplo, pode voltar para casa na hora combinada porque essa é a regra, regra que ela acredita ser perfeitamente válida e razoável.

Eis como podemos encorajar a autonomia em uma criança:

- Respeite-a por quem ela realmente é (por exemplo, alguém que adora desenhar) em vez de por quem você deseja que ela seja (por exemplo, alguém que adora praticar *wrestling*).
- Conceda a ela a possibilidade de uma escolha verdadeira sempre que possível — o que não é o mesmo que não definir limites, não estabelecer expectativas ou satisfazer todos os caprichos dela.
- Forneça uma razão lógica para as decisões que você toma quando nenhuma escolha é possível. "Porque é o que eu mandei você fazer!" não é uma justificativa que favoreça a autonomia para explicar a razão pela qual o seu filho que está na pré-escola tem que segurar sua mão ao atravessar a rua. "Porque você é pequeno e os motoristas podem não conseguir ver você, mas eu sou alto e eles podem me ver" é uma argumentação razoável.
- Minimize recompensas externas como adesivos, brinquedos ou dinheiro porque a criança fez xixi no pinico em vez de fazer na fralda, porque fez o dever de casa ou porque teve boas notas.

Os dois últimos itens dessa lista são especialmente importantes para ajudar as crianças a encontrar as motivações do tipo "quero fazer" discutidas no Capítulo 7. As crianças criadas em uma economia de negociação ou suborno, assim como aquelas criadas em um ambiente de comando e controle, não desenvolvem o eu forte e autônomo capaz de criar uma distância entre os verdadeiros desejos e as respostas programadas de antemão — e não faz diferença se as respostas são rebeldes ou aquiescentes. E as pessoas ensinadas a agir com a expectativa de recompensas extrínsecas acabam se revelando menos felizes e bem-sucedidas, além de ter relacionamentos menos satisfatórios do que aquelas que são interiormente motivadas.

A autonomia motivadora também ajuda as crianças a desenvolver um conjunto de valores que pertencem a elas, separados de recompensas e exigências — um "porquê" caminhar. Isso será especialmente importante quando as crianças encontrarem-se diante de escolhas mais ambíguas (como se devem ou não correr um risco criativo), o que certamente acontecerá, para as quais não há uma compensação garantida. O mesmo se aplica a situações nas quais não há regras pré-definidas ("Você nunca disse que eu *não poderia* pegar seu carro emprestado para ir até Tijuana"). Somente quando as crianças são adequadamente guiadas em direção a aprender e confiar nos seus próprios valores é que elas podem descobrir seus porquês e suas motivações do tipo "quero fazer" — aquelas que conduzem à genuína prosperidade.

Não obstante, existem ocasiões em que a criança se deparará com um perigo imediato. Obviamente, nesses momentos, seu desejo de incentivar a autonomia dela assumirá uma importância secundária em prol de intervenções de bom senso. Quando eu "fugi de casa" aos 5 anos de idade, minha mãe pôde ver que eu não estava tentando atravessar a rua e também que eu não iria muito longe, de modo que se mostrou disposta a me conceder uma certa margem de manobra. Se eu tivesse decidido ir embora de casa para sempre aos 13 anos, tenho certeza de que ela teria assumido uma posição muito mais firme contra o meu desejo de sair pelo mundo.

CRIANDO CRIANÇAS QUE SE IMPORTAM

Criar crianças com agilidade emocional não consiste apenas em expressar empatia pela criança no momento; envolve exibir regularmente um comportamento empático para que seus filhos possam aprender a fazer o mesmo. Você talvez não veja nenhuma razão para que o primeiro dia em uma nova escola possa ser assustador, mas pode reconhecer que seu filho encare a situação dessa maneira. Ao fazer isso, você não apenas proporciona segurança a ele como também incentiva o instinto natural dele de levar em consideração os sentimentos das outras pessoas. Por que os "meninos durões" estão tentando agir com tanta violência? Quem mais pode estar se sentindo solitário ou deslocado?

Esse é o processo que produz crianças que, à medida que amadurecem, reparam no colega de turma que foi deixado de fora, no aluno de intercâmbio tímido que está tendo dificuldade com a barreira do idioma, no caixa do supermercado que está vivendo um dia ruim, no idoso no supermercado que precisa de ajuda para carregar uma sacola. Mais tarde, elas provavelmente se sintonizarão com questões ainda mais amplas de justiça e inclusão social na comunidade local e na sociedade como um todo. Mas empatia e perspectiva não podem ser inculcadas por decreto.

Em um estudo da Universidade Cornell, pesquisadores apresentaram crianças de 3 e 4 anos de idade a um boneco "triste" chamado Doggie. As crianças receberam então um recurso valioso: um adesivo de estrela. Um grupo de crianças teve como incumbência a difícil escolha de dar seu adesivo para Doggie ou ficar com ele para si. Um segundo grupo teve uma escolha mais fácil: dar o adesivo para Doggie ou devolvê-lo ao pesquisador. As crianças do terceiro grupo foram simplesmente informadas de que *tinham* que dividir seus adesivos com Doggie. Mais tarde, quando as crianças foram apresentadas a outro boneco "triste" chamado Ellie, cada uma recebeu três adesivos — e a opção de dividir com o boneco tantos quantos quisessem. As crianças que estavam antes no primeiro grupo — e tinham tido a escolha de dividir o adesivo com Doggie ou ficar com ele para si — deram mais adesivos para Ellie do que as que estavam antes em qualquer um dos outros dois grupos. Em outras palavras, as crianças a quem tinha sido oferecida uma livre escolha foram mais generosas do que aquelas que tinham sido coagidas.

Obrigar seu filho a convidar um colega de turma solitário para a festa de aniversário dele ou punir sua filha se ela não pedir desculpas por ter feito um comentário insensível no *playground* poderá fazer com que você obtenha um resultado rápido e uma sensação de alívio temporária. Mas é somente deixando que seus filhos ajam de uma maneira autônoma, encorajando-os a descobrir suas genuínas motivações, que você poderá ajudá-los a liberar o verdadeiro potencial deles para a empatia.

Isso também se aplica a conceitos éticos como dizer a verdade. Em um estudo de pares formados por um adolescente de 13 anos e um dos pais, foi perguntado aos primeiros como tinham sido tratados pelo pai/pela mãe nos meses anteriores. Havia uma conexão direta entre quanto o pai/a mãe tentava controlar o comportamento do seu filho adolescente e quanto o adolescente compreendia o valor de dizer a verdade. Os adolescentes se mostravam mais propensos a compreender os benefícios de dizer a verdade e os custos de mentir quando concordavam com as seguintes declarações: "Quando meu pai/minha mãe me pediu para fazer alguma coisa, ele/ela explicou por que queria que eu a fizesse", "meu pai/minha mãe me deu muitas oportunidades de tomar minhas próprias decisões a respeito do que eu faço" e "meu pai/minha mãe era aberto(a) aos meus pensamentos e sentimentos mesmo quando eram diferentes dos dele/dela". Por outro lado, os adolescentes que relataram acreditar nos *custos elevados* de dizer a verdade concordaram com as declarações "Meu pai/minha mãe me fazia sentir culpado por tudo", "meu pai/minha mãe se recusava a aceitar que eu poderia simplesmente querer me divertir sem tentar ser o melhor" e "quando eu me recusava a fazer alguma coisa, meu pai/minha mãe ameaçava retirar alguns privilégios para me obrigar a fazê-la".

As virtudes de promover a autonomia também podem ser observadas com base em uma perspectiva puramente prática: você nem sempre estará ao lado do seu filho adulto, segurando a mão dele em todos os momentos e ajudando-o a lidar com cada escolha e dilema ético — pelo menos espero que não! Tampouco estará presente para ajudar seus filhos a se afastar e desenredar todas as vezes que eles se virem diante de uma poderosa emoção ou um pensamento impulsivo. Quando somos crianças ou até mesmo adolescentes, somos geralmente perdoados por travessuras tolas e inadequadas. Mas enquanto um adolescente de 16 anos provavelmente será perdoado por tirar o ar dos pneus do diretor da escola (uma vez), um rapaz de 26 anos que fizer a mesma coisa na SUV do seu chefe provavelmente não será tratado com a mesma benevolência.

Quando eu tinha cerca de 8 anos, roubei uma pequena quantia dos meus pais. Ainda me lembro da quantia: dois *rands*, que na moeda atual equivale a cerca de três dólares. Meus pais descobriram o que eu tinha feito quando cheguei em casa com um monte de balas e chocolates — e uma história obviamente falsa de que um amigo muito generoso os tinha comprado para mim.

Meus pais me levaram para dar um passeio de carro — só nós três: mamãe e papai na frente e eu no banco de trás — e tiveram uma conversa muito séria comigo. Falaram que estavam muito desapontados com o meu comportamento e me disseram que roubar e mentir eram coisas que não fazíamos na nossa família. Depois, eles me ajudaram a descobrir como eu poderia corrigir o erro, o que incluía pagar a eles e pedir desculpas ao amigo que eu envolvera na confusão.

Ficou evidente que eles levaram a questão muito a sério, mas também tiveram o cuidado de não me envergonhar na frente dos meus irmãos. Além disso, eles não gritaram nem usaram táticas para me amedrontar. Em vez disso, foram claros, calmos e, creio eu, conscientes do que desejavam alcançar. Ao me ajudarem a entender o impacto emocional sobre eles e meu amigo, em vez de simplesmente fazerem uma preleção me informando que o que eu tinha feito era errado, eles possibilitaram que eu adquirisse alguma perspectiva sobre minhas ações em vez de adotar uma postura defensiva (um comportamento que frequentemente conduz a mais mentiras). Eles formularam expectativas em vez de aplicar uma punição. Como resultado, eu me senti culpada, porém não envergonhada — uma diferença fundamental, como discutimos no Capítulo 4 —, e motivada a resolver o problema. Além disso, se eles tivessem me forçado a fazer um desses pedidos de desculpas insinceros, eles poderiam ter ouvido as palavras que desejavam ouvir, mas não teriam me dado a oportunidade de examinar e processar os sentimentos que, para início de conversa, haviam motivado o meu comportamento.

A verdade era que eu me sentia isolada na escola, e essa solidão era amplificada sempre que o grupo de meninas de quem eu mais gostava iam juntas comprar balas e chocolate na hora do recreio — o que eu, com frequência, não tinha dinheiro para fazer. Como meus pais me ajudaram a enfrentar esse mal-estar, pude ter uma conversa com eles não apenas a respeito de assumir o controle do meu comportamento como também a respeito das estratégias que eu poderia usar para conhecer melhor alguns dos meus colegas de turma e participar mais da diversão — sem roubar. Também aprendi como ter uma conversa difícil que gera um final produtivo, o que não é pouco.

Se meus pais tivessem simplesmente me punido, nenhuma parte desse crescimento teria acontecido. O que é ainda pior, eu poderia ter começado a me considerar uma menina que roubava, ou meus pais poderiam ter achado isso. Ao evitar essa possibilidade, meus pais mantiveram o incidente no lugar apropriado — como uma coisa que tinha acontecido uma única vez e uma oportunidade de aprendizado. Eles se encontraram comigo onde eu estava, não onde desejavam que eu estivesse, e isso fez toda a diferença.

COACHING EMOCIONAL

Como já estabelecemos, para criar crianças emocionalmente ágeis, começamos por ajudá-las a olhar de frente todos os seus sentimentos, inclusive os complicados. Embora grande parte de olhar de frente consista em "ir para" a emoção ("como você está se sentindo?"), há também aquele importante elemento da agilidade emocional que envolve seguir em frente, ou "passar por" ("quais são algumas das opções para lidar com isto?"). É quando a agilidade emocional encontra a busca de medidas práticas para lidar com a situação, seja ela qual for.

A melhor maneira de conseguir que seus filhos sigam em frente é incentivando-os a fazer *brainstorm*. Quando você os ajuda a encontrar soluções sozinhos — soluções que sejam significativas para eles —, eles desenvolvem a autonomia que os ajudará a lidar com o próprio mundo deles, bem como com o senso de responsabilidade que a acompanha.

E aqui nós voltamos à ideia dos pequenos ajustes: pequenas mudanças que ajudam seu filho a aceitar desafios e avançar em direção ao que é importante. O principal foco nesse caso é no *processo* — ficar aberto à experimentação, tentar coisas novas e descobrir o que poderia ser aprendido — em vez de em algum resultado ideal, do tipo passar ou ser reprovado. Se sua filha está preocupada em fazer amigos na nova escola, não é provável que ela se dê bem com todo mundo ao mesmo tempo, de modo que você pode perguntar a ela: "Quais são os bons lugares para você começar a se conectar com as pessoas?". No caso da adolescente que está lidando com o mundo frequentemente hostil da mídia social adolescente, você pode perguntar: "Quais são algumas estratégias que você poderia usar para lidar com pessoas que têm opiniões diferentes das suas?".

Algum tempo atrás, um colega meu — vamos chamá-lo de Jon — participou com seu filho de 6 anos de um torneio de golfe de pais e filhos. Os adultos jogaram contra os adultos e as crianças contra as crianças, porém, mais ou menos na metade da partida, Jon percebeu que Keith, seu filho, estava chorando. Jon o abraçou e delicadamente perguntou por que ele estava triste, mas ficou claro que nenhuma quantidade de abraços e conversa no campo de golfe os levaria à essência da questão a tempo de terminarem o torneio.

Jon então disse à Keith que era aceitável que ele chorasse se era isso que precisava fazer. Mas também perguntou se Keith conseguiria chorar *e* jogar ao mesmo tempo. Ele prometeu ao filho que se este conseguisse passar pelos nove buracos, eles iriam examinar completamente o que o estava deixando descontente assim que o torneio terminasse. Keith concordou, e pai e filho se separaram novamente e jogaram até o final nas suas respectivas equipes. No final, Keith se saiu tão bem que chegou a ganhar um troféu.

Com um pai menos esperto, isso poderia facilmente ter se tornado uma história a respeito de repressão — enterrar as emoções problemáticas e continuar a jogar cheio de tensão e ansiedade (você se lembra de Tom Hanks gritando em *Uma Equipe Muito Especial*: "A gente não chora no beisebol"?). Não raro, quando exigimos que crianças choronas ou zangadas se comportem de uma maneira socialmente mais aceitável, enviamos inadvertidamente para elas a mensagem de que não nos importamos com seus sentimentos.

Mas Jon fez uma pequena pausa carinhosa para reconhecer e aceitar a aflição do filho — para dar as caras para ela. Isso foi suficiente para ajudar Keith a se afastar e conviver de maneira atenta e compassiva com suas emoções ao mesmo tempo que fazia o que precisava fazer naquele momento: terminar a partida de golfe.

Mais tarde, quando tiveram tempo para conversar, Jon descobriu que seu filho ficara transtornado porque perdera uma bola de golfe. Na cabeça de 6 anos de Keith, as bolas eram dispendiosas, de modo que um incidente relativamente sem importância adquirira dimensões de um verdadeiro pânico.

Jon me disse que agora, muitos anos depois, ele ainda lembra ao seu filho que é possível chorar e jogar ao mesmo tempo. Na realidade, esse tipo de "jogar até o fim" com autocompaixão pode ser a essência da agilidade emocional.

ISSO É TUDO

Malala. Até 2009, a maioria das pessoas nunca tinha ouvido falar nesse nome. Mas a adolescente paquistanesa que ganhou o Prêmio Nobel tornou-se depois disso um símbolo universal de bravura e força de caráter. Aos 11 anos de idade, usando um pseudônimo, Malala Yousafzai começou a escrever um blog para a BBC a respeito da sua vida no noroeste do Paquistão — onde os militantes talibãs islâmicos, que controlavam a região, proibiam a maioria das meninas de frequentar a escola. No seu blog, Malala falou sobre a importância da educação para as meninas.

Depois que um repórter do *New York Times* fez um documentário sobre sua vida, em 2010, Malala foi reconhecida mundialmente, tendo recebido ameaças de morte no seu país. Em 2012, os talibãs enviaram um pistoleiro para matá-la enquanto ela voltava para casa no ônibus escolar. Quando o assassino entrou no ônibus e ameaçou matar todas as meninas presentes, Malala, então com 15 anos, não hesitou em se identificar como aquela que eles estavam procurando. O matador atirou três vezes. Uma das balas a atingiu na cabeça.

Ziauddin, o pai de Malala, é um ativista da educação, e os pais de Malala tinham criado a filha, por meio de exemplos, para defender aquilo em que acreditava. Enquanto sua filha jazia inconsciente em estado crítico, o pai de Malala, aflito, se perguntava se teria feito a coisa certa ao incentivar o ativismo dela. O único consolo dos seus pais era saber que o "porquê" da sua filha era tão importante para ela que ela se mostrara disposta a enfrentar resolutamente a morte.

Enquanto Malala se recuperava dos seus ferimentos, sua mãe e seu pai descobriram que sua coragem na maneira como tinham criado a filha também os beneficiara. "Ela nos consolou", declarou seu pai em um discurso pouco antes de Malala ganhar, aos 17 anos, o Prêmio Nobel da Paz de 2014, a pessoa mais jovem até então a receber o prêmio. "Aprendemos com ela a sermos resilientes nos momentos mais difíceis." E para que vocês não achem que essa história não se aplica ao seu filho, acrescentou ele, "Ela é como qualquer menina. Ela briga com os irmãos; ela chora quando seu dever de casa está incompleto".

O verdadeiro recado de Ziauddin, contudo, foi uma mensagem que cada pai ou mãe pode levar a sério: "O que tornou Malala tão especial, corajosa e equilibrada? Não me perguntem o que eu fiz. Perguntem o que eu não fiz. Eu não cortei suas asas, e isso é tudo".

▶ **CAPÍTULO 11**

CONCLUSÃO: TORNE-SE REAL

O clássico infantil *O Coelho de Veludo* conta a história de um animal de pelúcia que deseja descobrir o que significa ser "real". Quando a narrativa começa, o Coelho está tendo dificuldade em se enturmar com os outros brinquedos do seu dono. O menino a quem o Coelho pertence perdeu o interesse nele pouco depois o ganhar, e os outros brinquedos, muitos dos quais têm peças mecânicas modernas que fazem com que eles ajam e pareçam reais, intimidam o Coelho. Afinal de contas, ele é feito de pano e serragem e está longe de se parecer com um coelho de verdade.

Com o tempo, o Coelho encontra um amigo no velho e sábio Cavalo de Couro, que mora no quarto de brinquedos há mais tempo do que qualquer um dos outros brinquedos. "O que é REAL?", pergunta o Coelho, certo dia, ao Cavalo de Couro. "Significa ter coisas que zumbem dentro da gente e uma chave de corda que se projeta para fora?"

"Real não é uma coisa da qual você é feito", diz o Cavalo de Couro. "É uma coisa que acontece a você. Quando uma criança o ama durante um longo, longo tempo, não apenas para brincar, mas quando ela REALMENTE o ama, você se torna Real."

"Isso dói?"

Sim, admite o Cavalo, mas quando você é real, você na verdade não se importa tanto com a possibilidade de se machucar. Ser real, acrescenta ele, "não acontece com frequência a pessoas que quebram facilmente, que têm arestas cortantes ou que têm que ser guardadas com cuidado". Ser real requer que você se arranhe um pouco, que fique até mesmo um pouco surrado.

Certa noite, o menino não consegue encontrar seu brinquedo predileto para dormir com ele, de modo que a babá pega o Coelho de Veludo do armário de brinquedos e o coloca ao lado do seu jovem patrão. Depois disso, o menino se apega inseparavelmente ao Coelho, abraçando-o com força na cama, cobrindo de beijos seu focinho cor-de-rosa e levando-o para toda parte. O menino até mesmo vai brincar com ele no jardim e, certa vez, o deixa sem querer do lado de fora a noite inteira. Depois de tudo isso, o Coelho vai ficando cada vez mais encardido e surrado. Com o tempo, o nariz perde seu tom rosa.

Em um determinado momento, a babá tenta levar embora o brinquedo, agora imundo, mas o menino protesta, dizendo que o Coelho tem que ficar, insistindo em afirmar que ele é REAL. Isso, é claro, é música para os ouvidos acetinados, mas agora desbotados, do Coelho.

Com o tempo, graças à intervenção mágica da Fada do quarto de brinquedos, o Coelho de Veludo se torna efetivamente uma criatura viva e real e parte, aos saltos, em direção à floresta. Antes, o Coelho era real para o menino, mas agora, diz a Fada, ele será "Real para todo mundo".

Nós, que vivemos no mundo "real", talvez não sejamos capazes de dar pancadinhas em nós mesmos com uma varinha mágica e transformar-nos, instantaneamente, nas pessoas que mais ansiamos por ser. No entanto, se praticarmos a agilidade emocional não precisaremos de mágica, porque a agilidade emocional possibilita que sejamos nosso eu autêntico para todo mundo, todos os dias.

A agilidade emocional é a ausência de fingimento e atuação, o que confere às nossas ações um poder maior porque elas emanam dos nossos valores básicos e da nossa força essencial, uma coisa sólida, genuína e *real*.

Não atingimos esse nível de REAL, esse nível de agilidade emocional, por meio da magia, mas sim por meio de uma série de minúsculos passos nos momentos do dia a dia ao longo da vida inteira. Eis como você pode começar hoje essa jornada:

Nomeie a si mesmo agente da sua vida e assuma o controle do seu próprio desenvolvimento, de sua carreira, seu espírito criativo, sua coragem e sua curiosidade.

Aceite todo o seu eu — com nariz desbotado, orelhas surradas, "boas" e "más" emoções, o pacote inteiro — com compaixão, coragem e curiosidade.

Receba de braços abertos suas experiências interiores, respire nelas e aprenda os contornos delas sem correr para a saída.

Abrace a identidade que está evoluindo e libere as narrativas que não são mais úteis para você.

Abandone as metas irrealistas das pessoas mortas aceitando que estar vivo significa às vezes se machucar, fracassar, ficar estressado e cometer erros.

Deixe de perseguir a perfeição para poder desfrutar o processo de amar e viver.

Abra-se para o amor que virá com a dor e para a dor que virá com o amor; e para o sucesso que virá com o fracasso e para o fracasso que virá com o sucesso.

Abandone a ideia de ser destemido, caminhando, em vez disso, diretamente para seus temores, tendo seus valores como guia, em direção ao que importa para você. Coragem não é ausência de medo, coragem é caminhar no medo.

Escolha a coragem em detrimento do conforto, envolvendo-se dinamicamente com novas oportunidades de crescimento e aprendizado, em vez de se resignar passivamente às suas circunstâncias.

Reconheça que a beleza da vida é inseparável da sua fragilidade. Somos jovens até que deixamos de ser. Somos saudáveis até que deixamos de ser. Estamos com aqueles que amamos até que deixamos de estar.

Aprenda a ouvir a pulsação do seu próprio porquê.

E, finalmente, lembre-se de "dançar se puder".

▶ AGRADECIMENTOS

Assim como é preciso uma aldeia para criar uma criança, uma aldeia global é necessária para publicar um livro. Um número de pessoas maior do que eu poderia citar aqui deram forma a *Agilidade Emocional* com apoio, visão, perspectivas, generosidade e amor.

Antes de existir um livro, houve um artigo, e antes de existir um artigo, houve ideias e pesquisas. Tive o privilégio de conhecer e aprender com alguns dos psicólogos e cientistas comportamentais mais inspiradores do planeta. Henry Jackson, sua confiança em mim estimulou minha pesquisa sobre as emoções e o impacto delas na vida do dia a dia. Peter Salovey, não consigo pensar em nenhuma pessoa mais inovadora, amável e generosa. Jack Mayer e David Caruso, sua opinião moldou uma geração de pesquisadores e profissionais. Martin Seligman, Ed Diener, Mihaly Csikszentmihalyi — sua visão de um fórum no qual pesquisadores novos e pesquisadores experientes poderiam se reunir e aprender uns com os outros foi seminal para muitas carreiras, inclusive a minha. Marc Brackett, Alia Crum, Robert Biswas-Diener, Michael Steger, Sonja Lyubomirsky, Todd Kashdan, Ilona Boni-well, Adam Grant, Dorie Clark, Richard Boyatzis, Nick Craig, Andreas Bern-hardt, Konstantin Korotov, Gordon Spence, Anthony Grant, Ellen Langer, Amy Edmondson, Whitney Johnson, Gretchen Rubin e meus muitos outros colegas: suas ideias permearam este livro e sou profundamente grata por sua generosidade e por seu trabalho.

Minhas ideias foram profundamente influenciadas pelas pesquisas provenientes da Association for Contextual Behavioral Science e pelas ricas discussões sobre a lista de Aceitação e Compromisso para Profissionais, especialmente pelas contribuições de Steven Hayes, Russ Harris, Joseph Ciarrochi, John Forsyth, Donna Read, Rachel Collis, Kelly Wilson, Hank Robb, Maarten Aalberse, Kevin Polk, Lisa Coyne, Daniel Moran, Amy Murrell e Louise Hayes. Esse fórum define o referencial para a abertura ao aprendizado, à curiosidade e ao compartilhamento, ao lado de um revigorante nível de humildade.

Ruth Ann Harnisch, as palavras não são suficientes para transmitir minha gratidão por seu apoio e estímulo. Você e Bill Harnisch são uma extraordinária força para o bem no mundo. Não fosse por vocês dois e pelo trabalho pioneiro da Harnisch Foundation, inclusive das queridas Linda Ballew, Jennifer Raymond, Lindsey Taylor Wood e de todos os seus colegas visionários, não haveria um Institute of Coaching e a área não teria tido o desenvolvimento que teve. Scott Rauch, Philip Levendusky, Shelly Greenfield, Lori Etringer e os muitos outros no McLean Hospital e na Universidade Harvard que fazem um trabalho tão importante, obrigada a vocês por seu apoio ao dar vida ao instituto. Aos cofundadores do meu instituto, Carol Kauffman e Margaret Moore — foi uma jornada maravilhosa e eu não poderia imaginar dois amigos melhores para me acompanharem. Meus fabulosos colegas Jeff Hull, Irina Todorova, Chip Carter, Laurel Doggett, Sue Brennick, Ellen Shub e Stephenie Girard — minha vida está imensuravelmente mais rica porque os conheci.

Alison Beard e Katherine Bell — vocês acreditaram nas ideias por trás de *Agilidade Emocional* e foram uma parte fundamental do grupo que deu forma ao artigo seminal na *Harvard Business Review*. Foi maravilhoso vir a conhecê-los ao longo dos anos, junto com o restante da equipe da HBR, inclusive Courtney Cashman, Ania Wieckowski, Amy Gallo, Melinda Merino e Sarah Green Carmichael. Vocês se esforçam com enorme afinco e sucesso para levar ideias novas e importantes para o mundo dos negócios. Obrigada.

Sem a incrível Brooke Carey da Penguin Avery, este livro não existiria. Brooke apoiou *Agilidade Emocional* desde a proposta até o livro que você tem nas mãos. Sua orientação e sua avaliação foram impecáveis durante cada parte da jornada. Brooke, você tem meu profundo e eterno reconhecimento. Sou especialmente grata a Megan Newman e Caroline Sutton por acreditarem e apoiarem este trabalho; à equipe de publicidade e marketing, inclusive Lindsay Gordon, Anne Kosmoski, Farin Schlussel e Casey Maloney; e à extraordinária copidesque Maureen Klier. Vocês promoveram este livro de inúmeras maneiras. Foi uma honra e um privilégio trabalhar com uma equipe tão profissional, encorajadora e divertida. Minha gratidão também para o pessoal maravilhoso da Penguin Life: Joel Rickett, Julia Murday, Emma Brown, Emily Robertson, Richard Lennon e Davina Russell. Bill Patrick — este livro não seria o que é sem o seu extraordinário intelecto, seu humor e sua habilidade em expressar o difícil. Aprendi muito com vocês. Melanie Rehak e Lauren Lipton, sou muito grata pelas suas contribuições e perspectivas editoriais.

Christy Fletcher, agente extraordinária, como posso lhe agradecer? Vou contar as maneiras: humor, incentivo, atenção ao detalhe, intelecto, perspicácia impressionante, amizade e tantas outras coisas. Vocês, as brilhantes Sylvie Greenberg, Hillary Black e o restante da Fletcher & Company são uma equipe do tipo uma em um milhão. Qualquer autor que tenha o privilégio de trabalhar com vocês pode se considerar realmente muito afortunado.

Tive o prazer de trabalhar com um extraordinário grupo de profissionais na Evidence Based Psychology. Sem a organização, a ajuda, a flexibilidade e as habilidades de Kimbette Fenol este livro nunca teria sido escrito. Jennifer Lee, Amanda Conley, Christina Congleton, Karen Monteiro e Jenni Whalen, sou grata por ter compartilhado esta jornada com vocês. Aos meus amigos e clientes inabaláveis que compartilharam um interesse no meu trabalho e na minha atividade literária, conhecê-los foi uma experiência extraordinária. Escrever estes agradecimentos me fez compreender que vocês são tantos que seria impossível relacionar o nome de todos aqui. Karen Hochrein, Michael Liley, Jim Grant, Fabian Dattner, David Ryan, Mike Cullen, Sara Fielden, Tracey Gavegan, Helen Lea, Libby Bell, Sam Fouad, Nicole Blunck, Tim Youle, Jennifer Hamilton, Matt Zema, Graham Barkus, Mike Mister, Leona Murphy, Andy Cornish, Alison Ledger, Stephen Johnston, Juraj Ondrejkovic e meus muitos outros clientes e colegas que estiveram ao meu lado — obrigada por enriquecer minha vida com sua amizade e minhas ideias com suas constatações.

Toda criança e todo adolescente em formação precisa desses adultos, além dos seus pais, que os amam, orientam e direcionam. Meg Fargher é a professa descrita em *Agilidade Emocional*. Meg, você me mostrou que, até mesmo na morte, existe aprendizado e luz. Shalom Farber, você esteve presente para mim de muitas maneiras com uma mão amiga e sólidos conselhos. Te amo e sinto saudades de você. Glynis Ross-Munro você viu possibilidades em mim onde eu não tinha visto. O impacto positivo que vocês três causaram é maior do que eu posso descrever. Obrigada.

Eu sou quem sou por causa dos numerosos amigos e familiares que me amaram e estiveram presentes para mim ao longo da minha vida. Minha amizade próxima com a extraordinária Yael Farber começou quando eu tinha apenas 3 anos de idade. Aly — nossa jornada compartilhada é de forte união. Obrigada. Amável e generosa Laura Bortz, você tem sido uma amiga há mais de quatro décadas e ocupa um lugar especial no meu coração. Charlotte e Moshe Samir, Sam Sussman, Liezel David, Alex Whyte e Richard e Robyn Samir, sou muito grata por sermos uma família. Lisa Farber e Jose Segal, Heather Farber, Tanya Farber, Sharon e Gary Aaron, Joelle Tomb e Chris Zakak, Jillian Frank, Bronwyn Fryer, Charbel El Hage, Janet Campbell, Bill e Maureen Thompson, Trula e Koos Human: obrigada pelas memórias, pelo apoio e pelos risos.

À minha mãe, Veronica; meu falecido pai, Sidney; minha irmã, Madeleine; e meu irmão, Christopher, as lições deste livro são aquelas que vocês me ensinaram: compaixão, perseverança, o valor de todas as emoções e ser coerente com meus motivos. Sou imensuravelmente grata. Anthony Samir, meu querido marido, você é meu parceiro na vida, melhor amigo, *coach* e confidente. Noah e Sophie — estou envolvida em seu amor, seu incentivo e sua aceitação. Sou imensamente afortunada por vocês terem me escolhido para ser sua mãe. A alegria e a beleza do meu mundo procede de vocês três. Obrigada a cada um de vocês. Carrego seu coração comigo (eu o carrego no meu coração).

▶ NOTAS

CAPITULO 1 — DA RIGIDEZ À AGILIDADE

15 *"Existe um espaço entre o estímulo e a resposta"...* Frankl, V. E. (1984). *Man's Search for Meaning: An Introduction to Logotherapy.* Nova York: Simon & Schuster.

15 *Ela também recorre a diversas disciplinas da psicologia...* A agilidade emocional é influenciada pelas pesquisas da psicologia social, organizacional e clínica. Ela tem um débito especial com a área da ACT (conhecida como Teoria de Aceitação e Compromisso [Acceptance and Commitment Therapy ou Acceptance and Commitment Training], que foi desenvolvida por Steven Hayes, professor e catedrático de psicologia da Universidade de Nevada, e colegas, e tem o apoio de uma generosa comunidade de pesquisadores e profissionais da Association for Contextual Behavioral Science [Associação da Ciência Comportamental Contextual].
A flexibilidade é uma característica da saúde e do bem-estar. Um crescente corpo de pesquisas demonstra que níveis *mais baixos* das habilidades que estão na base da agilidade emocional prognosticam um índice de sucesso e bem-estar *mais sofrível*, que níveis *mais elevados* são fundamentais para a saúde e o sucesso emocional e também que a agilidade emocional pode ser aprendida. Para excelentes sínteses, consulte Kashdan, T. e Rottenberg, J. (2010). A flexibilidade emocional como um aspecto fundamental da saúde. *Clinical Psychology Review,* 30(7), 865-78; Biglan, A., Flay, B., Embry, D. e Sandler, I. (2012). O papel fundamental dos ambientes protetores para promover o bem-estar humano. *American Psychologist,* 67(4), 257-71; Bond, F. W., Hayes, S. C. e Barnes-Holmes, D. (2006). Flexibilidade psicológica, ACT e comportamento organizacional. *Journal of Organizational Behavior Management,* 26(1-2), 25-54; Lloyd, J., Bond, F. W. e Flaxman, P. E. (2013). O valor da flexibilidade psicológica: o exame dos mecanismos psicológicos que estão na base de uma intervenção da terapia cognitiva comportamental para o esgotamento. *Work and Stress,* 27(2), 181-99; A-Tjak, J., Davis, M., Morina, N., Powers, M., Smits, J. e Emmelkamp, P. (2015). Uma meta-análise da eficácia da terapia de aceitação e compromisso para problemas

de saúde mental e física clinicamente relevantes. *Psychotherapy and Psychosomatics*, 84(1), 30-6; Aldao, A., Sheppes, G. e Gross, J. (2015). Flexibilidade da regulação emocional. *Cognitive Therapy and Research*, 39(3), 263-78.

17   *Um estudo recente descobriu...* Strayer, D., Crouch, D. e Drews, F. (2006). Uma comparação entre o motorista que fala no celular e o motorista embriagado. *Human Factors*, 48(2), 381-91.

17   *Outros estudos mostram que o estresse comum do dia a dia...* Epel, E., Blackburn, E., Lin, J., Dhabhar, F., Adler, N., Morrow, J. e Cawthon, R. (2004). Redução acelerada dos telômeros em resposta ao estresse da vida. *Proceedings of the National Academy of Sciences*, 101(49), 17312-17315.

20   *Há relativamente pouco tempo publiquei...* David, S. e Congleton, C. (novembro de 2013). Agilidade emocional. Como os líderes competentes controlam seus pensamentos e sentimentos negativos. *Harvard Business Review*, 125-28.

22   *[...] aprendizado de vermos a nós mesmos como um tabuleiro de xadrez...* Essa metáfora é atribuída a Hayes, S. C., Strosahl, K. D. e Wilson, K. G. (1999). *Acceptance and commitment therapy: An experiential approach to behavior change.* Nova York: Guilford Press.

23   *Chamo esses pequenos momentos de decisão de pontos de escolha...* Esse conceito é usado em David, S. (setembro de 2009). Seminário *Strengthening the inner dialogue*, workshop promovido por Ernst & Young.

23   Sarah Blakely, fundadora da marca de *lingeries* modeladoras Spanx... Caprino, K. (23 de maio de 2012). 10 lessons I learned from Sarah Blakely that you won't hear in business school [Dez lições que aprendi com Sarah Blakely que você não ouvirá na escola de negócios]. *Forbes*.

CAPÍTULO 2 — ENREDADO

30   *[...] a maior parte de nós fala cerca de 16 mil palavras...* Mehl, M., Vazire, S., Ramirez-Esparza, N., Slatcher, R. e Pennebaker, J. (2007). Are women really more talkative than men? [As mulheres são realmente mais eloquentes do que os homens?] *Science*, 317(5834), 82. Esse encantador estudo registrou o uso da linguagem natural dos participantes ao longo de vários dias para avaliar as diferenças de gênero na eloquência. Eles chegaram à seguinte conclusão: "O estereótipo difundido e altamente divulgado a respeito da eloquência feminina é infundado".

33   *E eis uma dica de por que essa progressão...* O exemplo "Mary had a little lamb" é atribuído a Steven Hayes.

34   *Suponha, por um momento, que você esteja fazendo um curso...* O psicólogo alemão Wolfgang Köhler demonstrou originalmente um mapeamento forma-som constante. Ele descobriu que a palavra absurda "maluma" era o rótulo atribuído a uma forma redonda e "takete", a uma forma angular. Ramachandran, V. S. e Hubbard, E. M. (2001). Synaesthesia — A window into perception, thought and language [Sinestesia — uma janela para a percepção, o pensamento e a linguagem]. *Journal of Consciousness Studies*, 8(12), 3-34.

35   *Até mesmo crianças de 2 anos...* Maurer, D., Pathman, T. e Mondloch, C. J. (2006). The shape of boubas: Sound-shape correspondence in toddlers and adults [A forma de boubas: correspondência som-forma em crianças entre 1 e 3 anos e em adultos]. *Developmental Science*, 9(3), 316-22.

35 *Essa associação de uma determinada forma com um determinado som...* Depois de sofrer um dano em seu giro angular, o paciente SJ, ex-médico, continuou a falar inglês fluentemente e até mesmo a diagnosticar corretamente doenças baseado em listas de sintomas. Mas, quando a equipe de Ramachandran lhe aplicou um teste sobre o significado de vinte provérbios, o médico errou todos. Ele estava preso em um mundo de significados literais e não era capaz de compreender conexões metafóricas mais profundas. Ao ser pressionado, por exemplo, para explicar "Nem tudo que reluz é ouro", ele declarou que deveríamos ter muito cuidado ao comprar joias.

A sinestesia, um curioso fenômeno que afeta de 1% a 2% da população, pode ser um exemplo de cruzamento neural hiperconectivo. É uma demonstração extrema de bouba/kiki. As pessoas com sinestesia são sob outros aspectos normais, mas percebem certos estímulos de maneiras normativas e inesperadas. Por exemplo, um número pode ser percebido tanto como um número quanto como uma cor ("5" pode ser vermelho e "6", roxo); um som pode evocar uma cor (dó sustenido é azul) ou sabor (a letra "A" pode evocar o gosto de bananas semimaduras). Francis Galton documentou pela primeira vez o distúrbio em 1880. Ele tende a ocorrer em famílias e é mais comum nas pessoas criativas. Consulte Ramachandran, V. S. e Hubbard, E. M. (2001). Synaesthesia — A window into perception, thought and language [Sinestesia — uma janela para a percepção, o pensamento e a linguagem]. *Journal of Consciousness Studies*, 8(12), 3-34. Ramachandran, V. S. e Hubbard, E. M. (2003). Hearing colors, tasting shapes [Ouvindo cores, degustando formas]. *Scientific American*, 288(5), 52-9.

O papel sugerido do giro angular na compreensão das metáforas foi contestado por Krish Sathian e sua equipe na Universidade Emory. Pesquisas estão em andamento. Simon, K., Stilla, R. e Sathian, K. (2011). Metaphorically feeling: Comprehending textural metaphors activates somatosensory córtex [Sentindo metaforicamente: a compreensão de metáforas texturais ativa o córtex somatossensorial]. *Brain and Language*, 120(3), 416-21.

39 *O poeta John Milton resumiu isso no século XVII...* Milton, J. (2009). *Paradise Lost.* Nova York: Penguin Classics (trabalho original publicado em 1667).

40 *[...] como declarou o filósofo Alfred Korzybski...* Korzybski, A. (1933). A non-aristotelian system and its necessity for rigor in mathematics and physics [Um sistema não aristotélico e sua necessidade de rigor na matemática e na física]. *Science and Sanity*, 747-61. Esse trabalho foi apresentado pela primeira vez em um encontro da American Association for the Advancement of Science [Associação Americana para o Avanço da Ciência] em 28 de dezembro de 1931.

40 *A heurística varia de proibições razoáveis...* O lado positivo e o lado negativo da heurística e como eles se relacionam com a flexibilidade são habilmente descritos em Kashdan, T. e Rottenberg, J. (2010). Psychological flexibility as a fundamental aspect of health [A flexibilidade psicológica como um aspecto fundamental da saúde]. *Clinical Psychology Review*, 30, 865-78. Consulte também Ambady, N. e Rosenthal, R. (1992). Thin slices of expressive behavior as predictors of interpersonal consequences: A meta-analysis [Breves fragmentos de comportamento expressivo como indicadores de consequências interpessoais: uma meta-análise]. *Psychological Bulletin*, 111(2), 256-74.

41 *No livro Thinking Fast and Slow [rápido e devagar], o psicólogo Daniel Kahneman...* Kahneman, D. (2003). A perspective on judgment and choice: Mapping boun-

ded rationality [Uma perspectiva sobre o julgamento e a escolha: mapeando a racionalidade delimitada]. *American Psychologist,* 58(9), 697-720.

42 *Ele descreve essas reações instintivas...* Gigerenzer, G. (2011). Heuristic decision making [Tomada de decisão heurística]. *Annual Review of Psychology,* 62, 107-39.

43 *Mas as reações do Sistema 1 têm um lado sombrio...* Kashdan, T. e Rottenberg, J. (2010). Psychological flexibility as a fundamental aspect of health [A flexibilidade psicológica como um aspecto fundamental da saúde]. *Clinical Psychology Review,* 30(7), 865-78.

43 *Em um laboratório, pesquisadores exibiram para participantes breves vídeos...* Esses estudos descrevem a "cegueira para a mudança", que denota dificuldades para notar grandes mudanças em cenas visuais, ou "cegueira por desatenção", a incapacidade de notar inclusões inesperadas em cenas visuais. Ambos os efeitos captam uma profunda incompatibilidade entre o que achamos que estamos vendo e o que está efetivamente diante de nós. Essas constatações não estão limitadas ao nosso campo visual. Incompatibilidades semelhantes têm sido documentadas, por exemplo, no que ouvimos ou, mais precisamente, não ouvimos. Simons, D. e Rensink, R. (2005). Change blindness: past, present, and future [Cegueira para a mudança: passado, presente e futuro]. *Trends in Cognitive Sciences,* 9(1), 16-20; Jensen, M., Yao, R., Street, W. e Simons, D. (2011). Change blindness and inattentional blindness [A cegueira para a mudança e a cegueira por desatenção]. *Wiley Interdisciplinary Reviews: Cognitive Science,* 2(5), 529-546; Levin, D. T. e Simons, D. J. (1997). Failure to detect changes to attended objects in motion pictures [Incapacidade de detectar mudanças em objetos observados nos filmes]. *Psychonomic Bulletin and Review,* 4, 501-06.

43 *Os mesmos acadêmicos responsáveis por esses experimentos realizaram outro estudo...* Simons, D. J e Levin, D. T. (1998). Failure to detect changes to people in real-world interaction [Incapacidade de detectar mudanças na interação do mundo real]. *Psychonomic Bulletin and Review,* 5(4), 644-49.

44 *Um exemplo trágico e real desse fenômeno aconteceu em Boston...* Chabris, C., Weinberger, A., Fontaine, M. e Simons, D. (2011). You do not talk about fight club if you do not notice fight club: Inattentional blindness for a simulated real-world assault [Você não fala a respeito do filme *Clube da Luta* se você não repara no *Clube da Luta*: Cegueira por desatenção para um assalto simulado do mundo real]. *i-Perception,* 2(2), 150-53.

44 *[...] foi solicitado a profissionais de psicologia que assistissem a uma entrevista...* Langer, E. e Abelson, R. (1974). A patient by any other name...: Clinician group difference in labeling bias [Um paciente com outro nome...: diferença em grupo de clínicos ao rotular o preconceito]. *Journal of Consulting and Clinical Psychology,* 42(1), 4-9.

45 *É comum que pessoas morram em incêndios...* Grice, A. (2009). *Fire Risk: Fire Safety Law and Its Practical Application.* Londres: Thorogood Publishing.

CAPÍTULO 3 — TENTANDO DESENREDAR

53 *[...] existem sete emoções básicas...* Os pesquisadores das emoções debatem ativamente o número de emoções básicas, com seis a quinze geralmente citadas. Em qualquer uma dessas descrições, as chamadas emoções "negativas" são mais numerosas do que as rotuladas como "positivas". Essa perspectiva de emoções

"básicas" se fundamenta na teoria de que um número irredutível de emoções principais é compartilhado por meio de culturas e espécies e têm gatilhos universais (Ekman, 1999). Essa perspectiva pode ser contraposta com uma teoria "construtivista" (Barrett, 2015), que propõe que as emoções não têm limites definíveis entre elas e sim, mais exatamente, que nós construímos nossa experiência emocional baseados no contexto. Ekman, P. (1999) Basic emotions [Emoções básicas]. *In* T. Dalgleish e T. Power (Editores), *The Handbook of Cognition and Emotion* (pp. 45-60). Nova York: John Wiley & Sons; Clark-Polner, E., Wager, T. D., Satpute, A. B. e Barrett, L. F. (2016). Neural fingerprinting: Meta-analysis, variation, and the search for brain-based essences in the science of emotion [Registro de impressões digitais neurais; Meta-análise, variação e a busca por essências baseadas no cérebro na ciência da emoção. *In* L. F. Barrett, M. Lewis e J. M. Haviland-Jones (Editores). *The Handbook of Emotion* (4ª edição). Nova York: Guilford Press; Barrett, L. F. (2014). Ten common misconceptions about the psychological construction of emotion [Dez equívocos comuns a respeito da construção psicológica da emoção]. *In* L. F. Barrett e J. A. Russell (orgs.), *The Psychological Construction of Emotion* (pp. 45-79). Nova York: Guilford Press.

56 [...] *os homens tendem a se reprimir mais do que as mulheres...* John, O. P. e Eng, J. (2013). Three approaches to individual differences in measuring affect regulation: Conceptualizations, measures, and findings [Três abordagens das diferenças individuais na avaliação da regulação do afeto: conceitualizações, medidas e constatações]. *In* J. Gross (Editor), *Handbook of Emotion Regulation* (pp. 321-44). Nova York: Guilford Press. Consulte também Gross, J. e John, O. P. (2003). Individual difference in two emotion regulation processes: implications for affect, relationships, and well-being [Diferenças individuais em dois processos de regulação das emoçoes: implicações para o afeto, os relacionamentos e o bem-estar]. *Journal of Personality and Social Psychology*, 23(2), 348-62. Duas advertências são pertinentes: primeiro, embora as pesquisas de diferenças de gênero demonstrem que os homens têm uma tendência maior do que as mulheres de reprimir as emoções, isso não deve ser equiparado a "todos os homens são reprimidos" ou "nenhuma mulher é reprimida". A mesma advertência se aplica a mulheres e a ruminação. Segundo, algumas pessoas alternam entre a repressão e a ruminação, e vice-versa. Elas podem, por exemplo, ruminar durante algum tempo, ficar preocupadas com quanto estão pensando a respeito do mesmo assunto e depois tentar enterrar seus sentimentos.

56 *Hoje, podemos ver uma paródia desses estilos estereotipados de comunicação...* <https://www.youtube.com/watch?v=-4EDhdAHrOg>.

57 [...] *tentar não fazer alguma coisa ocupa uma quantidade surpreendente de largura de banda...* Waxer, P. H. (1977). Nonverbal cues for anxiety: An examination of emotional leakage [Sinais não verbais da ansiedade: um exame do vazamento emocional]. *Journal of Abnormal Psychology*, 86(3), 306-14.

57 *Em um estudo ridiculamente simples, porém muito famoso...* Wegner, D. M., Schneider, D. J., Carter, S. e White, T. (1987). Paradoxical effects of thought suppression [Efeitos paradoxais da repressão do pensamento]. Consulte também *Journal of Personality and Social Psychology*, 53(1), 5-13. Consulte também Wegner, D. M. (2011). Setting free the bears: Escape from thought suppression [Libertando os ursos: fuga da repressão do pensamento]. *American Psychologist*, 66(8), 671-80.

58 *A repressão é geralmente conduzida com a melhor das intenções...* Litvin, E. B., Kovacs, M. A. *et al.* (2012). Responding to tobacco craving: Experimental test of accep-

tance versus suppression [Respondendo à ânsia de fumar: teste experimental de aceitação em contraste com a repressão]. *Psychology of Addictive Behaviors,* 26(4), 830-37.

58 [...] *pesquisadores descobriram que a repressão aumenta...* Butler, E. A., Egloff, B., Wilhelm, F. W., Smith, N. C., Erickson, E. A. e Gross, J. J. (2003). The social consequences of expressive suppression [As consequências sociais da repressão expressiva]. *Emotion,* 3(1), 48-67.

59 [...] *os ruminadores têm maior probabilidade de ser mulheres...* Johnson, D. e Whisman, M. (2013). Gender differences in rumination: A meta-analysis [Diferenças de gênero na ruminação: uma meta-análise]. *Personality and Individual Differences,* 55(4), 367-74.

59 *O psicólogo Brad Bushman realizou um estudo...* Bushman, B. (2002). Does venting anger feed or extinguish the flame? Catharsis, rumination, distraction, anger, and aggressive responding [Extravasar a raiva alimenta ou extingue a chama? Catarse, ruminação, distração, raiva e reação agressiva]. *Personality and Social Psychology Bulletin,* 28(6), 724-31. Nesse estudo, os ruminadores foram os que pior se saíram quando comparados com reprimidos e um grupo de controle. Os ruminadores ficaram mais zangados e mais agressivos. Em seguida vieram os reprimidos, que ficaram zangados, porém não agressivos. Aqueles que estavam no grupo de controle, que não estavam tentando nem se reprimir nem ruminar, foram os que se saíram melhor.

61 *Podemos achar que essas sessões de desabafo...* Rose, A., Schwartz-Mette, R., Glick, G. C., Smith, R. L. e Luebbe, A. M. (2014). An observational study of co-rumination in adolescent friendship [Um estudo observacional da ruminação conjunta na amizade de adolescentes]. *Developmental Psychology,* 50(9), 2199-209.

61 [...] *o foco do ruminador em si mesmo não deixa nenhum espaço para as necessidades de mais ninguém...* Nolen-Hoeksema, S. e Davis, C. G. (1999). "Thanks for sharing that": Ruminators and their social support networks" ["Obrigado por compartilhar isso": os ruminadores e suas redes sociais de apoio]. *Journal of Personality and Social Psychology,* 77(4), 801-14.

61 *Pensamentos do Tipo 1 e do Tipo 2...* Wells, A. (2009). *Metacognitive Therapy for Anxiety and Depression.* Nova York: Guilford Press.

62 *É como areia movediça...* Essa metáfora é atribuída a Steven Hayes. Hayes, S. e Smith, S. (2005). *Get Out of Your Mind and Into Your Life: The New Acceptance and Commitment Therapy.* Oakland, CA: New Harbinger Publications.

62 *Independentemente do que possamos achar que estamos alcançando com a repressão ou a ruminação...* Aldao, A. e Nolen-Hoeksema, S. (2012). When are adaptive strategies most predictive of psychopathology? [Quando as estratégias adaptativas mais prognosticam a psicopatologia?]. *Journal of Abnormal Psychology,* 121(1), 276-81. Consulte também Mauss, I., Evers, C., Wilhelm, F. e Gross, J. (2006). How to bite your tongue without blowing your top: Implicit evaluation of emotion regulation predicts affective responding to anger provocation [Como morder a língua sem explodir de raiva: a avaliação implícita da regulação das emoções prediz a resposta afetiva à provocação da raiva]. *Personality and Social Psychology Bulletin,* 32(5), 589-602.

63 *Mas se eu segurar os livros bem perto do meu corpo...* Essa metáfora foi adaptada de Zettle, R. (2007). *ACT for Depression: A Clinician's Guide to Using Acceptance and Commitment Therapy in Treating Depression.* Oakland, CA: New Harbinger Publications.

63 *A abertura e o entusiasmo são substituídos por regras...* Nolen-Hoeksema, S., Wisco, B. e Lyubomirsky, S. (2008). Rethinking rumination [Repensando a ruminação]. *Perspectives on Psychological Science*, 3(5), 400-24.

63 *O livro das regras tácitas a respeito das emoções...* Para mais informações sobre o desenvolvimento das regras de exibição emocional, consulte Zeman, J. e Garber, J. (1996). Display rules for anger, sadness, and pain: It depends on who is watching [Regras de exibição para a raiva, a tristeza e a dor: depende de quem está observando]. *Child Development*, 67(3), 957-73. Para uma discussão mais geral sobre regras de exibição, consulte o trabalho de Paul Ekman.

64 *Aprendemos essas regras com as pessoas que cuidam de nós...* Reese, E., Haden, C. e Fivush, R. (1996). Mothers, fathers, daughters, sons: gender differences in reminiscing [Mães, pais, filhas, filhos: diferenças de gênero nas reminiscências]. *Research on Language and Social Interaction*, 29(1), 27-56; Root, A. e Rubin, K. (2010). Gender and parents' reactions to children's emotion during the preschool years [O gênero e as reações dos pais às emoções dos filhos durante os anos da pré-escola]. *New Directions for Child and Adolescent Development*, 128, 51-64.

65 *[...] dois pesquisadores da Universidade da Califórnia, Berkeley...* Harker, L. e Keltner, D. (2001). Expressions of positive emotion in women's college yearbook pictures and their relationship to personality and life outcomes across adulthood [Expressões de emoção positiva nas fotos do anuário da faculdade das mulheres e seu relacionamento com a personalidade e os desenlaces da vida em toda a idade adulta]. *Journal of Personality and Social Psychology*, 80(1), 112-24; Ekman, P., Davidson, R. e Friesen, W. (1990). The Duchenne smile: Emotional expression and brain physiology, II [O sorriso Duchenne: a expressão emocional e a fisiologia do cérebro]. *Journal of Personality and Social Psychology*, 58(2), 342-53.

66 *Elas ajudam a criar recursos sociais, físicos e cognitivos vitais...* Lyubomirsky, S., Sheldon, K. M. e Schkade, D. (2005). Pursuing happiness: The architecture of sustainable change [Buscando a felicidade: a arquitetura da mudança sustentável]. *Review of General Psychology*, 9, 111-31; Seligman, M. E. P. e Csikszentmihalyi, M. (orgs.) (2000). Positive psychology (special issue) [Psicologia positiva (edição especial)]. *American Psychologist*, 55(1), 5-14; Fredrickson, B. L. (1998). What good are positive emotions? [Para que servem as emoções positivas?] *Review of General Psychology*, 2(3), 300-19; Tugade, M., Fredrickson, B. L. e Barrett, L. F. (2004). Psychological resilience and positive emotional granularity: Examining the benefits of positive emotions on coping and health [Resiliência psicológica e granulosidade emocional positiva: examinando os benefícios das emoções positivas sobre estratégias para lidar com as situações e a saúde]. *Journal of Personality*, 72(6), 1161-90.

66 *E as pesquisas demonstram ser possível não apenas ser feliz demais...* Gruber, J., Mauss, I. e Tamir, M. (2011). A dark side of happiness? How, when, and why happiness is not always good [Um lado sombrio da felicidade? Como, quando e por que a felicidade nem sempre é uma coisa boa]. *Perspectives on Psychological Science*, 6(3), 222-33.

66 *Um excesso de leviandade desregrada...* Gruber, J., Mauss, I. e Tamir, M. (2011). A dark side of happiness? How, when, and why happiness is not always good [Um lado sombrio da felicidade? Como, quando e por que a felicidade nem sempre é uma coisa boa]. *Perspectives on Psychological Science*, 6(3), 222-33.

67 [...] *as pessoas altamente positivas podem ser menos criativas...* Davis, M. A. (2008). Understanding the relationship between mood and creativity: A Meta-analysis [Entendendo o relacionamento entre o humor e a criatividade: uma meta-análise]. *Organizational Behavior and Human Decision Processes,* 108(1), 25-38.

67 *As pessoas felizes enfatizam desproporcionalmente, com mais frequência...* Gruber, J., Mauss, I. e Tamir, M. (2011). A dark side of happiness? How, when, and why happiness is not always good [Um lado sombrio da felicidade? Como, quando e por que a felicidade nem sempre é uma coisa boa]. *Perspectives on Psychological Science,* 6(3), 222-33. Para uma excelente discussão do lado sombrio das emoções positivas, consulte também Gruber, J. e Moskowitz, J. (2014). *Positive Emotion: Integrating the Light Sides and Dark Sides.* Nova York: Oxford University Press.

67 [...] *emoções negativas incentivam um processamento cognitivo mais lento e sistemático...* Forgas, J. (2013). Don't worry, be sad! On the cognitive, motivational, and interpersonal benefits of negative mood [Não se preocupe, fique triste! Os benefícios cognitivos, motivacionais e interpessoais da disposição de ânimo negativa]. *Current Directions in Psychological Science,* 22(3), 225-32; Young, M., Tiedens, L., Jung, H. e Tsai, M. (2011). Mad enough to see the other side: Anger and the search for disconfirming information [Furioso o bastante para enxergar o outro lado: a raiva e a busca de informações refutativas]. *Cognition and Emotion,* 25(1), 10-21.

68 *Em um estudo, os participantes receberam um falso artigo de jornal...* Mauss, I. B., Tamir, M., Anderson, C. L. e Savino, N. S. (2011). Can seeking happiness make people unhappy? Paradoxical effects of valuing happiness [Procurar a felicidade torna as pessoas felizes? Efeitos paradoxais da valorização da felicidade]. *Emotion,* 11(4), 807-15.

69 [...] *foi solicitado aos participantes que ouvissem* Sagração da Primavera... Schooler, J. W., Ariely, D. e Loewenstein, G. (2003). The pursuit and assessment of happiness may be self-defeating [A busca e a avaliação da felicidade podem ser autodestrutivas]. *In* I. Brocas e J. D. Carrillo (Editores), *The Psychology of Economic Decisions, 1: Rationality and Well-being* (pp. 41-70). Nova York: Oxford University Press.

69 *A busca agressiva pela felicidade também isola as pessoas...* Mauss, I., Savino, N., Anderson, C., Weisbuch, M., Tamir, M. e Laudenslager, M. (2012). The pursuit of happiness can be lonely [A busca da felicidade pode ser solitária]. *Emotion,* 12(5), 908-12.

69 *Ser feliz dentro de uma determinada cultura depende...* Gruber, J., Mauss, I. e Tamir, M. (2011). A dark side of happiness? How, when, and why happiness is not always good [Um lado sombrio da felicidade? Como, quando e por que a felicidade nem sempre é uma coisa boa]. *Perspectives on Psychological Science,* 6(3), 222-33.

70 *Boas notícias a respeito das más disposições de ânimo...* As disposições de ânimo são geralmente definidas como emoções que duram por um período prolongado; elas não são efêmeras.

70 *Ajudar-nos a formar argumentos...* Forgas, J. (2007). When sad is better than happy: Negative affect can improve the quality and effectiveness of persuasive messages and social influence strategies [Quando triste é melhor do que feliz: o efeito negativo pode melhorar a qualidade e a eficácia das mensagens persuasivas e das estratégias de influência social]. *Journal of Experimental Social Psychology,* 43(4), 513-28.

70 *Um estudo constatou que os consumidores se lembravam...* Forgas, J. P., Goldenberg, L. e Unkelbach, C. (2009). Can bad weather improve your memory? A field study

70 of mood effects on memory in a real-life setting [O mau tempo pode melhorar sua memória? Um estudo de campo dos efeitos da disposição de ânimo sobre a memória em um cenário da vida real]. *Journal of Experimental Social Psychology,* 45(1), 254-57.

70 *Nos testes acadêmicos, quando uma pessoa está com uma disposição de ânimo mais sombria...* Forgas, J. (2013). Don't worry, be sad! On the cognitive, motivational, and interpersonal benefits of negative mood [Não se preocupe, fique triste! Os benefícios cognitivos, motivacionais e interpessoais da disposição de ânimo negativa]. *Current Directions in Psychological Science,* 22(3), 225-32.

70 *As pessoas nos momentos menos exuberantes...* Forgas, J. (2013). Don't worry, be sad! On the cognitive, motivational, and interpersonal benefits of negative mood [Não se preocupe, fique triste! Os benefícios cognitivos, motivacionais e interpessoais da disposição de ânimo negativa]. *Current Directions in Psychological Science,* 22(3), 225-32.

70 *As pessoas que se encontram em uma disposição de ânimo negativa prestam mais atenção à justiça...* Forgas, J. (2013). Don't worry, be sad! On the cognitive, motivational, and interpersonal benefits of negative mood [Não se preocupe, fique triste! Os benefícios cognitivos, motivacionais e interpessoais da disposição de ânimo negativa]. *Current Directions in Psychological Science,* 22(3), 225-32.

70 *Em um estudo de pessoas com fortes opiniões políticas...* Young, M., Tiedens, L., Jung, H. e Tsai, M. (2011). Mad enough to see the other side: Anger and the search for disconfirming information [Furioso o bastante para enxergar o outro lado: a raiva e a busca de informações refutativas]. *Cognition and Emotion,* 25(1), 10-21.

72 *Certo estudo mostrou que estudantes que expressavam uma inveja saudável...* Ven, N., Zeelenberg, M. e Pieters, R. (2011). Why envy outperforms admiration [Por que a inveja supera em desempenho a admiração]. *Personality and Social Psychology Bulletin,* 37(6), 784-95.

72 *O constrangimento e a culpa podem atender a importantes funções sociais...* Stearns, D. e Parrott, W. (2012). When feeling bad makes you look good: Guilt, shame, and person perception [Quando se sentir mal faz você parecer bem: a culpa, a vergonha e a percepção da pessoa]. *Cognition and Emotion,* 26, 407-30.

72 *Reprimir a tristeza debaixo de um véu...* Hackenbracht, J. e Tamir, M. (2010). Preferences for sadness when eliciting help: Instrumental motives in sadness regulation [Preferências para a tristeza ao obter ajuda: motivos instrumentais na regulação da tristeza]. *Motivation and Emotion,* 34(3), 306-15.

CAPÍTULO 4 — OLHAR DE FRENTE

75 *Nesse clássico de 1949, Campbell explorou a ideia...* Campbell, J. (2008). *The Hero With a Thousand Faces* (3ª edição). Novato, CA: New World Library, 2008. [*O herói de mil faces,* publicado pela Editora Pensamento, São Paulo, 1989 (fora de catálogo)

78 *O escritor judeu italiano Primo Levi...* Levi descreveu suas experiências em *Se questo è un uomo [É isto um homem?]* e *A trégua.* Quando Levi morreu aos 67 anos, ao cair da plataforma da escada do seu apartamento no terceiro andar, as autoridades rapidamente descreveram a causa da sua morte como suicídio. No entanto, uma profunda análise das últimas semanas de vida de Levi sugere ter se tratado de

uma queda acidental, e não suicídio. Gambetta, G. (1º de junho de 1999). "Primo Levi's last moments" [Os últimos momentos de Primo Levi], *Boston Review*.

79 [...] *os "hábitos felizes" que a ciência identificou como fundamentais...* Self-acceptance could be the key to a happier life, yet it's the happy habit many people practice the least [A autoaceitação poderia ser o segredo para uma vida feliz, mas no entanto é o hábito feliz que muitas pessoas menos praticam]. Pesquisa realizada por K. Pine, University of Hertfordshire, 7 de março de 2014.

79 *De acordo com o folclore... quando um membro de uma certa tribo...* Esta história pode muito bem ser apócrifa. Ela de fato aparece em uma coleção de artigos da escritora americana Alice Walker. Walker, A. (2006). *We Are the Ones We Have Been Waiting For: Inner Light in a Time of Darkness* (pp. 202-04). Nova York: New Press.

82 *Em um estudo com pessoas que estavam passando por um divórcio...* Sbarra, D. A., Smith, H. L. e Mehl, M. R. (2012). When leaving your ex, love yourself: Observational ratings of self-compassion predict the course of emotional recovery following marital separation [Ao deixar o seu ex, ame a si mesmo: avaliações observacionais da autocompaixão predizem o andamento da recuperação emocional depois da separação conjugal]. *Psychological Science*, 23(3), 261-69.

83 *Nos estudos, presidiários...* Tangney, J., Stuewig, J. e Martinez, A. (2014). Two faces of shame: The roles of shame and guilt in predicting recidivism [Duas faces da vergonha: os papéis da vergonha e da culpa na previsão da reincidência]. *Psychological Science*, 25(3), 799-805.

83 *A autocompaixão é o antídoto para a vergonha...* Descrevi anteriormente todas as emoções como tendo um propósito. Qual é, então, o propósito da vergonha? A vergonha, assim como a culpa, é considerada uma emoção "moral" — uma emoção que ajuda a moldar nosso comportamento e o de outras pessoas na sociedade. Com base em uma perspectiva evolucionária, contudo, a vergonha é considerada como tendo sido extremamente adaptativa nos primeiros estágios da evolução, como um mecanismo para comunicar posição hierárquica e dominância ou submissão. Embora ainda molde o comportamento, ela é considerada menos adaptativa do que a culpa no nosso atual período evolucionário, em uma época na qual a humanidade está mais complexa do ponto de vista cognitivo, emocional e interpessoal. Tangney, J. P. e Tracy, J. (2012). Self-conscious emotions [Emoções autoconscientes]. *In* M. Leary e J. P. Tangney (orgs.), *Handbook of Self and Identity* (2ª edição), (pp. 446-78). Nova York: Guilford Press.

83 [...] *pessoas participaram de entrevistas de emprego simuladas...* Neff, K. D., Kirkpatrick, K. e Rude, S. S. (2007). Self-compassion and its link to adaptive psychological functioning [A autocompaixão e seu vínculo com o funcionamento psicológico adaptativo]. *Journal of Research in Personality*, 41, 139-54.

85 [...] *as pessoas que são mais tolerantes com os seus próprios fracassos...* Breines, J. e Chen, S. (2012). Self-compassion increases self-improvement motivation [A autocompaixão aumenta a motivação para o autoaperfeiçoamento]. *Personality and Social Psychology Bulletin*, 38(9), 1133-143.

85 *Ela até mesmo fortalece seu sistema imunológico...* Pace, T., Negi, L., Adame, D., Cole, S., Sivilli, T., Brown, T., Issa, M. e Raison, C. (2009). Effect of compassion meditation on neuroendocrine, innate immune and behavioral responses to psychosocial stress [O efeito da meditação da compaixão sobre as respostas neuroendócrinas, imunológicas inatas e comportamentais ao estresse psicossocial]. *Psychoneuroendocrinology*, 34(1), 87-98.

87   [...] *os homens e as mulheres jovens que tinham passado menos...* A discussão sobre autoaceitação e comparações sociais neste capítulo tem uma dívida para com Carson, S. e Langer, E. (2006). Mindfulness and self-acceptance [Atenção plena e autoaceitação]. *Journal of Rational-Emotive and Cognitive-Behavior Therapy*, 24(1), 29-43; White, J., Langer, E., Yariv, L. e Welch, J. (2006). Frequent social comparisons and destructive emotions and behaviors: The dark side of social comparisons [Comparações sociais frequentes e emoções e comportamentos destrutivos: O lado sombrio das comparações sociais]. *Journal of Adult Development*, 13(1), 36-44.

90   *a avaliação negativa que elas fazem de você raramente é objetiva...* Carson, S. e Langer, E. (2006). Mindfulness and self-acceptance [A atenção plena e a autoaceitação]. *Journal of Rational-Emotive and Cognitive-Behavior Therapy*, 24(1), 29-43.

92   [...] *participantes que estavam tentando parar de fumar...* Bricker, J., Wyszynski, C., Comstock, B. e Heffner, J. (2013). Pilot randomized controlled trial of web-based acceptance and commitment therapy for smoking cessation [Teste controlado randomizado piloto da terapia de aceitação e compromisso para a descontinuação do hábito de fumar baseada na web]. *Nicotine and Tobacco Research*, 15(10), 1756-764.

95   [...] *distúrbio chamado alexitimia...* Lesser, I. M. (1985). Current concepts in psychiatry: Alexithymia [Conceitos atuais em psiquiatria: alexitimia]. *New England Journal of Medicine*, 312(11), 690-92.

95   *A dificuldade em rotular emoções...* Hesse, C. e Floyd, K. (2008). Affectionate experience mediates the effects of alexithymia on mental health and interpersonal relationships [A experiência afetuosa medeia os efeitos da alexitimia sobre a saúde mental e os relacionamentos interpessoais]. *Journal of Social and Personal Relationships*, 25(5), 793-810.

96   *As pessoas que conseguem identificar todo o espectro...* Barrett, L. F., Gross, J., Christensen, T. e Benvenuto, M. (2001). Knowing what you're feeling and knowing what to do about it: Mapping the relation between emotion differentiation and emotion regulation [Sabendo o que você está sentindo e sabendo o que fazer a respeito: mapeando a relação entre a diferenciação das emoções e a regulação das emoções]. *Cognition and Emotion*, 15(6), 713-24; Erbas, Y., Ceulemans, E., Pe, M., Koval, P. e Kuppens, P. (2014). Negative emotion differentiation: Its personality and well-being correlates and a comparison of different assessment methods [Diferenciação das emoções negativas: correlações da sua personalidade e seu bem-estar e uma comparação de diferentes métodos de avaliação]. *Cognition and Emotion*, 28(7), 1196-213.

97   [...] *a raiva pode ser um indício...* Ford, B. e Tamir, M. (2012). When getting angry is smart: Emotional preferences and emotional intelligence [Quando ficar zangado é inteligente: preferências emocionais e a inteligência emocional]. *Emotion*, 12(4), 685-89.

97   [...] *a conscientização que ela proporciona pode ser canalizada...* Ford, B. e Tamir, M. When getting angry is smart: Emotional preferences and emotional intelligence [Quando ficar zangado é inteligente: preferências emocionais e a inteligência emocional]. *Emotion*, 12(4), 685-89.

CAPÍTULO 5 — AFASTE-SE

101 *Começou a se reconectar com seu profundo amor pela esposa...* Estudos mostram que quando as pessoas escrevem expressando-se a respeito de rompimentos recentes, elas tendem, em um certo grau, a se reconectar mais com seus parceiros. Consulte Lepore, S. J. e Greenberg, M. A. (2002). Mending broken hearts: Effects of expressive writing on mood, cognitive processing, social adjustment and health following a relationship breakup [Remendando corações partidos: efeitos da escrita expressiva sobre o humor, o processamento cognitivo, a adaptação social e a saúde depois do rompimento de um relacionamento]. *Psychology and Health*, 17(5), 547-60. Pennebaker também estudou a escrita por meio da lente de relacionamentos intactos e descobriu que as pessoas que escreviam a respeito dos seus namorados ou suas namoradas tinham maior probabilidade de ainda estarem saindo com eles três meses mais tarde. Consulte Slatcher, R. B. e Pennebaker, J. W. (2006). How do I love thee? Let me count the words: The social effects of expressive writing [Como amo você? Vou contar as palavras: os efeitos sociais da escrita expressiva]. *Psychological Science*, 17(8), 660-64. E, caso você esteja curioso, James e Ruth Pennebaker ainda estão casados e a escrita está no sangue deles: ele ainda pesquisa a escrita, e ela é romancista.

101 *Ele começou a enxergar o propósito...* Pennebaker, J. (1997). "Becoming healthier through writing" [Ficando mais saudável por meio da escrita]. *In Opening up: The healing power of expressive emotions* (pp. 26-42). Nova York: Guilford Press.

102 *[...] as pessoas que escreviam a respeito de episódios emocionalmente carregados...* Burton, C. M. e King, L. A. (2008). Effects of (very) brief writing on health: The two-minute miracle [Efeitos sobre a saúde de escrever (muito) brevemente: o milagre dos dois minutos]. *British Journal of Health Psychology*, 13, 9-14.

103 *[...] mergulhei mais profundamente no seu trabalho...* Um dos trabalhos mais impressionantes de Pennebaker é o livro de 1997, *Opening Up: The Healing Power of Expressing Emotions*. Eu me encontrei com James Pennebaker na Positive Psychology Conference em Washington, D.C.

103 *[...] intervenção que Pennebaker havia conduzido em uma empresa de informática em Dallas...* Pennebaker, J. (1997). Becoming healthier through writing" [Ficando mais saudável por meio da escrita]. *In Opening up: The healing power of expressive emotions* (pp. 26-42). Nova York: Guilford Press. Consulte também Spera, S. P., Buhrfiend, E. D. e Pennebaker, J. (1994). Expressive writing and coping with job loss [A escrita expressiva e como lidar com a perda do emprego]. *Academy of Management Journal*, 37(3), 722-33.

104 *Depois de muitos outros estudos...* Pennebaker, J. W. e Evans, J. F. (2014). *Expressive Writing: Words that Heal*. Enumclaw, WA: Idyll Arbor.

104 *[...] que escreveram nesses experimentos e prosperaram mais...* Pennebaker, J. W. e Evans, J. F. (2014). *Expressive Writing: Words that Heal*. Enumclaw, WA: Idyll Arbor; Pennebaker, J. W. e Chung, C. K. (2011). Expressive writing: Connections to physical and mental health [A escrita expressiva: conexões com a saúde física e mental]. *In* H. S. Friedman (org.), *Oxford handbook of health psychology* (pp. 417-37). Nova York: Oxford University Press.

107 *Dê uma olhada no desenho a seguir...* Incluído com permissão de Daniel Kahneman, Professor Emérito de Psicologia Eugene Higgins da Universidade de Princeton, e originalmente adaptado de Bruner, J. S. e Minturn, A. L. (1955). Perceptual identification and perceptual organization [Identificação perceptual e organiza-

ção perceptual]. *Journal of General Psychology,* 53(2), 21-8; Kahneman, D. (2003). A perspective on judgment and choice: Mapping bounded rationality [Uma perspectiva sobre julgamento e escolha: mapeando a racionalidade limitada]. *American Psychologist,* 58(9), 697-720.

109 [...] *pesquisas nas ciências comportamentais e cognitivas...* O pensamento moderno sobre a atenção plena e práticas associadas tem sido profundamente influenciado pelo trabalho de Jon Kabat-Zinn, Ellen Langer e Richard Davidson, para mencionar apenas alguns.

109 *Pesquisadores de Harvard realizaram recentemente tomografias do cérebro...* Hölzel, B., Carmody, J., Vangel, M., Congleton, C., Yerramsetti, S., Gard, T. e Lazar, S. (2011). Mindfulness practice leads to increases in regional brain gray matter density [A prática da atenção plena causa um aumento na densidade da massa cinzenta regional do cérebro]. *Psychiatry Research: Neuroimaging,* 191(1), 36-43.

110 *Quando prestamos atenção ao que está acontecendo à nossa volta...* Ricard, M., Lutz, A. e Davidson, R. J. (novembro de 2014). Mind of the meditator [A mente do meditador]. *Scientific American,* 311(5), 38-45; Davis, D. e Hayes, J. (2012). What are the benefits of mindfulness? A practice review of psychotherapy-related research [Quais são os benefícios da atenção plena? Uma análise prática da pesquisa relacionada com a psicoterapia]. *Psychotherapy,* 43(7), 198-208.

110 *Um dos líderes da pesquisa de atenção plena...* Beard, A. (março de 2014). "Mindfulness in the age of complexity [A atenção plena na era da complexidade]. *Harvard Business Review.*

111 *Quando você está consciente da sua raiva...* Esse encantador artigo capta a essência da atenção plena no aprendizado e no crescimento: Salzberg, S. (5 de abril de 2015). What does mindfulness really mean anyway? [Afinal, o que realmente significa atenção plena?]. *On Being.*

111 *Uma série de estudos realizados em Harvard...* Wilson, T., Reinhard, D., Westgate, E., Gilbert, D., Ellerbeck, N., Hahn, C., et al. (2014). Just think: The challenges of the disengaged mind [Apenas pense: os desafios da mente desimpedida]. *Science,* 345(6192), 75-7.

113 [...] *"um pensamento verde em uma tonalidade verde"...* Marvell, A. (2005). The Garden [O jardim]. In Andrew Marvell, *The Complete Poems,* Elizabeth Story Donno (org.). Nova York: Penguin Classics.

114 *Frequentemente leio para minha filha Sophie, na hora de dormir...* Johnson, C. (1955, 2015). *Harold and the Purple Crayon.* Nova York: HarperCollins.

116 *Ou então diga uma palavra simples como "leite"...* O exercício do "leite", que foi usado pela primeira vez pelo psicólogo Edward B. Titchener em 1916, é uma técnica básica destinada a ajudar as pessoas a se desembaraçarem dos seus pensamentos e emoções quando estão enredadas. Titchener, E. B. (1916). *A Textbook of Psychology.* Nova York: Macmillan.

118 *"Uma coisa que eu não queria fazer"...* Greenberg, J. (2010). Exiting via the low road [Saindo pelo caminho mais difícil]. ESPNChicago.com. <http://espn.go.com/espn/print?id=5365985>.

118 *As pesquisas mostram que usar a terceira pessoa...* Kross, E., Bruehlman-Senecal, E., Park, J., Burson, A., Dougherty, A., Shablack, H. et al. (2014). Self-talk as a regulatory mechanism: How you do it matters [O solilóquio como mecanismo regulador: a maneira como você faz isso importa]. *Journal of Personality and Social Psychology,* 106(2), 304-24.

119 *Técnicas para se afastar...* As técnicas de 1 a 4 nesta lista foram adaptadas de Carson, S. e Langer, E. (2006). Mindfulness and self-acceptance [A atenção plena e a autoaceitação]. *Journal of Rational-Emotive and Cognitive-Behavior Therapy*, 24(1), 29-43.

122 *O simples ato de dizer as palavras "vou deixar para lá"...* Esse sentimento é belamente transmitido por Joen Snyder O'Neal, Reflecting on letting go [Refletindo sobre deixar para lá], primavera de 2001. <http://www.oceandharma.org/teachers/Letting_Go.pdf.>

123 *"Na viagem de volta"...* Kelley, K. W. (1988). *The Home Planet*. Reading, MA: Addison-Wesley.

CAPÍTULO 6 — SEJA COERENTE COM SEUS MOTIVOS

125 *Tom Shadyac deu a Jim Carrey seu primeiro grande papel...* <Oprah.com>. (4 de abril de 2011). From multimillionaire to mobile home [De multimilionário à casa sobre rodas]. <http://www.oprah.com/oprahshow/Tom-Shadyac-From-Millionaire-to-Mobile-Home>.

125 *O estilo de vida era excelente...* <https://www.reddit.com/r/IAmA/comments/1dxuqd/im_tom_shadyac_director_of_ace_ventura_nutty>.

126 *Ele também se certificou de que as escolhas que fez eram exclusivamente para si mesmo...* <Oprah.com> (4 de abril de 2011). From multimillionaire to mobile home [De multimilionário à casa sobre rodas]. <http://www.oprah.com/oprahshow/Tom-Shadyac-From-Millionaire-to-Mobile-Home>.

127 *Quando lhe perguntaram em outra entrevista se ele estava mais feliz...* Hassett, S. (28 de janeiro de 2011). Tom Shadyac wants you to wake up [Tom Shadyac quer que você desperte]. *Esquire*. <http://www.esquire.com/entertainment/interviews/a9309/tom-shadyac-i-am-012811>.

127 *Ele sabia que estava fazendo a coisa certa...* <Oprah.com> (4 de abril de 2011). From multimillionaire to mobile home [De multimilionário à casa sobre rodas]. <http://www.oprah.com /oprahshow/Tom-Shadyac-From-Millionaire-to--Mobile-Home>.

128 *[...] determinados comportamentos realmente são como gripes e resfriados...* Hill, A. L., Rand, D. G., Nowak, M. A. e Christakis, N. A. (2010). Infectious disease modeling of social contagion in networks [Modelagem da doença infecciosa do contágio social nas redes]. *PLOS Computational Biology* 6(11).

128 *Certo estudo descobriu que casais ficam mais propensos a se divorciar...* Hill, A. L., Rand, D. G., Nowak, M. A. e Christakis, N. A. (2010). Infectious disease modeling of social contagion in networks [Modelagem da doença infecciosa do contágio social nas redes]. *PLOS Computational Biology* 6(11); McDermott, R., Fowler, J. H. e Christakis, A. (dezembro de 2013). Breaking up is hard to do, unless everyone else is doing it too: Social network effects on divorce in a longitudinal sample [É difícil se separar, a não ser que todo mundo também esteja se separando: efeitos da rede social em uma amostra longitudinal]. *Social Forces*, 92(2), 491-519.

128 *Um professor de marketing da Universidade de Stanford monitorou mais de 250 mil...* Gardete, P. (2015). Social effects in the in-flight marketplace: Characterization and managerial implications [Efeitos sociais no mercado de vendas a bordo: caracterização e implicações administrativas]. *Journal of Marketing Research*, 52(3), 360-74.

130 *Psicólogos pediram a um grupo de pessoas de vinte e poucos anos...* Gelder, J., Hershfield, H. e Nordgren, L. (2013). Vividness of the future self predicts delinquency [A nitidez do eu futuro prediz a delinquência]. *Psychological Science,* 24(6), 974-80.

131 *Em outro experimento, participantes em idade universitária receberam instruções...* Hershfield, H., Goldstein, D., Sharpe, W., Fox, J., Yeykelis, L., Carstensen, L. e Bailenson, J. (2011). Increasing saving behavior through age-progressed renderings of the future self [O aumento do comportamento de poupar por meio de representações do futuro que retratam o avanço da idade]. *Journal of Marketing Research,* 48, S23-37.

132 *Jeff Kinney é o autor da série para crianças de grande sucesso...* Alter, A. (22 de maio de 2015). The bookstore built by Jeff Kinney, the "Wimpy Kid" [A livraria construída pelo "Wimpy Kid"]. *New York Times.*

133 *Não encaro os valores como regras que devem nos governar...* Essa enunciação dos valores como sendo qualidades de ação, e não categorias ou regras, é uma característica distintiva da ACT [Acceptance and Commitment Therapy, Terapia de Aceitação e Compromisso]. Para uma discussão sobre esse assunto e as principais características dos valores, consulte, por exemplo, Harris, R. (2008). *The Happiness Trap: How to Stop Struggling and Start Living.* Boston: Trumpeter; Luoma, J. B., Hayes, S. C. e Walser, R. D. (2007). *Learning ACT: An Acceptance and Commitment Therapy Skills-training Manual for Therapists.* Oakland, CA e Reno, NV: New Harbinger and Context Press; Wilson, K. G. e Murrell, A. R. (2004). Values work in acceptance and commitment therapy: Setting a course for behavioral treatment [Os valores funcionam na terapia de aceitação e compromisso: definindo um rumo para o tratamento do comportamento]. *In* S. C. Hayes, V. M. Follette e M. Linehan (orgs.), *Mindfulness and Acceptance: Expanding the Cognitive-behavioral Tradition* (pp. 120-51). Nova York: Guilford Press.

133 *Um colega meu descreve os valores como "facetas de um diamante"...* Tim Bowden usou esse símile em uma discussão a respeito de valores na discussão da ACT professional Listserv (12 de setembro de 2012).

134 *Quando a autora Elizabeth Gilbert estava escrevendo sua autobiografia...* <http://www.elizabethgilbert.com/thoughts-on-writing>.

136 *Aos 24 anos, o sargento Joseph Darby...* Hylton, W. S. (31 de julho de 2006,). Prisoner of conscience [Prisioneiro da consciência]. *GQ.*

136 *Mas, quanto mais ele presenciava aquilo, mais compreendia que o abuso...* Jaffer, J. e Siems, (27 de abril de 2011). Honoring those who said no [Homenageando aqueles que disseram não]. *New York Times.*

138 *[...] a mera identificação dos valores pessoais ajudou a impedir que um grupo de estudantes minoritários...* Cohen, G. L. e Sherman, D. K. (2014). The psychology of change: Self-affirmation and social psychological intervention [A psicologia da mudança: a autoafirmação e a intervenção psicológica social]. *Annual Review of Psychology,* 65, 333-71.

139 *[...] estudantes universitárias matriculadas em um curso de introdução à física...* Cohen, G. L. e Sherman, D. K. (2014). The psychology of change: Self-affirmation and social psychological intervention [A psicologia da mudança: a autoafirmação e a intervenção psicológica social]. *Annual Review of Psychology,* 65, 333-71.

139 *[...] participantes de um desses estudos, que confirmaram apenas um valor essencial...* Cohen, G. L. e Sherman, D. K. (2014). The psychology of change: Self-affirmation and social psychological intervention [A psicologia da mudança: a au-

toafirmação e a intervenção psicológica social]. *Annual Review of Psychology,* 65, 333-71.

140 *Quando Irena Sendler tinha 7 anos...* Para mais informações sobre a extraordinária Irena Sendler, consulte <http://lowellmilkencenter.org/irena-sendler-overview>.

140 *[...] você acabará chegando ao que eu chamo de ponto de escolha...* Esse conceito é usado *in* David, S. (setembro de 2009). *Strengthening the Inner Dialogue,* seminário facilitado para Ernst & Young. Para uma excelente sinopse da ideia dos pontos de escolha, consulte a seguinte apresentação de Russ Harris: <https://www.youtube.com /watch?v=tW6vWKVrmLc>.

141 *[...] escolhe atitudes que o levam na direção...* A linguagem de avançar na direção de e se afastar foi desenvolvida por Kevin Polk, Jerold Hambright e Mark Webster como parte de uma estrutura mais ampla que ilustra elegantemente como os seres humanos entendem e reagem às suas experiências. Polk, K. e Schoendorff, B. (editores). (2014). *The ACT Matrix: A New Approach to Building Psychological Flexibility Across Settings and Populations.* Oakland, CA: New Harbinger Publications.

142 *"As escolhas", declarou a filósofa Ruth Chang...* <http://www.ted.com/talks/ruth_chang_how_to_make_hard_choices?language=en>.

144 *Lembro-me de uma profunda interação que tive com Jane Goodall...* Jane Goodall e eu tivemos essa conversa em setembro de 2007.

145 *Certa colega minha descreveu o dilema da seguinte maneira...* Isso foi parafraseado de uma descrição usada por Jonathan Kanter, do University of Washington Center for the Science of Social Connection [Centro para a Ciência da Conexão Social da Universidade de Washington], em uma discussão profissional Listserv da ACT no dia 11 de outubro de 2013.

CAPÍTULO 7 — SIGA EM FRENTE: O PRINCÍPIO DOS MINÚSCULOS AJUSTES

147 *Cynthia e David estavam brigando por causa de dinheiro...* Os exemplos de "Cynthia e David" e de "velejar" foram citados e adaptados dos dois artigos seguintes, respectivamente: Driver, J. e Gottman, J. (2004). Daily marital interactions and positive affect during marital conflict among newlywed couples [As interações conjugais do dia a dia e o afeto positivo durante o conflito conjugal entre casais recém-casados]. *Family Process,* 43(3) 301-14; Gottman, J. e Driver, J. (2005). Dysfunctional marital conflict and everyday marital interaction [O conflito conjugal disfuncional e a interação conjugal no dia a dia]. *Journal of Divorce and Remarriage,* 22(3-4), 63-77.

151 *Em um acompanhamento realizado seis anos depois...* Smith, E. E. (12 de junho de 2014). Masters of love [Mestres do amor]. *Atlantic.*

153 *Mas quando temos por meta pequenos ajustes...* Karl Weick descreve o poderoso impacto de visar pequenas coisas no seu artigo clássico sobre pequenos ganhos. Weick, K. (1984). Small wins [Pequenas vitórias]. *Redefining Social Problems,* 39(1), 29-48.

153 *minúsculo ajuste no mindset de 84 faxineiras de hotel...* Crum, A. J. (abril de 2006). Think and grow fit: Unleash the power of the mind body connection [Pense e fique em forma: Ative o poder da conexão mente-corpo]. Trabalho apresentado na aula de Psicologia Positiva do doutor Tal Ben-Shahar, Universidade Harvard,

Cambridge, MA; Crum, A. J. e Langer, E. J. (2007). Mind-set matters: Exercise and the placebo effect [O modo de pensar importa: o exercício e o efeito placebo]. *Psychological Science,* 18(2), 165-71.

155 *As pessoas com um mindset fixo...* Burnette, J., O'Boyle, E., Vanepps, E., Pollack, J. e Finkel, E. (2013). Mind-sets matter: A meta-analytic review of implicit theories and self-regulation [Os *mindsets* são importantes: uma análise crítica meta-analítica de teorias implícitas e autorregulação]. *Psychological Bulletin,* 139(3), 655-701.

155 [...] *essas convicções a respeito da mudança podem ter um profundo efeito no comportamento...* Dweck, C. (2008). Can personality be changed? The role of beliefs in personality and change [A personalidade pode ser modificada? O papel das convicções na personalidade e na mudança]. *Current Directions in Psychological Science,* 17(6), 391-94; Yeager, D., Johnson, R., Spitzer, B., Trzesniewski, K., Powers, J. e Dweck, C. (2014). The far-reaching effects of believing people can change: Implicit theories of personality shape stress, health, and achievement during adolescence [Os poderosos efeitos de acreditar que as pessoas podem mudar: teorias implícitas de personalidade moldam o estresse, a saúde e as conquistas durante a adolescência]. *Journal of Personality and Social Psychology,* 106(6), 867-84.

156 [...] *o mindset pode ser desenvolvido e modificado...* Paunesku, D., Walton, G., Romero, C., Smith, E., Yeager, D. e Dweck, C. (2015). Mind-set interventions are a scalable treatment for academic underachievement [As intervenções de mindset são um tratamento escalonável para o baixo desempenho acadêmico]. *Psychological Science,* 26(6), 784-93; Gunderson, E., Gripshover, S., Romero, C., Dweck, C., Goldin-Meadow, S. e Levine, S. (2013). Parent praise to 1- to 3-year-olds predicts children's motivational frameworks 5 years later [Os elogios dos pais aos filhos de um a três anos de idade prognostica os referenciais motivacionais das crianças cinco anos mais tarde]. *Child Development,* 84(5), 1526-541.

156 [...] *é importante não confundir o significado de ter um mindset de crescimento com simplesmente trabalhar mais arduamente...* <http://www.edweek.org/ew/articles/2015/09/23/carol-dweck-revisits-the-growth-mindset.html>.

156 [...] *pesquisadores se perguntaram se conseguiriam melhorar o índice de sucesso...* Yeager, D. e Dweck, C. (2012). Mindsets that promote resilience: When students believe that personal characteristics can be developed [Mindsets que promovem a resiliência: quando os estudantes acreditam que as características pessoais podem ser desenvolvidas]. *Educational Psychologist,* 47(4), 302-14.

158 *Becca Levy, da Escola de Saúde Pública de Yale [Yale School of Public Health]...* Essa é uma fascinante linha de pesquisa sobre o impacto dos estereótipos da idade sobre os anos mais maduros da vida. Para uma boa visão geral desse trabalho, consulte Levy, B. (2009). Stereotype embodiment: A psychosocial approach to aging [Personificação do estereótipo: uma abordagem psicossocial do envelhecimento]. *Psychological Science,* 18(6), 332-36. Consulte também Levy, B., Slade M. D. e Kasl, S. V. (2002). Longevity increased by positive self-perceptions of aging [O aumento da longevidade por meio de autopercepções positivas do envelhecimento]. *Journal of Personality and Social Psychology,* 83(2), 261-70.

158 [...] *aqueles com uma opinião negativa sobre o tema...* Levy, B. R., Zonderman, A. B., Slade, M. D. e Ferrucci, L. (2009). Age stereotypes held earlier in life predict cardiovascular events in later life [Estereótipos de idade alimentados cedo na

vida predizem eventos cardiovasulares mais tarde na vida]. *Psychological Science*, 20(3), 296-98.

158 [...] *as pessoas com opiniões negativas definidas a respeito do envelhecimento morrem...* Levy, B., Slade, M., Kunkel, S. e Kasl, S. (2002). Longevity increased by positive self-perceptions of aging [O aumento da longevidade por meio de autopercepções positivas do envelhecimento]. *Journal of Personality and Social Psychology*, 83(2), 261-70.

159 *Estudos mostram que, em média, as pessoas mais velhas...* Por exemplo, Verhaeghen P. (junho de 2003). Aging and vocabulary scores: A meta-analysis [O envelhecimento e notas de vocabulário: uma meta-análise]. *Psychology and Aging*, 18(2), 332-39; Fleischman, D. A., Wilson, R. S., Gabrieli, J. D., Bienias, J. L. e Bennett, D. A. (dezembro de 2004). A longitudinal study of implicit and explicit memory in old persons [Um estudo longitudinal da memória implícita e explícita em idosos]. *Psychology & Aging*, 19(4), 617-25; Singer, J., Rexhaj, B. E Baddeley, J. (2007). Older, wiser, and happier? Comparing older adults' and college students' self-defining memories [Mais velho, mais sábio e mais feliz? Comparando as memórias autodefinidoras de adultos mais velhos e estudantes universitários]. *Memory*, 15(8), 886-98. Tergesen, A. (19 de outubro de 2015). To age well, change how you feel about aging [Para envelhecer bem, mude a maneira como você se sente a respeito do envelhecimento]. *Wall Street Journal*.

159 *Alguns milésimos de segundos antes de fazermos um único movimento voluntário...* Rigoni, D., Kuhn, S., Sartori, G. e Brass, M. (2011). Inducing disbelief in free will alters brain correlates of preconscious motor preparation: The brain minds whether we believe in free will or not [Induzir a descrença no livre-arbítrio altera as correlações do cérebro na preparação motora pré-consciente: o cérebro se importa com o fato de acreditarmos ou não no livre-arbítrio]. *Psychological Science*, 22(5), 613-18.

159 *As pessoas que têm um mindset de crescimento...* Dweck, C. S. (2012). *Mindset: How you Can Fulfill Your Potential*. Londres: Constable and Robinson Limited.

160 *Elas mostram-se menos propensas a se conformarem negligentemente...* Alquist, J., Ainsworth, S. e Baumeister, R. (2013). Determined to conform: Disbelief in free will increases conformity [Determinado a se conformar: a descrença no livre-arbítrio aumenta o conformismo]. *Journal of Experimental Social Psychology*, 49(1), 80-6.

160 *Em um estudo realizado antes de uma importante eleição, foi solicitado a eleitores...* Bryan, C. J., Walton, G. M., Rogers, T. e Dweck, C. S. (2011). Motivating voter turnout by invoking the self [Motivando a quantidade de votos invocando o eu]. *Proceedings of the National Academy of Sciences*, 108(31), 12653-2656.

164 *A neuroimagiologia moderna afirma...* Milyavskaya, M., Inzlicht, M., Hope, N. e Koestner, R. (2015). Saying 'no' to temptation: Want-to motivation improves self-regulation by reducing temptation rather than by increasing self-control [Dizendo "não" à tentação: a motivação de querer melhorar a autorregulação reduzindo a tentação em vez de aumentando o autocontrole]. *Journal of Personality and Social Psychology*, 109(4), 677-93.

164 [...] *atributos básicos como o sabor...* Sullivan, N., Hutcherson, C., Harris, A e Rangel, A. (fevereiro de 2015). Dietary self-control is related to the speed with which attributes of healthfulness and tastiness are processed [O autocontrole dietético está relacionado com a velocidade com a qual os atributos da saúde e do sabor são processados]. *Psychological Science*, 26(2), 122-34.

165 [...] *74% das pessoas disseram que "em uma data futura" escolheriam uma fruta...* Read, D. e Van Leeuwen, B. (1998). Predicting hunger: The effects of appetite and delay on choice [Predizendo a fome: os efeitos do apetite e a demora da escolha]. *Organizational Behavior and Human Decision Processes*, 76(2), 189-205.

165 *Perseguimos esse tipo de meta por causa...* Ryan, R. e Deci, E. (2006). Self-regulation and the problem of human autonomy: Does psychology need choice, self-determination, and will? [A autorregulação e o problema da autonomia humana: a psicologia precisa de escolha, autodeterminação e vontade?] *Journal of Personality*, 74(6), 1557-586.

166 [...] *duas pessoas com a mesma meta de perder três quilos...* Milyavskaya, M., Inzlicht, M., Hope, N. e Koestner, R. (2015). Saying 'no' to temptation: Want-to motivation improves self-regulation by reducing temptation rather than by increasing self-control [Dizendo "não" à tentação: a motivação de querer melhorar a autorregulação reduzindo a tentação em vez de aumentando o autocontrole]. *Journal of Personality and Social Psychology*, 109(4), 677-93.

169 *No best-seller Nudge...* Thaler, R. H. e Sunstein, C. R. (2009). *Nudge: Improving Decisions About Health, Wealth, and Happiness.* Nova York: Penguin Books.

169 *Na Alemanha, você precisa explicitamente consentir em se tornar um doador de órgãos...* Johnson, E. J. e Goldstein, D. (2003). Do defaults save lives? [O que é padrão salva vidas?]. *Science*, 302(5649), 1338-339.

169 *O hábito é definido como uma reação automática desencadeada externamente...* Gardner, B., Lally, P. e Wardle, J. (2012). Making health habitual: The psychology of "habit-formation" and general practice [Tornando a saúde habitual: a psicologia da "formação do hábito" e a clínica geral]. *British Journal of General Practice*, 62(605), 664-66.

171 [...] *estudos com mais de 9 mil pessoas que viajam diariamente para o trabalho...* Suri, G., Sheppes, G., Leslie, S. e Gross, J. (2014). Stairs or escalator? Using theories of persuasion and motivation to facilitate healthy decision making [Escada ou escada rolante? O uso de teorias de persuasão e motivação para facilitar a tomada de decisão]. *Journal of Experimental Psychology: Applied*, 20(4), 295-302.

171 *A conexão com motivações do tipo querer fazer é fundamental...* Gardner, B. e Lally, P. (2012). Does intrinsic motivation strengthen physical activity habit? Modeling relationships between self-determination, past behaviour, and habit strength [A motivação intrínseca fortalece o hábito da atividade física? Modelando os relacionamentos entre a autodeterminação, o comportamento passado e a força do hábito]. *Journal of Behavioral Medicine*, 36(5), 488-97.

171 *As imagens por ressonância magnética funcional (fMRI) mostram...* Suri, G., Sheppes, G., Leslie, S. e Gross, J. (2014). Stairs or escalator? Using theories of persuasion and motivation to facilitate healthy decision making [Escada ou escada rolante? O uso de teorias de persuasão e motivação para facilitar a tomada de decisão]. *Journal of Experimental Psychology: Applied*, 20(4), 295-302.

172 [...] *um prato 10% menor...* Van Ittersum, K. e Wansink, B. (2012). Plate size and color suggestibility: The Delboeuf illusion's bias on serving and eating behavior [O tamanho do prato e a sugestibilidade da cor: o viés da ilusão de Delboeuf no comportamento de servir e comer]. *Journal of Consumer Research*, 39(2), 215-22.

174 [...] *anteveja os obstáculos e prepare-se para eles com estratégias do tipo "se-então"...* Gollwitzer, P. M. (1999). Implementation intentions: Strong effects of simple plans [Intenções de implementação: fortes efeitos de planos simples]. *American Psychologist*, 54, 493-503.

175 [...] *contrabalance uma visão positiva com ideias de possíveis desafios...* Gabriele Oettingen conduziu essa fascinante pesquisa sobre o poder do contraste mental. Oettingen, G. (24 de outubro de 2014). The problem with positive thinking [O problema com o pensamento positivo]. *New York Times;* Sevincer, A. T. e Oettingen, G. (2015). Future thought and the self-regulation of energization [O pensamento futuro e a autorregulação da energização]. *In* G.H.E. Gendolla, M. Tops e S. Koole (orgs.), *Handbook of Biobehavioral Approaches to Self-regulation* (pp. 315-29). Nova York: Springer; Oettingen, G. e Wadden, T. (1991). Expectation, fantasy, and weight loss: Is the impact of positive thinking always positive? [Expectativa, fantasia e perda de peso: o impacto do pensamento positivo é sempre positivo?]. *Cognitive Therapy and Research,* 15(2), 167-75.

CAPÍTULO 8 — SIGA EM FRENTE: O PRINCÍPIO DA GANGORRA

182 *Chegamos a essa zona de desenvolvimento ideal...* A "zona de otimização", na qual você não é nem excessivamente competente nem tem desafios demais e está, portanto, no limite da sua capacidade, está para *viver uma vida* assim como o "fluxo" do psicólogo Mihaly Csikszentmihalyi, da Universidade de Chicago está para *executar uma tarefa considerada.* A pessoa que se encontra em um estado de fluxo está tão absorta em uma atividade particular que as distrações se dissipam e não há ansiedade, apenas o puro prazer. Para uma discussão do fluxo, recomendo o livro *Flow: The Psychology of Optimal Experience* (1990), de Csikszentmihalyi. Nova York: Harper Perennial Modern Classics.
183 [...] *o comportamento animal consiste de duas opções...* Elliot, A. J. (editor). (2008). *Handbook of Approach and Avoidance Motivation.* Nova York: Taylor and Francis Group.
184 [...] *demonstramos uma inclinação pelo que é familiar.* Litt, A., Reich, T., Maymin, S. e Shiv, B. (2011). Pressure and perverse flights to familiarity [A pressão e os voos anômalos em direção à familiaridade]. *Psychological Science,* 22(4), 523-31.
184 [...] *os participantes receberam duas séries das mesmas instruções...* Song, H. e Schwarz, N. (2008). If it's hard to read, it's hard to do: Processing fluency affects effort prediction and motivation [Se for difícil de ler, é difícil de fazer: processar a fluência afeta a previsão do esforço e a motivação]. *Psychological Science,* 19(10), 986-88.
185 [...] *atribuímos mais credibilidade a opiniões que parecem ser amplamente aceitas...* Moons, W., Mackie, D. e Garcia-Marques, T. (2009). The impact of repetition-induced familiarity on agreement with weak and strong arguments [O impacto da familiaridade induzida pela repetição com argumentos fracos e fortes]. *Journal of Personality and Social Psychology,* 96(1), 3244.
185 *Imagine que você está atrasado...* Litt, A., Reich, T., Maymin, S. e Shiv, B. (2011). Pressure and perverse flights to familiarity [A pressão e movimentos anômalos em direção à familiaridade]. *Psychological Science,* 22(4), 523-31.
186 *Quando enfrentamos riscos conhecidos...* Hsu, M. (2005). Neural systems responding to degrees of uncertainty in human decision-making [Sistemas neurais respondendo a graus de incerteza na tomada de decisões humana]. *Science,* 310(5754), 1680-683.
186 [...] *pequena quantidade de incerteza...* Gneezy, U., List, J. e Wu, G. (2006). The uncertainty effect: When a risky prospect is valued less than its worst possi-

ble outcome [O efeito da incerteza: quando uma perspectiva arriscada é menos valorizada do que o seu pior resultado possível]. *Quarterly Journal of Economics,* 121(4), 1283-309.

186 [...] *os seres humanos evoluíram como uma espécie social...* Cacioppo, J. e Patrick, W. (2008). *Loneliness: Human Nature and the Need for Social Connection.* Nova York: W. W. Norton and Company.

186 [...] *poder cerebral nos tornou mais capazes de julgar a confiabilidade e a fidelidade...* Dunbar, R. (2009). The social brain hypothesis and its implications for social evolution [A hipótese do cérebro social e suas implicações para a evolução social]. *Annals of Human Biology,* 36(5), 562-72.

188 [...] *as pessoas que têm um baixo conceito a respeito de si mesmas preferem interagir com outras...* Swann, W. e Brooks, M. (2012). Why threats trigger compensatory reactions: The need for coherence and quest for self-verification [Por que as ameaças acionam reações compensatórias: A necessidade de coerência e a busca da autoverificação]. *Social Cognition,* 30(6), 758-77.

188 [...] *as pessoas com uma baixa autoestima tendem a largar o emprego...* Schroeder, D. G., Josephs, R. A. e Swann, W. B., Jr. (2006). Foregoing lucrative employment to preserve low self-esteem [Abandonando um emprego lucrativo para preservar a baixa autoestima]. Dissertação de doutorado não publicada.

189 [...] *os camundongos continuam a empurrar a alavanca da cocaína...* Wise, R. A. (2002). Brain reward circuitry: Insights from unsensed incentives [Os circuitos de recompensa do cérebro: vislumbres de incentivos não percebidos]. *Behavioral Neuroscience,* 36(2), 229-40.

190 [...] *estamos expressando o que eu chamo de metas de pessoas mortas...* Essa ideia foi adaptada do teste de comportamento de Ogden Lindsley. Lindsley introduziu essa regra prática em 1965 como um desafio aos indicadores que eram usados nas escolas públicas. Ele argumentou que se um homem morto podia fazer alguma coisa (por exemplo, ficar sentado quieto), então aquilo não poderia ser considerado um comportamento e que os valiosos recursos financeiros das escolas não deveriam ser usados para ensinar as crianças a "se fazerem de mortas". A partir de então, essa ideia acabou chegando à ACT como um teste decisivo de se alguém está se envolvendo com comportamentos inflexíveis de evitação. Lindsley, O. (1991). From technical jargon to plain English for application [Do jargão técnico ao inglês em linguagem simples para aplicação]. *Journal of Applied Behavior Analysis,* 24(3), 449-58.

191 [...] *se você fizer o que sempre fez...* Esse ditado é atribuído alternadamente a Mark Twain, a Henry Ford, ao palestrante motivacional Tony Robbins e ao artista de rap Kendrick Lamar.

192 *Pierre de Fermat era um eminente juiz...* Singh, S. (1997). *Fermat's last theorem.* Londres: Fourth Estate.

192 *Andrew Wiles topou com o problema... Nova* (1º de novembro de 2000). Andrew Wiles on solving Fermat [Andrew Wiles resolvendo Fermat]. <http://www.pbs.org/wgbh/nova/physics/andrew-wiles-fermat.html>.

193 [...] *o que fazia um telegrafista comum se tornar excelente...* Bryan, W. e Harter, N. (1897). Studies in the physiology and psychology of the telegraphic language [Estudos na fisiologia e psicologia da linguagem telegráfica]. *Psychological Review,* 4(1), 27-53.

195 *Malcolm Gladwell popularizou a ideia...* Gladwell, M. (2008). *Outliers: Why Some People Succeed and Some Don't.* Nova York: Little Brown and Company.

195 O consenso entre os psicólogos e especialistas em aprendizado... A ideia de que você se tornará um especialista com o investimento de apenas 10 mil horas (também conhecida como a "regra das 10 mil horas) tem sido amplamente criticada. Para uma discussão, consulte Goleman, D. (2015), *Focus: The Hidden Driver of Excellence*. Nova York: HarperCollins. Consulte também Macnamara, B., Hambrick, D e Oswald, F. (2014). Deliberate practice and performance in music, games, sports, education, and professions: A meta-analysis [A prática deliberada e o desempenho na música, nos jogos, nos esportes, na educação e nas profissões liberais: uma meta-análise]. *Psychological Science*, 25(8), 1608-618.

195 O investimento de qualidade requer o "aprendizado árduo"... Shors, T. (2014). The adult brain makes new neurons, and effortful learning keeps them alive [O cérebro adulto cria novos neuronios, e o aprendizado árduo os mantém vivos]. *Current Directions in Psychological Science*, 23(5), 311-18.

197 [...] o estresse crônico pode causar um estrago... Cohen, S., Janicki-Deverts, D., Doyle, W. J., Miller, G. E., Frank, E., Rabin, B. S. e Turner, R. B. (2 de abril de 2012). Chronic stress, glucocorticoid receptor resistance, inflammation, and disease risk [Estresse crônico, antagonista do receptor de glicocorticoides, inflamação e risco de doença]. *Proceedings of the National Academy of Sciences*, 109(16), 5995-999.

198 Escolha o que é viável... A viabilidade é um conceito básico na ACT. Uma ação que seja viável o está levando para mais perto da vida que você deseja. Hayes, S. C., Luoma, J. B., Bond, F. W., Masuda, A., e Lillis, J. (2006). Acceptance and commitment therapy: Model, processes, and outcomes [Terapia da aceitação e compromisso: modelo, processos e resultados]. *Behaviour Research and Therapy*, 44(1), 1-25.

199 A determinação incorpora — mas não é o mesmo que... Duckworth, A., Peterson, C., Matthews, M. e Kelly, D. (2007). Grit: Perseverance and passion for long-term goals [Determinação: perseverança e paixão para metas de longo prazo]. *Journal of Personality and Social Psychology*, 92(6), 1087-101; Duckworth, A. e Gross, J. (2014). Self-control and grit: Related but separable determinants of success [Autocontrole e determinação: determinantes relacionados porém separáveis do sucesso]. *Current Directions in Psychological Science*, 23(5), 319-25.

200 A paixão que se torna uma obsessão... Vallerand, R. (2012). The role of passion in sustainable psychological well-being [O papel da paixão no bem-estar psicológico sustentavel]. *Psychology of Well-Being: Theory, Research and Practice*, 2, 1.

201 [...] "concluir sua missão"... Arkin, D. e Ortiz, E. (19 de junho de 2015). Dylann Roof "almost didn't go through" with Charleston church shooting [Dylann Roof "quase não levou adiante" o tiroteio na igreja de Charleston]. NBC News. <http://www.nbcnews.com/storyline/charleston-church-shooting/dylann-roof-almost-didnt-go-through-charleston-church-shooting-n378341>.

203 Stephen J. Dubner compara duas coisas... Dubner, S. J. (30 de setembro de 2011). The upside of quitting [O lado positivo da desistência]. <http://freakonomics.com/2011/09/30/new-freakonomics-radio-podcast-the-upside-of-quitting>.

CAPÍTULO 9 — A AGILIDADE EMOCIONAL NO TRABALHO

216 [...] os seres humanos são tendenciosos com relação à sua própria objetividade... Pronin, E. (2009). The introspection illusion [A ilusão da introspecção]. *In* Mark P.

Zanna (org.), *Advances in Experimental Social Psychology*, 41 (pp. 1-67). Burlington, VT: Academic Press.

216 [...] *foi pedido aos participantes* [...] *que avaliassem um candidato* [...] *e uma candidata* [...] Uhlmann, E. L. e Cohen, G. L. (2005). Constructed criteria: Redefining merit to justify discrimination [Critérios construídos: redefinindo o mérito para justificar a discriminação]. *Psychological Science*, 16(6), 474-80.

216 *Em outro experimento foi pedido aos participantes que apostassem...* Langer, E. (1982). The illusion of control [A ilusão do controle]. *In* D. Kahneman, P. Slovic e A. Tversky (orgs.), *Judgment Under Uncertainty: Heuristics and Biases*. Cambridge, Reino Unido: Cambridge University Press.

217 *Em um artigo para a* Harvard Business Review, *escrevi...* David, S. (25 de junho de 2012). The biases you don't know you have [As tendenciosidades que você não sabe que tem]. *Harvard Business Review*.

217 [...] *conhecida como viés da correspondência...* Esse fenômeno, chamado de *viés da correspondência* ou *erro fundamental de atribuição*, foi descrito pela primeira vez em 1967 pelos psicólogos sociais Ned Jones e Victor Harris. Jones, E. e Harris, V. (1967). The attribution of attitudes [A atribução de atitudes]. *Journal of Experimental Social Psychology*, 3(1), 1-24.

217 *Daniel Gilbert, psicólogo de Harvard, atribui quatro causas básicas...* Gilbert, D. T. e Malone, P. S. (1995). The correspondence bias [O viés da correspondência]. *Psychological Bulletin*, 117(1), 21-38.

218 *Elaine Bromiley foi para o hospital fazer uma pequena cirurgia...* O caso de Elaine Bromiley é bem descrito em Leslie, I. (4 de junho de 2014). How mistakes can save lives: One man's mission to revolutionise the NHS [Como erros podem salvar vidas: A missão de um homem para revolucionar o NHS]. *New Statesman*; Bromiley, M. The case of Elaine Bromiley [O caso de Elaine Bromiley]. Consulte também: <http://www.chfg.org/wp-content/uploads/2010/11/ElaineBromiley AnonymousReport.pdf>.

222 [...] *foi solicitado a um grupo de enfermeiras que mantivessem um registro diário...* Totterdell, P., Kellett, S., Teuchmann, K. e Briner, R. B. (1998). Evidence of mood linkage in work group [Evidências da concatenação de disposicões de ânimo no trabalho em grupo]. *Journal of Personality and Social Psychology*, 74(6), 1504-515.

223 *Outro estudo sugere que até mesmo apenas ver...* Engert, V., Plessow, F., Miller, R., Kirschbaum, C. e Singer, T. (julho de 2014). "Cortisol increase in empathic stress is modulated by social closeness and observation modality" [O aumento do cortisol no estresse empático é modulado pela proximidade social e modalidade da observação]. *Psychoneuroendocrinology*, 45, 192-201.

223 [...] *embora o estresse possa ser mortal...* Keller, A., Litzelman, K., Wisk, L., Maddox, T., Cheng, E., Creswell, P. e Witt, W. (2011). Does the perception that stress affects health matter? The association with health and mortality [A percepção de que o estresse afeta a saúde tem importância? A associação da saúde e da mortalidade]. *Health Psychology*, 31(5), 677-84.

225 [...] *a uma curta viagem de trem de distância...* Jahoda, M., Lazarsfeld, P. F. e Zeisel, H. (1974). *Marienthal: The Sociography of an Unemployed Community*. Piscataway, NJ: Transaction Publishers.

226 [...] *trabalhadores aposentados correm o risco de sofrer um acelerado declínio cognitivo...* Rohwedder, S. e Willis, R. J. (2010). Mental retirement [Aposentadoria mental]. *Journal of Economic Perspectives*, 24(1), 119-38.

228 [...] *um estudo procurou empregados de hotel...* Krannitz, M. A., Grandey, A. A., Liu, S. e Almeida, D. A. (2015). Surface acting at work and marital discontent: Anxiety and exhaustion spillover mechanisms [A representação superficial no trabalho e o descontentamento conjugal: mecanismos de propagação de ansiedade e exaustão]. *Journal of Occupational Health Psychology*, 20(3), 314-25.
229 *Em um estudo israelense, os radiologistas...* Turner, Y. N. e Hadas-Halpern, I. The effects of including a patient's photograph to the radiographic examination [Os efeitos de incluir a fotografia do paciente no exame radiográfico]. Apresentado em 3 de dezembro de 2008, como parte da Radiological Society of North America SSM12 — ISP: Health Services, Policy, and Research.
230 *Ajustar o emprego, também conhecido como modelar o emprego...* Wrzesniewski, A., Boluglio, N., Dutton, J. e Berg, J. (2012). Job crafting and cultivating positive meaning and identity in work [Modelar o emprego e cultivar um significado e uma identidade positivos no trabalho]. *In* A. Bakker (org.), *Advances in Positive Organizational Psychology*. Londres: Emerald.

CAPÍTULO 10 — CRIANDO FILHOS EMOCIONALMENTE ÁGEIS

235 [...] *nosso foco coletivo na autoestima se expandiu...* Bronson, P. (3 de agosto de 2007). How not to talk to your kids [Como não falar com seus filhos]. *New York Magazine*.
236 [...] *pressupõe um mundo estático, quando, de acordo com as projeções...* Davidson, C. N. (2012). *Now You See It: How Technology and Brain Science Will Transform Schools and Business for the 21st Century*. Nova York: Penguin.
237 *No livro How to Raise an Adult [Como criar um adulto]...* Lythcott-Haims, J. (2015). How to Raise an Adult. Nova York: Henry Holt.
237 [...] *a autoestima contingente pode se manifestar...* Deci, E. L. e Ryan, R. M. (1995). Human autonomy: The basis for true self-esteem [Autonomia humana: a base da verdadeira autoestima]. *In* M. H. Kernis (orgs.), *Efficacy, Agency, and Self-esteem* (pp. 31-49). Nova York: Plenum Press.
242 [...] *estudos que documentam o valor de ajudar as crianças a aprender as habilidades...* Snyder, J., Low, S., Bullard, L., Schrepferman, L., Wachlarowicz, M., Marvin, C. e Reed, A. (2012). Effective parenting practices: Social interaction learning theory and the role of emotion coaching and mindfulness [Práticas eficazes de criar os filhos: a teoria do aprendizado da interação social e o papel do *coaching* da emoção e da atenção plena]. *In* Robert E. Larzelere, Amanda Sheffield Morris e Amanda W. Harrist (orgs.), *Authoritative Parenting: Synthesizing Nurturance and Discipline for Optimal Child Development*. Washington, D.C.: American Psychological Association; Taylor, Z., Eisenberg, N., Spinrad, T., Eggum, N. e Sulik, M. (2013). The relations of ego-resiliency and emotion socialization to the development of empathy and prosocial behavior across early childhood [As relações da resiliência do ego e da socialização da emoção com o desenvolvimento da empatia e do comportamento pró-social ao longo do início da infância]. *Emotion*, 13(5), 822-31; Katz, L., Maliken, A. e Stettler, N. (2012). Parental meta-emotion philosophy: A review of research and theoretical framework [Filosofia da metaemoção parental: análise crítica da pesquisa e da estrutura teórica]. *Child Development Perspectives*, 6(4), 417-22. Eisenberg, N., Smith, C. e Spinrad, T. L. (2011).

Effortful control: Relations with emotion regulation, adjustment, and socialization in childhood [Controle árduo: relações com a regulação, o ajustamento e a sociliazação das emoções na infância]. *In* R. F. Baumeister e K. D. Vohs (orgs.), *Handbook of Self-regulation: Research, Theory, and Applications* (2ª ed.) (pp. 263-83). Nova York: Guilford Press.

245 [...] *que os psicólogos chamam de apego seguro*... John Bowlby descreveu a necessidade fundamental das crianças de confiar nas pessoas que cuidam delas e de se sentir percebidas, aceitas e correspondidas. Ele sugeriu que, baseadas nessas interações, as crianças formam modelos funcionais — padrões mentais — de relacionamentos e do mundo que têm implicações para toda a vida. Uma das colegas de Bowly, a psicóloga de desenvolvimento Mary Ainsworth, desenvolveu um sistema de classificação para descrever a qualidade do relacionamento da criança com a pessoa que cuida dela. A criança que é seguramente apegada tem a expectativa de que pode explorar livremente e de que a pessoa que cuida dela será compreensiva e estará emocionalmente disponível quando necessário. Bowlby, J. (1999). *Attachment* (2ª ed.), *Attachment and Loss* (Vol. 1). Nova York: Basic Books; Ainsworth, M., Blehar, M., Waters, E. e Wall, S. (1978). *Patterns of Attachment*. Hillsdale, NJ: Erlbaum; Ainsworth, M. D. S. e Bowlby, J. (1991). An ethological approach to personality development [Uma abordagem etológica do desenvolvimento da personalidade]. *American Psychologist*, 46(4), 331-41.

247 *Autonomia significa autogovernança*... Ryan, R. e Deci, E. (2006). Self-regulation and the problem of human autonomy: Does psychology need choice, self-determination, and will? [A autorregulação e o problema da autonomia humana: a psicologia precisa de escolha, autodeterminação e vontade?]. *Journal of Personality*, 74(6), 1557-586; Petegem, S., Beyers, W., Vansteenkiste, M. e Soenens, B. (2012). On the association between adolescent autonomy and psychosocial functioning: Examining decisional independence from a self-determination theory perspective [A associação entre a autonomia adolescente e o funcionamento psicossocial: examinando a independência decisória com base na perspectiva da teoria da autodeterminação]. *Developmental Psychology*, 48(1), 76-88.

249 [...] *pessoas ensinadas a agir com a expectativa de recompensas extrínsecas*... Kasser, T. (2002). *The High Price of Materialism*. Cambridge, MA: MIT Press.

250 [...] *pesquisadores apresentaram crianças de 3 e 4 anos de idade a um boneco "triste"*... Chernyak, N. e Kushnir, T. (2013). Giving preschoolers choice increases sharing behavior [Dar escolhas à criança da pré-escola intensifica o comportamento de compartilhar as coisas]. *Psychological Science*, 24(10), 1971-1979.

251 [...] *foi perguntado aos primeiros como tinham sido tratados pelo pai/pela mãe*... Bureau, J. e Mageau, G. (2014). Parental autonomy support and honesty: The mediating role of identification with the honesty value and perceived costs and benefits of honesty [O apoio dos pais à autonomia e a sinceridade: o papel mediador da identificação com o valor da sinceridade e os custos e benefícios percebidos da sinceridade]. *Journal of Adolescence*, 37(3), 225-36.

256 [...] *declarou seu pai em um discurso pouco antes de Malala ganhar, aos 17 anos, o Prêmio Nobel da Paz*... <https://www.ted.com/talks/ziauddin_yousafzai_my_daughter_malala?language=en#t-658349>.

CAPÍTULO 11 — TORNE-SE REAL

259 *O clássico infantil...* Williams, M. (1991). *The velveteen rabbit* (1ª edição, 1922). Garden City, NY: Doubleday.

PARA VOCÊ

Para se juntar a mais de 100 mil pessoas que fizeram um teste personalizado gratuito para avaliar sua agilidade emocional, e para recursos adicionais, visite SUSANDAVID.COM/LEARN.

PARA SUA ORGANIZAÇÃO

Para liberar o poder da agilidade emocional na sua organização; para uma cultura adaptável, inovadora e engajada no local de trabalho; e para obter informações sobre avaliações *on-line* customizadas de agilidade emocional e os discursos de abertura de Susan David, visite SUSANDAVID.COM.